Herausgegeben von
Reinhard Linke und Christian Postl

100 JAHRE NIEDERÖSTERREICH

RÜCKBLICK AUF EINE BEWEGTE ZEIT

100 JAHRE NIEDERÖSTERREICH

ORF NÖ

KRAL VERLAG

J.-F.-Kennedy-Platz 2, 2560 Berndorf
www.kral-verlag.at

Konzept und Projektleitung: Mag. Sonja Franzke, vielseitig.co.at
Fachlektorat: Mag. Dr. Stefan Eminger
Korrektorat: Dr. Gudrun Stecher
Bildredaktion/Lizenzen: Clara Schermer, MA, vielseitig.co.at
ORF-Archivrecherche: Alexander Katholitzky
Umschlag- und grafische Innengestaltung: Silvia Wahrstätter, buchgestaltung.at

ISBN 978 3 99103 081 2

Inhaltsverzeichnis

Vorwort

100 Jahre Niederösterreich – für das Land und die Menschen, die hier lebten und leben, war es ein bewegtes Jahrhundert. Nach schwierigen Zeiten hat sich Niederösterreich entwickelt und ist zu einem wichtigen Motor der gesamten Republik geworden: wirtschaftlich, kulturell und in Sachen Bildung.

Seit mehr als fünfzig Jahren begleitet der ORF Niederösterreich die Menschen in diesem Land mit seinen Programmen. Anlässlich des 100-Jahr-Jubiläums zeigen wir diese Entwicklung in zahlreichen Beiträgen in Radio, TV, online und auf den Social-Media-Plattformen. Wir haben viele Stunden Archivmaterial durchstöbert und die wichtigsten Ereignisse der vergangenen 100 Jahre in spannende Zusammenfassungen verpackt. Zeitzeuginnen und Zeitzeugen kommen genauso zu Wort wie Historikerinnen und Historiker. Die Schilderungen der persönlichen Erlebnisse und das umfassende Wissen der Expertinnen und Experten machen die Original-Tonaufnahmen und Originalbilder noch lebendiger. Von Not und Krieg und den Spuren, die sie hinterlassen haben, über den Wiederaufbau und den Weg in die Freiheit bis hin zum Aufbau von Infrastruktur, Wirtschaft, Bildung, Kultur und vielem mehr.

In diesem Buch finden Sie diese Zeitreisen durch die wechselhafte Geschichte Niederösterreichs kompakt zusammengefasst und eindrucksvoll bebildert. Tauchen Sie ein in die Entwicklung unseres Bundeslandes, in die Vergangenheit, die das heutige Niederösterreich prägt und eine Gegenwart geschaffen hat, die einen hoffnungsvollen Blick in die Zukunft unseres Bundeslandes zulässt.

Viel Freude beim Lesen!

Robert Ziegler
Landesdirektor ORF Niederösterreich

Niederösterreich und Wien gehen getrennte Wege

Das Trennungsgesetz ermöglicht eine „einvernehmliche Scheidung"

Bis 1918 war Wien Haupt- und Residenzstadt der Monarchie und Hauptstadt des Kronlandes Österreich unter der Enns. Nach dem Zusammenbruch des Habsburgerreiches waren „sowohl die ernährungspolitische Situation als auch die Bevölkerungsverteilung Ausgangspunkte für die angespannten Beziehungen zwischen Wien und den übrigen Bundesländern", so Barbara Steininger vom Wiener Stadt- und Landesarchiv. Wien war ein Teil Niederösterreichs, und in diesem Wien-Niederösterreich lebten damals etwa 3,3 Millionen Menschen (davon in Wien 1,84 Millionen, in Niederösterreich 1,47 Millionen), das waren 54,6 Prozent der österreichischen Bevölkerung. Die Bevölkerungszahlen waren 1919 die Grundlage für die Aufteilung der Mandate im Niederösterreichischen Landtag, der auch die „Oberaufsicht" über die Wiener Stadtverwaltung hatte und von dessen Zustimmung der Wiener Gemeinderat in etlichen Fragen abhängig war. Wien erhielt 68 Mandate zugeteilt, Niederösterreich 52 Mandate.

Am 4. Mai 1919 fanden die ersten demokratischen Wahlen zum Niederösterreichischen Landtag und zum Wiener Gemeinderat statt, in beiden Gremien erreichte die Sozialdemokratische Partei die Mehrheit. Der Sozialdemokrat Albert Sever wurde zwar einstimmig zum Landeshauptmann gewählt, die Polarisierung zwischen Christlichsozialen am Land und Sozialdemokraten in Wien nahm aber weiter zu, die Trennungstendenzen verschärften sich. Denn eine Trennung von Wien und Niederösterreich war schon seit der Mitte des 19. Jahrhunderts ein Thema. Liberale in Wien hatten dadurch auf ein Ende der konservativen Landtagsmehrheit gehofft. 1919 war es umgekehrt, in Niederösterreich gab es eine sozialdemokratische Mehrheit. Die Christlichsozialen wollten eine Trennung Niederösterreichs von Wien, vor allem „die mächtigen Bauernbundpolitiker. Auch die Christlichsozialen der übrigen Länder drängten auf die Teilung, zumal das ‚rot' regierte Niederösterreich als das weitaus größte und bevölkerungsreichste Gebiet die anderen Länder dominiert hätte", erklärt Stefan Eminger vom Niederösterreichischen Landesarchiv. Die Fronten verliefen durch die einzelnen Parteien. So waren die Wiener Christlichsozialen und die niederösterreichischen Sozialdemokraten gegen eine Trennung, denn sie befürchteten einen Verlust ihrer Bedeutung.

Vor der am 1. Oktober 1920 beschlossenen Bundesverfassung (Art. 2 (1): „Österreich ist ein Bundesstaat") war ausführlich die Lösung der Frage nach der Stellung Wiens und Niederösterreichs im künftigen Gesamtstaat diskutiert worden. Die Verfassung teilte Niederösterreich in

zwei weitgehend autonome Landesteile (Wien und Niederösterreich-Land) und war nach Ansicht von Barbara Steininger eine „Übergangslösung": Wien schien im Bundesrat zwar als eigenes Bundesland auf und hatte damit auch den Status eines Bundeslandes, aber es galt gleichzeitig auch als ein Teil des ursprünglichen Landes Niederösterreich. Die vollständige Trennung blieb als zu vereinbarende Möglichkeit zwischen Wien und Niederösterreich bestehen. Wien und Niederösterreich mussten aufgrund der Bundesverfassung Anpassungen vornehmen: Im November 1920 gab sich Wien eine Stadtverfassung, kurz darauf erhielt Niederösterreich-Land eine neue Landesverfassung. Es wurde ein Gemeinsamer Landtag geschaffen, der die Trennung abwickeln sollte, ebenso wurde eine Gemeinsame Landesverfassung beschlossen, die „neben Budget- und Besoldungsfragen die Angelegenheiten der Landesanstalten, der Landesbahnen und des Landesvermögens regelte", so Stefan Eminger.
Die Verhandlungen über Details der Trennung dauerten Monate, so wurde unter anderem heftig über die Teilung des gemeinsamen Grund- und Hausbesitzes verhandelt. Am 29. Dezember 1921 beschloss der Gemeinsame Landtag – in Folge auch der Landtag von Niederösterreich-Land und der Gemeinderat von Wien – das Trennungsgesetz, das mit 1. Jänner 1922 in Kraft trat. Zahlreiche Liegenschaften und Landesanstalten wurden aufgeteilt, die Österreichischen Bundesbahnen übernahmen die Landesbahnen. Das Gesetz sah für Niederösterreich-Land die Möglichkeit vor, den Sitz des Landtages und der Landesregierung in Wien zu belassen.
Anlässlich der endgültigen Trennung sagte der sozialdemokratische Abgeordnete zum Wiener Gemeinderat Robert Dannenberg, die Verhandlungen seien mit Nachgiebigkeit und Entgegenkommen beider Teile geführt worden und es gebe keine Sieger und keine Besiegten. Der christlichsoziale niederösterreichische Landtagsabgeordnete Emmerich Czermak meinte, man nehme mit einer gewissen Wehmut Abschied. Durch die Trennung gab es für beide Seiten Vor- und Nachteile. „Wien war nun unabhängig von Niederösterreich, konnte aber im Zuge der Verhandlungen sein Territorium nicht vergrößern und blieb auf seine Gebietsgröße von 1904 beschränkt, was wirtschaftliche Entwicklungen in einem ‚Großraum Wien' nunmehr verhinderte" (Barbara Steininger). Niederösterreich hatte zwar die angestrebte Selbstständigkeit erreicht, durch den Entfall der Wiener Steuerleistungen stand es aber vor großen finanziellen Problemen.

BLUMAU-NEURISSHOF

24 Tote nach einer Explosion in der Pulverfabrik

Die starke Druckwelle zerstört Industriegebäude und Häuser

„Das Unglück von Blumau, schwere Anklagen, auch heute noch eine Gefahr für die ganze Umgebung", titelt die „Arbeiter-Zeitung" drei Tage nach der verheerenden Explosion. Denn die „ganze Wirkung der Katastrophe" in der Pulverfabrik Blumau (Bezirk Baden) wird erst Schritt für Schritt sichtbar, ebenso die Ursache des Unglücks.

Mitten in der Nacht zum 25. Mai 1922 bricht in der Dynamit- und Dynammonfabrik ein Brand aus. Die Arbeiter unternehmen erste Löschversuche, zudem wird per elektrischer Fernmeldeanlage die Berufsfeuerwehr Blumau alarmiert. Doch in den Hydranten ist der Wasserdruck zu gering, einige Schläuche sind zu kurz. Notdürftig werden deshalb vom Löschteich her Leitungen gelegt.

Währenddessen kommt es zu einer Explosion, wenig später folgen zwei weitere, viel heftigere Erschütterungen. „Drei Kameraden waren auf der Stelle tot, der Kommandant verstarb kurz darauf. Die restliche Mannschaft lag verletzt unter den Trümmern", heißt es im Einsatzbericht der Feuerwehr.

Die Druckwelle zerstört Industriegebäude, Häuser und Baracken, die sogar Hunderte Meter vom Unglücksort entfernt sind, erzählt Gemeindehistoriker Roland Skubal: „Die

1) Das wahre Ausmaß der Katastrophe wird nach der gewaltigen Explosion erst allmählich sichtbar.
2) Wenige Teile der ehemaligen Fabrikshallen sind bis heute erhalten.
3) Die Explosion löst eine gewaltige Druckwelle aus.
4) Die unmittelbare Umgebung wird komplett zerstört.

Erschütterung haben sie bis nach Wien gespürt, davon hat mir meine Urgroßmutter immer erzählt." Erst mithilfe der Wiener Berufsfeuerwehr kann der Brand gelöscht und somit Schlimmeres verhindert werden. Immerhin lagern auf dem Gelände an die 30.000 Kilogramm Dynamit sowie 8.000 Kilogramm Nitroglyzerin.

» Die Erschütterung haben sie bis nach Wien gespürt«, sagt der Blumauer Gemeindehistoriker Roland Skubal.

Dabei sei die Pulverfabrik, in der während des Ersten Weltkrieges noch mehr als 30.000 Menschen gearbeitet haben, damals sicherheitstechnisch auf dem modernsten Stand gewesen, sagt Jürgen Scheifinger von der Feuerwehr Blumau-Neurißhof: „Es gibt eine Berufsfeuerwehr, drei Motorspritzen, und alle 50 Meter ist ein Hydrant. In der Kriegszeit hat man aus dem Vollen geschöpft."

Danach wird aber zunehmend gespart. „Das Wasser wird von den Bewohnern oft auch zum Gießen verwendet. Das will man verhindern, indem man den Wasserdruck reduziert oder ganz abgedreht hat, und auch bei der Wartung hat man nachgelassen", so Scheifinger, „sonst wäre das ein Standardeinsatz gewesen und es wäre nichts passiert."

Nach der Explosion werden nur noch Teile des Werks verwendet. Während des Zweiten Weltkrieges wird die Fabrik zwar wieder aktiviert, danach aber endgültig stillgelegt. Seither ist auf dem Gelände die Gemeinde Blumau-Neurißhof entstanden. Der größte Teil ist jedoch ein verwachsenes Trümmerfeld und dient dem Bundesheer als Übungsgelände.

WAS SONST NOCH GESCHAH

- Karl Buresch folgt Johann Mayer als Landeshauptmann von Niederösterreich nach.
- St. Pölten wird zur Statutarstadt erhoben.
- Die Genfer Protokolle ermöglichen internationale Kredite an Österreich.
- Der letzte Kaiser von Österreich, Karl I., stirbt im Exil in Funchal.

1) Die „Arbeiter-Zeitung“ über „Das Hakenkreuzlerverbrechen“.
2) 15.000 Menschen nehmen am Begräbnis von Franz Kovarik teil.
3) Das Grab von Franz Kovarik in Spillern erinnert noch heute an die Ereignisse, ebenso eine Straße, die nach ihm benannt wurde.
4) Das Begräbnis ist zugleich eine Großkundgebung der Sozialdemokratie gegen den Nationalsozialismus.

Seite 6 Wien, Mittwoch Arbeiter-Zeitung

Das Hakenkreuzlerverbrechen in Spillern.

Keine Sühne. — Vollkommener Freispruch.

Die Verhandlung gegen die fünf wegen der blutigen Tat in Spillern Angeklagten zeigte das Bild, das Prozesse gegen Gewohnheitsverbrecher bieten, daß Aussagen, die in der Untersuchung gemacht wurden, widerrufen werden. Der Angeklagte Rudolf Eigel hat zugegeben, was so viele andere Zeugen bekundet hatten: daß derjenige, der die mit Waffen aller Art ausgerüstete Bande nach Spillern gebracht, nachdem er sie in Wien zu diesem Zwecke zusammengestellt hatte, der Hans Strobl, auch das Kommando: „Halt! Kehrt euch! Feuer!“ gerufen hat. In der Verhandlung leugnete er, daß dem so gewesen sei. Strobl ist der einzige ältere Mensch in der Gesellschaft, er ist 31 Jahre alt; die anderen sind Jünglinge. Es wäre von psychologischem, aber auch prozessualem Interesse

Vors.: Es ist aber eigentümlich, daß jeder Waffen mitgenommen hat. Man nimmt eben bei Ihnen an, daß jeder bewaffnet ist.

Vors.: Hat jemand kommandiert: „Halt! Kehrt euch! Feuer!“ — Angekl.: Nein. — Vors.: In der Untersuchung haben Sie aber gesagt, daß es Strobl kommandiert hat. — Angekl.: Man hat mich bei der Gendarmerie gefragt, ob es Strobl gerufen hat. Ich habe gefürchtet, daß ich Prügel bekomme und habe gesagt: Ja. — Vors.: Aber Sie haben es doch auch dem Untersuchungsrichter gesagt.

Der Angeklagte Eduard Künast sagt aus, er habe zwei Schreckschüsse in die Luft abgegeben. — Vors.: Und Ihr Revolver ist eine verbotene Waffe, weil er ganz klein ist. Was hatten Sie noch? — Angekl.: Einen Gummiknüttel.

SPILLERN

Justizskandal nach „Blutbad“ durch Nazis

Der 16-jährige Franz Kovarik wird zum unschuldigen Opfer

„Spillern ist beispielhaft für die zunehmenden Konflikte zwischen Nationalsozialisten und Sozialisten“, so Christian Rapp, Wissenschaftlicher Leiter des Hauses der Geschichte Niederösterreich in St. Pölten. Obwohl die Nazis Anfang der 1920er-Jahre noch eine „unbedeutende Partei“ sind, sehen sie die Sozialisten „als starke Konkurrenz“, sagt Rapp: „Die Nazis haben sich als revolutionäre Arbeiterbewegung verstanden, aber national.“
Am 29. September 1923 ist in einem Gasthaus in Spillern (Bezirk Korneuburg) eine Versammlung der Nationalsozialisten geplant. Diese hat sich mit einer „Schutztruppe“ aus Wien verstärkt – vor allem Jugendliche sind dabei. „Ein Schlägertrupp mit 25 Leuten, 17, 18, 19 Jahre alt und schwerst bewaffnet. Man hat auch den Eindruck, sie sind in der Hoffnung gekommen, dass etwas passieren könnte“, schildert der Historiker.
Bei den Sozialisten – Spillern gilt damals als Arbeiterort – sorgt das Treffen für Empörung, Dutzende Arbeiter umstellen das Lokal. Die Versammlung wird daraufhin zwar aufgelöst, die Nazis marschieren aber auf der Straße Richtung Wien, begleitet von Beschimpfungen und Steinwürfen durch die Bevölkerung, erzählt Rapp: „Und plötzlich heißt es ‚Kommando retour, Feuer! Sturm!‘“

Auf dieses Kommando hin fallen mehr als 30 Schüsse. Der unbeteiligte 16-jährige Franz Kovarik, der gerade aus seinem Wohnhaus kommt, wird von einer Kugel am Kopf getroffen und stirbt, ein 17-jähriger Tischlerlehrling wird durch einen Streifschuss verletzt. An Kovariks Begräbnis nehmen nach Angaben der „Arbeiter-Zeitung" 15.000 Menschen teil. Der „Volksbote" schreibt damals von einem „Blutbad", das die „Hakenkreuzler unter den Arbeitern angerichtet haben".

» Und plötzlich heißt es ›Kommando retour, Feuer! Sturm!‹«, so Christian Rapp vom Haus der Geschichte Niederösterreich.

Die mutmaßlichen Täter – 28 Männer – werden festgenommen, fünf davon am 11. Dezember in Korneuburg vor Gericht gestellt. Doch trotz belastender Zeugenaussagen werden die fünf Angeklagten von den Geschworenen freigesprochen, was in den Zeitungen und der Öffentlichkeit für Empörung sorgt. Die Täter erhalten nur geringe Geldstrafen wegen unerlaubten Waffenbesitzes.

Christian Rapp spricht von einer „guten Prozessführung" im Sinne der Angeklagten und einem „geschickten Verteidiger", dem es gelingt, „so viel Verwirrung hineinzubringen, dass die Geschworenen im Zweifel für einen Freispruch entscheiden". Für viele Beobachter und Sozialisten ist es ein Justizskandal, wodurch sich der Konflikt zwischen Nationalsozialisten und Sozialisten weiter aufheizt.

In Spillern ist der Name Franz Kovarik bis heute nicht vergessen. Mit einer nach ihm benannten Straße und einer Gedenktafel am Tatort will man an seinen gewaltsamen Tod erinnern.

WAS SONST NOCH GESCHAH

- Durch das Lehrerabbaugesetz verlieren 20 Prozent der Lehrerinnen und Lehrer ihre Dienstposten.
- Der Landtag beschließt ein Einsparungsprogramm, die Zahl der Dienstkraftwagen wird auf drei beschränkt.
- Bei den Nationalratswahlen erreichen die Christlichsozialen 82 von 165 Mandaten, Ignaz Seipel bleibt Bundeskanzler.
- Poysdorf wird zur Stadtgemeinde erhoben.

ERLAUFBODEN

Neue Kraftwerke beenden kuriose Monopole

Die Elektrifizierung macht das Land unabhängiger von Rohstoffimporten

Die Elektrifizierung Niederösterreichs beginnt mit der Mariazellerbahn. Für deren Versorgung ist schließlich viel Strom notwendig. Bereits 1912 wurde in Wienerbruck (Bezirk Lilienfeld) ein Wasserkraftwerk errichtet. Das damalige Landeselektrizitätswerk entsteht als Abspaltung aus den Landesbahnen.
Die Kapazität des Speicherkraftwerks mit zwei Stauseen ist aber größer, als es für die Stromversorgung des Eisenbahnbetriebes erforderlich ist. Deshalb erstreckt sich die Stromversorgung nicht nur auf das Gebiet entlang der Mariazellerbahn, sondern bis in den Raum St. Pölten, „womit man den Aufstieg der Stadt als Industriestandort mitfördert", erzählt EVN-Unternehmenshistoriker Georg Rigele.
Abgesehen von dieser Region, gibt es in Niederösterreich damals viele kleine, regionale Verbünde, etwa in einzelnen Orten oder Bezirken. Landesweit werden im Jahr 1924 etwa 603 Ortsnetze mit elektrischem Strom versorgt, entweder durch Wasserkraftwerke oder mit Dieselgeneratoren.
In der Praxis können diese „Mini-Monopole" aber so manche Tücken haben, weiß Rigele, etwa bei einem Wohnsitzwechsel in den Nachbarort: „Denn als Kunde eines E-Werks war man verpflichtet, Installationen, aber auch beispielsweise Glühbirnen dieses Unternehmens zu

WAS SONST NOCH GESCHAH

- Der Bundespräsident der Republik Österreich, Michael Hainisch, wird von der Bundesversammlung wiedergewählt.
- Die Österreichische Radio-Verkehrs-AG (RAVAG) nimmt ihren Sendebetrieb auf.
- In Wiener Neustadt kommt es bei der Aufführung des Films „Die Stadt ohne Juden" nach einem Roman von Hugo Bettauer zu stürmischen Demonstrationen.
- Zum ersten Mal wird in Österreich der Muttertag gefeiert, initiiert wurde er von der Frauenrechtlerin Marianne Hainisch.
- Der Schriftsteller Franz Kafka stirbt im Alter von 40 Jahren in Kierling.

1) Das Landes-Elektrizitätswerk baut für die Elektrifizierung der Mariazellerbahn und die Belieferung der Stadt St. Pölten das Wasserkraftwerk Wienerbruck.
2) Das Wasserkraftwerk Erlaufboden wird 1924 in Betrieb genommen.
3) Mittlerweile versorgt das Kraftwerk Wienerbruck seit fast 100 Jahren viele Haushalte mit Strom.

verwenden." Im harmlosen Fall sei dort nur ein Stempel darauf gewesen, „aber wenn man besonderes Pech hatte, war sogar die Fassung speziell, sodass Sie Ihre Glühbirne woanders nicht einschrauben konnten."

Das Ziel der im Jahr 1922 gegründeten Niederösterreichischen Elektrizitätswirtschafts-Aktiengesellschaft (NEWAG) – seit 1988 EVN – ist es also, die verschiedenen Versorgungsgebiete zu verbinden. Zunächst betrifft das den Großraum St. Pölten mit dem Wirtschaftsraum Wiener Neustadt, später folgen weitere Landeszentren, etwa Richtung Amstetten oder Stockerau. Gleichzeitig werden die Regionen nach und nach elektrifiziert, etwa das Weinviertel.

» 1924 werden landesweit etwa 603 Ortsnetze mit elektrischem Strom versorgt, durch Wasserkraftwerke oder Dieselgeneratoren.

Wegen des steigenden Strombedarfs werden in dieser Zeit auch neue Kraftwerke errichtet, wie das Wasserkraftwerk Erlaufboden (Bezirk Lilienfeld), das noch heute Strom für circa 4.000 Haushalte liefert, oder jenes in Oberndorf (Bezirk St. Pölten).

Mit den Investitionen wird das Land auch unabhängiger von teuren Rohstoffimporten. Denn durch den Zerfall der Monarchie liegen rohstoffreiche Gebiete plötzlich außerhalb der Staatsgrenzen. „Deshalb hat der Ausbau der Wasserkraft Priorität", sagt Rigele. Die große Nachfrage nach Gas – für die EVN heute das zweite große Standbein – beginnt übrigens erst nach dem Zweiten Weltkrieg.

1925

ROHRENDORF

Vom „Weinfeind“ zum weltweiten Pionier

Lenz Moser revolutioniert den Weinbau

„Er war kein Geschäftsmann im Anzug, sondern ein Winzer, der in Arbeitskleidung im Weingarten getüftelt hat“ – so wird Lenz Moser III. (1905–1978) heute beschrieben. Diese Eigenschaften führten dazu, dass er nach vielen Jahren mühevoller Arbeit und viel Probieren sowohl den nationalen als auch den internationalen Weinbau veränderte.
Nach mehr als 2.000 Jahre alter Tradition werden bis in die 1920er-Jahre Reben auf Pfählen gezogen und in sehr engem Abstand gepflanzt. Der Stamm ist 20 bis 40 Zentimeter hoch, „also sehr nah am Boden“, erklärt Erhard Kührer, Leiter des Lehr- und Versuchsbetriebs an der Wein- und Obstbauschule Krems: „Die Stockkultur ist daher sehr handarbeitsaufwändig.“ Zudem kommt es häufig zu Missernten.
Lenz Moser, der 1923 den Betrieb seiner Eltern in Rohrendorf (Bezirk Krems) übernimmt, greift in den 1920er-Jahren alle technischen und wissenschaftlichen Neuerungen auf und prüft, ob sie im Weinbau praxistauglich sind. Dafür sammelt er ab 1925 in Versuchsweingärten Hunderte Rebsorten und pflanzt sie in verschiedenen Reihenabständen. So lange, bis Moser die optimale Form des Anbaus entwickelt: Er pflanzt die Reben mit einem Reihenabstand von gut drei Metern und zieht die Rebstöcke auf eine Stammhöhe von 1,20 Meter hoch. Für

1) Nach der anfänglichen Skepsis steigt ab 1925 zumindest in der Region das Interesse an Lenz Mosers Ideen.
2) Der internationale Durchbruch gelingt Lenz Moser nach einem sehr kalten Winter 1956.
3) 1923 übernimmt Lenz Moser den Betrieb von seinen Eltern, 1929 gründet er zudem die Rebschule Lenz-Moser.
4) Ein Denkmal am Fuße des Saubühels in Rohrendorf bei Krems erinnert an den 1978 verstorbenen Weinbaupionier.

WAS SONST NOCH GESCHAH

- Das Amt der Niederösterreichischen Landesregierung wird geschaffen.
- Der sozialdemokratische Gemeinderat Leopold Müller aus Mödling wird im Zuge einer Auseinandersetzung von Rechtsextremen getötet.
- Nach einem Schussattentat durch einen Nationalsozialisten stirbt in Wien der jüdische Schriftsteller Hugo Bettauer an seinen Verletzungen.
- Eisenstadt wird zur Landeshauptstadt des Burgenlandes erhoben.
- In Wien wird die in Teilabschnitten elektrifizierte Stadtbahn in Betrieb genommen.

die Triebe spannt er auf einem Gerüst mehrere Drähte. Für Kührer ist die Hochkultur ein „ausgefeiltes System“. Die Vorteile: eine angenehmere Arbeitshöhe, und Moser treibt damit außerdem die Mechanisierung des Weinbaues voran.

Trotzdem wird Moser mit Skepsis betrachtet und als „Weinfeind“ bezeichnet. Denn nach damaliger Meinung der Winzer müssen die Reben über den Winter zum Schutz gegen Frost mit Erde bedeckt werden. Doch Lenz Moser beweist das Gegenteil. Anfang 1929 sinken die Temperaturen auf −31 °C. Die eng gepflanzten Weingärten erfroren komplett, von den hochgezogenen Sorten sind wesentlich weniger geschädigt. Daraufhin entstehen in Rohrendorf vermehrt Hochkulturen.

» Lenz Moser wurde von seinen Winzerkollegen oft mit Skepsis betrachtet und als »Weinfeind« bezeichnet.

Der Durchbruch über die Wachau hinaus erfolgt 1956 nach einem erneut sehr kalten Winter. Danach beginnt eine rasante Verbreitung der Hochkultur. Weingärten werden zunehmend auch sortenrein ausgepflanzt. Fast alle Weinbauvereine machen Exkursionen nach Rohrendorf, auch das Ausland zeigt Interesse an der „Lenz-Moser-Erziehung“.

Aus heutiger Sicht kann man den Weinbau ohne Mosers Revolution „gar nicht mehr betreiben“, betont der Weinbaulehrer, weil die Arbeitskräfte fehlen würden. Laut Kührer hat Moser die richtigen Maßnahmen zur richtigen Zeit gesetzt und „damit die Grundlage für den erfolgreichen Weinbau in Niederösterreich gelegt“.

1) Das Rax-Plateau erfreut sich bei Touristen großer Beliebtheit.
2) Die Fremdenverkehrswerbung preist 1926 Höhenluft und Höhensonne an.
3) Mühsam müssen die Arbeiter das Seil auf den Berg ziehen.
4) Die Jungfernfahrt der Seilbahn erfolgt am 9. Juni 1926.

HIRSCHWANG AN DER RAX

Am „schwebenden Seil" auf die Rax

Ein Meilenstein für den niederösterreichischen Tourismus

Als „Mittelding zwischen Flugzeug und Omnibus" beschreibt die „Neue Freie Presse" die Rax-Seilbahn nach der Eröffnung und lobt sie als „eine Ruhmestat österreichischen Erfindergeistes und österreichischer Arbeit". Zwei Kilometer führt sie von Hirschwang (Bezirk Neunkirchen) auf die Rax und überwindet dabei mehr als 1.000 Höhenmeter.
Zuvor konnte man den Berg „nur aus eigener Muskelkraft besteigen", erzählt Gemeindehistoriker Gottfried Brandstätter, weshalb sich der Tourismus immer mehr Richtung Schneeberg verlagerte. Denn dort können Touristen seit der Eröffnung der Zahnradbahn 1897 gemütlich auf den Berg fahren. „Weshalb auch im Reichenauer Tal immer mehr Stimmen laut werden, man möge doch auch die Rax mit einer Bahn erschließen", sagt Brandstätter, der anlässlich des 90-jährigen Jubiläums der Seilbahn das Buch „Die Rax. Juwel in den Kalkalpen" schrieb.
Nach anfänglicher Skepsis beginnen im September 1924 die Vorarbeiten. Das steile Gelände ist aber eine Herausforderung, „weil es damals noch keine Hilfsmaschinen gibt, das heißt, es war reine Handarbeit", erinnert sich Brandstätter. 124 Männer und Frauen arbeiten zwei Jahre lang fast rund um die Uhr.

Doch der Einsatz zahlt sich aus, denn mit der Eröffnung am 9. Juni kommen die Touristen in Scharen zurück – zum Wandern, zur Sommerfrische oder nur, um die neue Attraktion zu sehen. Die Rax-Seilbahn gilt deshalb auch als Meilenstein für den Tourismus in den niederösterreichischen Alpen. Die Gäste reisen ab sofort nicht nur zur Sommerfrische ins Rax-Semmering-Gebiet, sondern auch der Wintersport wird in den 1920er-Jahren populärer. Ein besonderer Vorteil ist die Nähe zu Wien. Die Rax mit ihrer modernen Seilbahn wird damals sogar mit den noblen Schweizer Touristenorten Davos und St. Moritz verglichen. Nach dem Kriegsende findet die Seilbahn wieder zu ihrer alten Beliebtheit zurück. Durch mehrere Umbauten wird etwa der Fassungsraum der Seilbahnwagen von 23 auf 40 Personen erhöht. Die Technik der Bahn entwickelt sich seither ebenfalls weiter. Die Grundmauern der Stationsgebäude und die Stütztragwerke stehen aber bis heute – und nach wie vor fährt das Meisterstück heimischer Ingenieurskunst unfallfrei.

» Nach der Eröffnung kommen die Touristen in Scharen – zum Wandern, zur Sommerfrische oder einfach, um die neue Attraktion zu sehen.

WAS SONST NOCH GESCHAH

- Gloggnitz, Raabs an der Thaya und Scheibbs werden zu Städten erhoben.
- Das Thermal-Strandbad Baden wird gebaut.
- Der erste Golfplatz Österreichs wird auf dem Semmering eröffnet, ebenso die Höllentalbahn Payerbach–Hirschwang.
- Die Ötscher-Tropfsteinhöhle wird für Touristen zugänglich gemacht.
- In der Region Gloggnitz-Neunkirchen ereignet sich ein starkes Erdbeben.
- In Österreich gibt es 564 Kinos, davon 177 in Niederösterreich. Das kleinste Kino ist in Neukirchen an der Wild bei Horn mit 60 Sitzplätzen.

1) Notgeld, ausgegeben durch die Gemeinde Ybbsitz, als die benötigten Banknotenmengen nicht mehr gedruckt werden können.

2) Das Sortiment der Firma Welser für den Alltag (1880): von der Frittatenpfanne bis zum Waschkessel.

3) Der größte Anteil der Landarbeit muss damals mit der Hand bzw. mit Tieren erledigt werden.

4) Die Wurzeln von Welser liegen im Jahr 1664 im Ybbsitzer „Haus in der Au" unweit des heutigen Welser-Technologiezentrums.

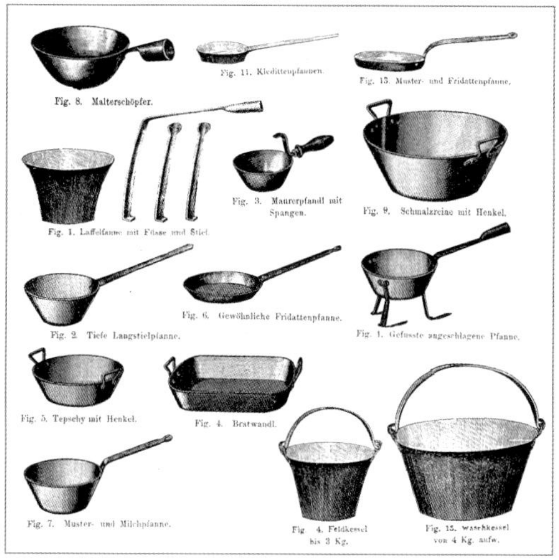

YBBSITZ

„Eine einzige Krisenregion" mit Lichtblicken

Wirtschaften zwischen Konkursen, Arbeitslosigkeit und Börsenkrachs

Hyperinflation, Firmenpleiten, Massenarbeitslosigkeit – die Zeit von 1918 bis 1938 ist über weite Strecken von Krisen geprägt. Andererseits: Während viele Großbetriebe um ihre Existenz kämpfen, legen manche Kleinbetriebe, etwa an der Mostviertler Eisenstraße, den Grundstein für ihren späteren Erfolg. „Man musste aus dem Nichts etwas machen", erzählt Thomas Welser, der den 1664 gegründeten Familienbetrieb aus Ybbsitz (Bezirk Amstetten) führt, „aber Not macht bekanntlich erfinderisch".
Auch die Ybbsitzer Firma Riess, ursprünglich eine Pfannenschmiede, stellt sich neu auf und beginnt mit der Fertigung von Kochgeschirr aus Emaille. Andere werden zum Selbstversorger, wieder andere produzieren, was in der Region gebraucht wird. Doch nicht alle schaffen den Umstieg von der Hochblüte der Eisenproduktion auf die neue Zeit. Gaißmayer & Schürhagl aus Scheibbs etwa, ein Erzeuger von Wagenachsen, muss 1924 schließen.
„Niederösterreich ist damals eine einzige Krisenregion", erklärt der Wirtschafts- und Sozialhistoriker Roman Sandgruber. Durch den Zusammenbruch der Monarchie ist der Wirtschaftsraum mit einem Schlag von 52 Millionen auf sieben Millionen Einwohner geschrumpft.

Damit brechen wichtige Absatzmärkte weg. Durch die hohe Inflation ist auch das Geld nichts mehr wert. Laut Sandgruber ist es „kaum oder gar nicht möglich, neue und gute Betriebe aufzubauen". Einzig der Agrarsektor kann sich wirtschaftlich besser behaupten. Der größte Anteil der Landarbeit wird noch mit der Hand erledigt. Daher besteht ein großer Bedarf an Zugtieren wie Ochsen, Kühen und Pferden. Welser produziert daraufhin etwa unentbehrliche Produkte für die Landwirtschaft, wie Viehstriegel für die Fellpflege. Mitte der 1920er-Jahre findet nicht nur das Mostviertel Anschluss an die weltweite Konjunkturerholung. Eine Entspannung setzt ein, vor allem in den USA sogar ein Boom, aber mit fatalen Folgen. Denn in diesem wirtschaftlichen Aufschwung sehen gerade in den zur Weltmacht aufgestiegenen USA immer mehr Menschen im groß angelegten Aktienkauf das schnelle Geld. Die Realwirtschaft hinkt der Goldgräberstimmung an den Börsen aber hinterher.

» Lethargie, Hoffnungslosigkeit und Verzweiflung« prägen die folgenden Jahre, so der Wirtschaftshistoriker Roman Sandgruber.

Die Spekulationsblase wird größer und größer und zerplatzt schließlich. Am sogenannten „Schwarzen Freitag", dem 25. Oktober 1929, bricht die New Yorker Börse zusammen. Das Finanzdebakel hat auch auf Österreich großen Einfluss. Der Schilling verliert an Wert, unzählige Konkurse und Ausgleiche folgen, die Arbeitslosigkeit steigt rasant. „Lethargie, Hoffnungslosigkeit und Verzweiflung" sowie „die Suche nach dem Schuldigen" prägen laut Sandgruber die folgenden Jahre. Auch in Österreich machen antiparlamentarische Bewegungen das demokratische System dafür verantwortlich; die politische Radikalisierung nimmt zu.

WAS SONST NOCH GESCHAH

- Nach den Freisprüchen im Schattendorf-Prozess brennt der Wiener Justizpalast, die Polizei schießt auf Demonstranten, 89 Menschen werden getötet.
- In Wiener Neustadt halten Arbeiter einen Protestmarsch ab, in Pottenstein wird das Gerichtsgebäude gestürmt, in Waidhofen an der Ybbs kommt es zu Ausschreitungen.
- In St. Pölten findet die Reichskonferenz der NSDAP Österreichs statt, die Vereinigung mit der Hitlerbewegung scheitert.

ZISTERSDORF

Als das Weinviertel zum „Öldorado" wurde

Der „Ölrausch" bringt Arbeitsplätze in eine verarmte Region

Es sind zunächst waghalsige Abenteurer, die im Gebiet rund um Zistersdorf (Bezirk Gänserndorf) ihr Glück versuchen. Ab 1928 unternimmt die Steinberg Naphta Ges.m.b.H. die ersten Bohrarbeiten – 18 Handbohrungen bis in eine Tiefe von 30 bis 70 Metern. Noch im selben Jahr beginnt die erste Tiefbohrung, die aber ein Jahr später eingestellt werden muss. „Es ist sowohl ein technisches als auch ein finanzielles Abenteuer, bei dem die Firmen teilweise bei einer einzigen Bohrung pleitegehen können", sagt Gerhard Ruthammer, ehemaliger OMV-Mitarbeiter und Leiter des Lehrstuhls für Tiefbohrtechnik an der Montanuniversität Leoben. Doch am 30. August 1930 ist es so weit: Bei einem Schöpfversuch in einer Tiefe von 729 Metern strömen bei einer Gaseruption geringe Mengen Öl aus dem Bohrloch, etwa fünf Tonnen. Zum ersten Mal wird in Österreich Öl nachgewiesen! Zeitungen vergleichen die Region mit den ölreichen Gebieten der USA und schreiben schon vom „österreichischen Pennsylvanien". Tatsächlich ist die Förderung mit großem Aufwand verbunden. Pro Tag können die Maschinen nur 50 bis 70 Zentimeter tief bohren, eine Bohrung zieht sich deshalb leicht über ein Jahr. Obwohl die Förderung damals bei Weitem nicht wirtschaftlich ist, lassen sich die Firmen nicht davon abhalten. Der große Durchbruch gelingt 1932 in Gösting nahe Zistersdorf mit ein paar

Das österreichische Pennsylvanien.

Die Rohölquelle bei Zistersdorf.

1) Mitte der 1920er-Jahre ändert sich durch die Bohrtürme das Ortsbild von Zistersdorf.

2) 1934 gelingt mit der Bohrung Gösting II der erste wirtschaftlich lohnende Ölfund.

3) Die Erdöltransporte werden am Bahnhof Zistersdorf feierlich verabschiedet.

4) 1930 titelt „Der Abend“: „Das österreichische Pennsylvanien“.

WAS SONST NOCH GESCHAH

- Die Landesregierung beschließt Einsparungen im Schulbereich (eine Hauptschulklasse soll erst bei 60 Kindern geteilt werden).
- Geras, Groß-Siegharts und Hainfeld werden zu Stadtgemeinden erhoben.
- Wilhelm Miklas, seit 1923 Präsident des Nationalrates, wird von der Bundesversammlung zum Bundespräsidenten gewählt.
- Der Nationalrat beschließt das Gesetz über die Kranken-, Unfall- und Invalidenversicherung der Land- und Forstarbeiter.
- Es beginnt die Förderung des Wegebaus zu Dörfern, Höfen und Häusern sowie zu land- und forstwirtschaftlich genutzten Grundstücken.

Hundert Tonnen Öl. „In Zeiten der Massenarbeitslosigkeit ein Hoffnungsschimmer“, erklärt Ruthammer. In der Bevölkerung wird gefeiert und sogar ein Gedicht verfasst, in dem es heißt, dass der Ölmagnat John D. Rockefeller in New York vor Neid nach Zistersdorf blicken würde. Der damalige Bürgermeister von Zistersdorf, Martin Krammer, bezeichnet die ersten Funde als „von ungeahnter Bedeutung für unser wirtschaftlich schwach gewordenes, verarmtes Land“. Der erste Öltransport mit dem Zug nach Wien wird feierlich verabschiedet.

» Ein paar Hundert Tonnen Öl? »In Zeiten der Massenarbeitslosigkeit ein Hoffnungsschimmer«, sagt der Erdölexperte Gerhard Ruthammer.

In den folgenden Jahren sei ein wahrer „Ölrausch“ ausgebrochen. Eine zweite Bohrung in Gösting bringt ab 1934 bereits 30 Tonnen Reinöl pro Tag. Das ist laut Ruthammer „eine weltweite Sensation“ und weckt auch das Interesse vieler ausländischer Firmen. 1949 wird zudem in Matzen, etwa 20 Kilometer südlich von Zistersdorf, das bis dato größte zusammenhängende Ölfeld Europas entdeckt – ein Fund von enormer Tragweite, wie Ruthammer berichtet: „Das ist die Geburt eines weiteren Ölbooms in Österreich, von dem die OMV bis heute zehrt.“ In dieser Zeit finden auch viele Menschen wieder Arbeit. „Jeder Zweite, Dritte in Zistersdorf war dort beschäftigt“, erinnert sich der ehemalige Bürgermeister Johann Hofstetter.

SCHÖNBÜHEL UND FISCHAMEND

Ein meterhoher Eisstoß lässt die Donau erstarren

Eisschollen werden zu einem beliebten Fotomotiv

Tiefsttemperaturen von bis zu minus 29 °C prägen die Wintermonate im Jahr 1929. Das Land liegt unter einer dicken Schneedecke, auf der Donau türmen sich Eisschollen meterhoch auf. Am 9. Februar erreicht der Eisstoß Wien. „Wenn es noch einige Tage kalt bleibt, wird die Donau bis weit über Wien hinauf zufrieren", schreibt die „Arbeiter-Zeitung".

Und so ist es auch. Am 14. Februar staut sich der Eisstoß bereits bis nach Krems, neun Tage später erreicht er Schönbühel (Bezirk Melk). Viele Menschen kommen, um dieses seltene Naturschauspiel zu bewundern und gehen auf der Donau spazieren. Der zugefrorene Strom dient als Fotomotiv für viele Ansichtskarten. An der Wiener Stadtgrenze liegen Eisschollen bis zu zehn Meter hoch übereinander. Stellenweise ist die Eisdecke 50 Zentimeter dick. Die Donau ist von der Wachau bis nach Rumänien auf einer Länge von rund 900 Kilometern zugefroren.

In Fischamend (Bezirk Bruck an der Leitha) nutzen die Menschen den kürzesten Weg, um ins „andere Land", nach Schönau (Bezirk Gänserndorf), zu kommen, wie der „Bezirksbote" berichtet. Der Gastwirt macht dort ein „Bombengeschäft", indem er an die Ausflügler Glühwein ausschenkt – um fünf Schilling pro Liter. Umgekehrt besuchen viele Bewohner und Bewohnerinnen von Schönau und Mannsdorf (Bezirk Gänserndorf) Fischamend.

1) Die ungewöhnliche Situation lockt viele Menschen auf das Eis.

2) Der Eisstoß in Schönbühel an der Donau wird sogar zu einem Postkartenmotiv.

3) Eisstoß bei Kritzendorf

Immerhin ist es damals der erste große Eisstoß in Niederösterreich seit 20 Jahren. Von der Hydrographischen Abteilung der Landesregierung werden die Eismassen damals genau beobachtet. Denn der Wasserspiegel ist an manchen Stellen bereits um mehr als zwei Meter gestiegen. „Hoffentlich nimmt der Eisstoß von uns Abschied, ohne besonderen Schaden anzurichten", ist in Zeitungen zu lesen.

» Viele Menschen kommen, um dieses seltene Naturschauspiel zu bewundern, und gehen auf der zugefrorenen Donau spazieren.

Denn auch wenn zunächst keine Gefahr besteht, könnte der Eisstoß schnell zu einer Gefahr werden – vor allem für Wien. Wenn sich die Eismassen nach unten stauen und den Ablauf des Wassers unter der Eisdecke verhindern, tritt das nachströmende Wasser über die Eisdecke und überschwemmt die Ufer. „Man wird in den Kellern kniehoch im Wasser waten", so die Zeitungen. Eine weitere Gefahr entstünde, wenn plötzlich starkes Tauwetter eintritt und die Schneemassen in den Bergen schmelzen.

In Niederösterreich werden deshalb Maßnahmen für ein erwartetes Hochwasser getroffen. Sandsäcke und andere Materialien werden vorbereitet, um die Donaudämme „im Augenblick der Gefahr" sofort verstärken zu können. Doch im Gegensatz zu früheren Eisstößen kommt es nicht zu Überschwemmungen. Nach einem Monat löst sich der Eisstoß Mitte März langsam auf, und der Donaustrom kommt auch an seiner Oberfläche wieder in Bewegung.

WAS SONST NOCH GESCHAH

- In Niederösterreich sind 3.419 Pkw, 2.879 Lkw und 11.656 Motorräder gemeldet.
- Regelmäßig werden in allen Landesteilen Aufmärsche von Heimwehr- und Schutzbundverbänden abgehalten.
- Die Bundesverfassung wird novelliert, gestärkt wird die Stellung des Bundespräsidenten.
- Es ist das Jahr, in dem es drei Bundeskanzler gibt: Ignaz Seipel, Ernst Streeruwitz und Johann Schober.

1) Zahlreiche Mitglieder der Heimwehren nehmen an der Versammlung in Korneuburg teil.

2) „Wiener Montagblatt“ am 19. Mai 1930 über den „Führertag“ in Korneuburg.

3) Der „Gauaufmarsch“ auf dem Hauptplatz von Korneuburg vom 18. Mai 1930.

Wien, 19. Mai 1930
Nr. 20 / 37. Jahrgang

Mon

Sport

„Wir wolle
im Sta

Die neue Zielsetzung
tag in Korneuburg. —
battante Mitgli

KORNEUBURG

Ein Eid ebnet den Weg in die Diktatur

Dem Parlamentarismus und dem Parteienstaat wird abgeschworen

In Niederösterreich sind die Heimwehren lange Zeit „politisch kein dominierender Faktor“, sagt der Leiter der Zeitgeschichteabteilung des Niederösterreichischen Landesarchivs, Stefan Eminger. Das liege vor allem an wichtigen Funktionären im Bauernbund, die mit den Heimwehren nichts anzufangen wissen. Viele seien sogar Gegner und sehen darin nur Unruhestifter, erklärt der Historiker.

Doch seit dem Brand des Justizpalastes 1927 spitzt sich die politische Lage auch in Niederösterreich zu. Fast überall bilden sich neue Heimwehrgruppen, das christlichsoziale und deutschnationale Lager rücken enger zusammen, „weil man vor den Sozialisten Angst hatte“, so Eminger. Sie meinen, gemeinsam gegen den „roten“ Schutzbund kämpfen zu müssen, dem unterstellt wird, einen Umsturz vorzubereiten.

Doch zwischen den Heimwehren kommt es zu Unstimmigkeiten. Sie sollen daher auf ein gemeinsames Programm verpflichtet werden: auf den sogenannten Korneuburger Eid, der am 18. Mai 1930 in der Bezirksstadt Korneuburg von den Heimwehrgruppen geleistet wird. In diesem Eid heißt es, dass man „den demokratischen Parlamentarismus und den Parteienstaat“ verwerfe und „an seine Stelle die Selbstverwaltung der Stände“ setzen und eine starke

Preis 25 Groschen
gblatt
onntag
der Macht
eifen!"
hren auf dem Führer-
igkeit. — 52.000 kom-
ö. Heimwehren.

1930

Staatsführung „aus den fähigsten und den bewährtesten Männern“ bilden wolle.

Die Heimwehren haben laut Eminger von Beginn an zwei große Ziele: die Sozialdemokratie völlig auszuschalten sowie die Demokratie abzuschaffen und durch einen Ständestaat zu ersetzen. Die Demokratiefeindlichkeit sei ein zentrales Merkmal der Heimwehren gewesen. Zunehmende Kritik an der Demokratie sei laut Eminger vor allem in bürgerlichen Kreisen „ein Symptom der Zeit“ gewesen. Das Ereignis wird in den Zeitungen – je nach Weltanschauung – kontroversiell kommentiert. Die „Arbeiter-Zeitung“ nennt das Heimwehrprogramm „hundertprozentigen Faschismus“. Doch auch in Teilen der Heimwehrbewegung ist das Gelöbnis umstritten, und als die Heimwehr bei den Parlamentswahlen im Herbst 1930 als eigene Partei antritt, bricht sie auseinander. Dennoch läutet das Jahr 1930 eine Radikalisierung der Heimwehrbewegung und des mit ihr sympathisierenden bürgerlichen Lagers ein. Im März 1933 nutzt der christlichsoziale Bundeskanzler Engelbert Dollfuß eine Geschäftsordnungspanne des Nationalrates zu einem schleichenden Staatsstreich. Am 11. September 1933 verkündet der 1892 in Texing (Bezirk Melk) geborene Dollfuß auf dem Trabrennplatz in Wien als Ziel die Errichtung eines „sozialen, christlichen, deutschen Staates Österreich auf ständischer Grundlage unter starker autoritärer Führung“. Nur drei Jahre nach dem Korneuburger Eid ist ein wichtiger Teil von dessen Zielen erreicht.

> » Kritik an der Demokratie war damals vor allem in bürgerlichen Kreisen »ein Symptom der Zeit«, so der Zeithistoriker Stefan Eminger.

WAS SONST NOCH GESCHAH

- Bei der letzten freien Nationalratswahl in der Ersten Republik werden die Sozialdemokraten erstmals stärkste Partei.
- In St. Pölten stellen die Papierfabrik Elbemühl, die Glanzstofffabrik und die Spitzen- und Vorhänge-Fabrik in Viehofen den Betrieb ein.
- Die Nadelburger Metallwarenwerke in Lichtenwörth schließen.
- Die NEWAG versorgt mit 17 Kraftwerken circa 60 Prozent der Gemeinden, das 20-kV-Hochspannungsnetz hat eine Länge von 2.100 Kilometern.

MARIENTHAL

Keine Arbeit: Ein ganzer Ort versinkt in Lethargie

Langjährige Arbeitslosigkeit führt zu Hoffnungslosigkeit und Apathie

Mehr als 100 Jahre lang floriert in der Textilfabrik Marienthal – einem Ortsteil von Gramatneusiedl (Bezirk Bruck an der Leitha) – das Geschäft. Doch ab 1929 geht plötzlich alles ganz schnell. Innerhalb eines Jahres wird die Fabrik mit mehr als 1.300 Beschäftigten komplett stillgelegt. Für die Arbeiter und Arbeiterinnen hat das gravierende Folgen, denn fast die gesamte Ortsbevölkerung ist in der Fabrik beschäftigt.

„Die Menschen haben auch nicht geglaubt, dass das jetzt das Ende ist, weil es 100 Jahre gut gelaufen ist", erzählt Thomas Schwab, Bürgermeister von Gramatneusiedl, der sich 2009 in seiner Diplomarbeit mit der Situation Marienthals in der Gegenwart befasste. Teilweise sind innerhalb einer Familie drei Generationen in der Fabrik beschäftigt. „Man hat immer auf einen neuen Eigentümer gehofft." Doch der kommt nicht. Mitten in der Weltwirtschaftskrise will offenbar niemand mehr investieren.

Die Arbeiterinnen und Arbeiter verlieren damit nicht nur ihren Arbeitsplatz und ihr Einkommen, sondern auch ihre Wohnung. „Alle Häuser haben der Fabrik gehört", erläutert Schwab, in ganz Marienthal gebe es nur zwei Gebäude, deren Eigentümer nicht die Fabrik ist. Damit sei eine „einzigartige Laborsituation geschaffen" worden, „da fast der gesamte Ort von Arbeitslosigkeit betroffen ist".

1) Nach der Stilllegung der Textilfabrik Marienthal werden die Maschinen abgebaut.

2) Marienthal heute.

3) Marienthal in den 1930er-Jahren.

4) Durch die Schließung der Textilfabrik verliert mehr als die Hälfte der Bevölkerung ihre Arbeit.

WAS SONST NOCH GESCHAH

- Landeshauptmann Karl Buresch wird zum Bundeskanzler ernannt, sein Nachfolger als Landeshauptmann wird Josef Reither.
- Im Mai sind in Niederösterreich etwa 90.000 Menschen arbeitslos gemeldet, zwei Jahre davor waren es 32.000.
- Der Zusammenbruch der Creditanstalt hat schwere Folgen für die niederösterreichische Industrie.
- Die Wiener Neustädter Lokomotivfabrik wird geschlossen, die Anlagen werden nach Wien-Floridsdorf transferiert.
- Der Ungar Szilveszter Matuska wird zu sechs Jahren schweren Kerkers verurteilt, weil er auf die Westbahn bei Maria Anzbach zwei Anschläge verübt hat.

Die Menschen sind zwar arbeitswillig und könnten durch den Bahnanschluss bis nach Wien fahren. „Aber auch dort wurden nirgends Arbeitskräfte gebraucht", so Schwab, da infolge der Weltwirtschaftskrise auch in Wien Massenarbeitslosigkeit herrscht. Marienthal versinkt nach und nach in Lethargie. „Es fehlt der eigene Antrieb, man fühlt sich nicht gebraucht und weiß auch nichts mehr mit dem Tag anzufangen." Depression, Alkoholmissbrauch und Suizide steigen vor allem unter der männlichen Bevölkerung. 1931 untersucht die Österreichische Wirtschaftspsychologische Forschungsstelle am Beispiel Marienthals die sozialen und psychischen Folgen lang andauernder Arbeitslosigkeit. 1933 veröffentlichen Marie Jahoda, Hans Zeisel und Paul Lazarsfeld ihre Studie „Die Arbeitslosen von Marienthal". Die wichtigste Erkenntnis: Langjährige Arbeitslosigkeit führt nicht automatisch zu Politisierung und einer nach links gehenden Radikalisierung der Arbeitslosen, sondern eher zu Apathie und Hoffnungslosigkeit. Dass Arbeitslose die unfreiwillig gewonnene Freizeit dazu nützen, sich weiterzubilden oder politisch zu engagieren, sei eine Illusion. Vielmehr ist eine „geregelte Arbeit für die meisten Menschen eine psychologische Hilfe, um aus der eigenen Existenz einen Sinn zu machen", fasst Jahoda zusammen.

» Eine geregelte Arbeit ist eine psychologische Hilfe, um aus der eigenen Existenz einen Sinn zu machen«, resümiert Marie Jahoda.

KREMS

Die Hochburg der Nationalsozialisten

Der Nationalsozialismus ist in der Gesellschaft angekommen

Krems ist mit dem Aufstieg der NSDAP von Beginn an eng verflochten. Die Stadt gilt schon seit den 1920er-Jahren als Hochburg der Nationalsozialisten. Krems sei immer schon eine Schulstadt und ein Zentrum des deutschnationalen Bürgertums gewesen, in dem wesentliche Teile der NS-Ideologie auf fruchtbaren Boden gefallen seien, erklärt der Historiker Robert Streibel, der sich im Auftrag der Stadt mehrfach mit der Kremser Geschichte befasst hat.
Bereits in den frühen 1920er-Jahren tritt die NSDAP in Krems bei Wahlen an, wobei sich der Zuspruch in Grenzen hält. Doch aus ihren Absichten machen die Nazis nie einen Hehl: „Es ist zwar nie ein industrieller Massenmord an der jüdischen Bevölkerung in ganz Europa propagiert worden, aber der Antisemitismus, und zwar ein rassischer Antisemitismus, war immer da und wurde offen kommuniziert." Doch viele Menschen schreckt das nicht ab.
Im Gegenteil, ab 1932 stellen die Nazis in Krems – wie etwa auch in Gmünd und Zwettl – den Bürgermeister. „Der Nationalsozialismus war damit in der Gesellschaft angekommen", betont Streibel. Im selben Jahr zieht die NSDAP mit acht Abgeordneten auch in den Niederösterreichischen Landtag ein. Fraktionsführer Josef Leopold untermauert bei seiner Antritts-

1) 1932 stellen die Nationalsozialisten in Krems an der Donau den Bürgermeister.

2) Plakat vom Gautag der NSDAP 1930 in Krems.

3) Eine Gruppe illegaler Nationalsozialisten sorgt trotz Verbots immer wieder für Gewaltakte.

4) Krems gilt nach dem Verbot der NSDAP als Rückzugsort der „Illegalen".

rede die antidemokratische Ausrichtung seiner Partei und kündigt an: „Wir gehen nur in dieses parlamentarische Gremium, um es zu zerstören."

» NS-Bürgermeister in Krems und Gmünd: »Der Nationalsozialismus war in der Gesellschaft angekommen«, so der Historiker Robert Streibel.

Infolge zunehmender Gewaltakte und Terroranschläge wird die NSDAP im Juni 1933 verboten. Den Abgeordneten werden ihre Mandate aberkannt – auch im Landtag. Krems verliert seine Bedeutung trotzdem nicht. Denn ab sofort wird die illegale Bewegung von Krems aus geleitet, weiß Streibel: „Hier laufen alle Fäden zusammen."

Seinen Einfluss verliert Krems aber ab 1937. Damals kommt es laut Streibel zu einer Auseinandersetzung „über die Richtung bzw. den Weg, den man beschreiten will" – Eroberung der Macht durch revolutionäre Gewalt oder evolutionäre Unterwanderung der Schuschnigg-Diktatur. Im März 1938 muss die Bevölkerung jedenfalls „vergeblich auf den Führer warten", denn Hitler kommt bei seiner triumphalen Fahrt Richtung Wien nicht durch Krems.

Trotzdem wird Krems auch nach dem „Anschluss" Österreichs an das Deutsche Reich in der Propaganda „gut vermarktet", meint Streibel. Denn während Wien auch ab 1939 im neuen Gau Niederdonau Verwaltungssitz bleibt, wird Krems zur offiziellen Gauhauptstadt erhoben – aber ohne eine einzige Dienststelle. Streibel spricht von „einer Verbeugung vor der Geschichte, Krems als Tor zum Deutsch-Nationalen".

WAS SONST NOCH GESCHAH

- Der Christlichsoziale Engelbert Dollfuß, geboren 1892 in Texing (Bezirk Melk), wird Bundeskanzler.
- Bei der Landtagswahl erreichen die Christlichsozialen 28 Mandate, die Sozialdemokraten 20 und die Nationalsozialisten acht Mandate.
- In mehreren Gemeinden kommt es zu gewaltsamen Zusammenstößen von Sozialdemokraten und Nationalsozialisten.
- Erstmals finden in Kirchschlag in der Buckligen Welt Passionsspiele statt.
- Die Straße auf die Hohe Wand wird eröffnet.

HIRTENBERG

Eine Waffenaffäre mit politischen Folgen

Illegal: 100.000 Gewehre für die Heimwehr und das ungarische Heer

Am 8. Jänner 1933 deckt die „Arbeiter-Zeitung“ auf, dass ein Waffentransport von Italien nach Hirtenberg (Bezirk Baden) unterwegs sei. Empfänger: Die Hirtenberger Patronenfabrik. Die Fracht: 50.000 Gewehre und 200 Maschinengewehre, die für Ungarn bestimmt sein sollen. Die ersten Waggons treffen laut Bericht der Gendarmerie Hirtenberg rund um den Jahreswechsel am Bahnhof Enzesfeld, dem Nachbarort Hirtenbergs, ein. „Die Firmenleitung informiert zwar den Betriebsrat, was hier im Laufen ist, er wird aber um Stillschweigen gebeten“, erzählt Gemeindehistoriker Erich Strobl. Man argumentiert mit Arbeitsplätzen. „Immerhin ist die Auftragslage eher schlecht.“ Die Hirtenberger Patronenfabrik ist damals einer der bedeutendsten Munitionsproduzenten Österreichs. 1924 übernahm Fritz Mandl die Leitung und führte das Unternehmen erfolgreich durch die Wirtschaftskrise.

Mandl ist ein enger Freund und Unterstützer des Heimwehrführers Ernst Rüdiger von Starhemberg. Ende 1932 vereinbaren Starhemberg, der italienische Diktator Benito Mussolini und der Staatschef von Ungarn, Miklós Horthy, eine illegale Lieferung alter MGs und Gewehre an die Hirtenberger Patronenfabrik. Die Waffen sollen repariert und dann sowohl an die Heimwehr als auch an das ungarische Heer geliefert werden. Als Mittelsmann fungiert Fritz Mandl.

1) Die Hirtenberger Patronenfabrik im Jahr 1933.

2) Fritz Mandl (1900–1977), Generaldirektor der Hirtenberger Patronenfabrik.

3) Bundeskanzler Schuschnigg (2. v. l.) besucht 1936 Fritz Mandl (1. v. r.) in Hirtenberg.

4) Die Fabrik in Hirtenberg heute.

5) Luftaufnahme der Fabrik im Jahr 1944.

WAS SONST NOCH GESCHAH

- Das Parlament wird ausgeschaltet, es beginnt die Regierungsdiktatur unter Bundeskanzler Engelbert Dollfuß.
- Der Republikanische Schutzbund und die Kommunistische Partei werden aufgelöst, die NSDAP verboten.
- Die Vaterländische Front wird gegründet.
- In Wien findet der Katholikentag statt mit einer Kundgebung der Vaterländischen Front auf dem Trabrennplatz.
- Die Bischofskonferenz beschließt, dass sich alle Geistlichen aus politischen Funktionen zurückziehen müssen.

Sowohl Italien als auch Ungarn werden damals von Antimarxisten regiert. „Mit den Waffen will Mussolini Horthy helfen, aufzurüsten", erläutert Josef Mötz, Kurator des Munitionsmuseums Hirtenberg, „was durch die Friedensverträge nach dem Ersten Weltkrieg natürlich strengstens verboten war." Starhembergs Ziel ist es, aus der Heimwehr eine schlagkräftige Organisation zu formen, dafür fehlen ihm aber Waffen.

> » Der illegale Deal fliegt auf, die Waffenaffäre vertieft die Gräben zwischen dem rechten und dem linken politischen Lager.

Der Waffenschmuggel soll also allen helfen, wobei neben den Altbeständen – über eine Schweizer Firma Mandls – auch neue Waffen gekauft werden: 1.000 Maschinengewehre, schreibt die Historikerin Ursula Prutsch in ihrer Mandl-Biografie. Auch die Zahl der Gewehre, die laut Prutsch an Depots von Heer und Heimwehr verteilt werden, verdoppelt sich auf etwa 100.000. Bundeskanzler Dollfuß ist über die Aktion informiert.

Doch der illegale Deal fliegt auf. Die Waffenaffäre vertieft die Gräben zwischen dem rechten und dem linken Lager, das nun immer mehr von einem bewaffneten Umsturzversuch der Heimwehr überzeugt ist. Sozialdemokratische Zeitungen schreiben sogar von einem Putsch des „schwarzen" Wehrverbandes. Außenpolitisch führt die Affäre zu einer Entfremdung zwischen Österreich und den Westmächten und zu einer noch stärkeren Abhängigkeit von Italien.

1) In St. Pölten werden die Schutzbündler Viktor Rauchenberger und Johann Hoys hingerichtet.

2) Nach den Februarkämpfen werden vorübergehend Hunderte Gefangene im Anhaltelager St. Pölten interniert.

3) Angehörige der St. Pöltner Heimwehr.

ST. PÖLTEN

Bewaffneter Aufstand gegen die Regierung Dollfuß

Als Menschen in der Stadt aufeinander schießen

12. Februar 1934: Während in Linz und Wien zwischen Schutzbund und Polizei, Heimwehr sowie Militär Gefechte beginnen und geschossen wird, bleibt es in St. Pölten ruhig. Die Arbeiter einiger Unternehmen wie Voith und Glanzstoff treten zwar in Streik, doch der von den Sozialdemokraten erhoffte Generalstreik in der Stadt bleibt aus. Im Laufe des Tages nehmen Polizei und Militär die meisten führenden Sozialdemokraten fest und besetzen das „rot" geführte Rathaus sowie wichtige Schlüsselpositionen.

Der Anlass sind größere Waffenfunde in Schwechat, die zu weiteren Waffensuchen führen. In einem Linzer Parteiheim leisten Schutzbündler aber Widerstand. In mehreren Bundesländern kommt es daraufhin zu Aufständen, die aber nicht von der Wiener Zentrale geplant sind. „Deshalb hat man es gar nicht so schnell erfahren", sagt Thomas Lösch, Leiter des St. Pöltner Stadtarchivs, „niemand hat offiziell gesagt ‚Tut etwas!'" Deshalb wird auch der Eisenbahnverkehr in der Stadt nicht unterbrochen, Polizei und Militär können ihre Truppentransporte zwischen Linz und Wien weiterhin durchführen.

Erst einen Tag später fordert der führende Schutzbündler in St. Pölten, Franz Rauscher, eine Reaktion. Ein paar Hundert Menschen versammeln sich im Stadtwald am Rande der Innen-

stadt. Von diesem Hügel aus versuchen sie, wichtige Objekte unter ihre Kontrolle zu bringen. Doch nach heftigen Gefechten mit Gendarmerie und Schutzkorps werden die Schutzbundgruppen aus dem städtischen E-Werk und dem NEWAG-Umspannwerk vertrieben, Straßenkämpfe folgen.

» Gefechte im Februar 1934 gibt es in St. Pölten, Neunkirchen und Mödling sowie im Traisen-, Ybbs- und Gölsental.

Im Norden der Stadt versammeln sich 650 Schutzbündler im „Blauen Haus" in der Herzogenburger Straße, einem Gemeindebau, der als „Rote Burg St. Pöltens" gilt. „Das war ein Hort des Widerstandes", erklärt Lösch. Die Angriffe werden aber am 14. Februar schnell niedergeschlagen. Bis zum Abend hat das Dollfuß-Regime die Lage in St. Pölten unter Kontrolle – auch wenn es bis zum 16. Februar noch „einzelne kleinere Trotzreaktionen" gibt.

Neben St. Pölten gibt es in Niederösterreich auch in Neunkirchen und Mödling sowie im Traisen-, Ybbs- und Gölsental Gefechte. Landesweit kommen auf beiden Seiten 15 Menschen ums Leben. Die heftigsten Kämpfe ereignen sich in Wien, etwa vor Gemeindebauten wie dem Karl-Marx-Hof, wo Soldaten auch Artillerie einsetzen.

Nach den Kämpfen kommt es zu Standgerichten. Neun Schutzbündler werden hingerichtet, unter ihnen Johann Hoys und Viktor Rauchenberger in St. Pölten. „Als Abschreckung lässt die Regierung in jedem Bundesland, wo es Kämpfe gab, Leute hängen", erzählt Lösch. Viele Regimegegner werden zudem in Anhaltelagern inhaftiert, die Sozialdemokratische Partei wird von der Regierung verboten.

WAS SONST NOCH GESCHAH

- Bei einem Putschversuch der Nationalsozialisten wird Bundeskanzler Dollfuß erschossen, Kurt Schuschnigg wird sein Nachfolger.
- Die Sozialdemokratische Partei wird verboten, gewählte Mandatare verlieren ihre Funktionen.
- Die Todesstrafe kann nicht nur im standrechtlichen Verfahren, sondern nun auch im ordentlichen Gerichtsverfahren verhängt werden.
- Österreich, Ungarn und Italien unterzeichnen die „Römischen Protokolle", welche die Zusammenarbeit regeln sollten.

1935

WÖLLERSDORF

Ein „pseudolegales“ Lager für Regimegegner

Vom Bestreben, öffentliche Ruhe und Ordnung wieder herzustellen

Als „pseudolegales System“ bezeichnet die Historikerin Pia Schölnberger das Anhaltelager Wöllersdorf. Offiziell begründet die Dollfuß-Schuschnigg-Diktatur die Anhaltungen damit, Störungen der öffentlichen Ruhe, Ordnung und Sicherheit verhindern zu wollen. Doch in Wahrheit will man „politische Unruhepole aus dem öffentlichen Leben fernhalten“, erklärt die Expertin, die das Buch „Das Anhaltelager Wöllersdorf 1933–1938“ geschrieben hat.
Das Problem: „Für bestimmte Delikte – wie das Hissen einer roten Flagge – bekommt man nicht mehr als ein paar Wochen Haft.“ Deshalb wird neben Gefängnis- und Verwaltungsstrafen als dritte Option die Anhaltung eingeführt. Mit einer eigens erlassenen Anhalteverordnung wird zwar „alles auf gewisse Art und Weise gesetzlich legitimiert“, in der Praxis sei es aber die Verlängerung einer abgebüßten Freiheitsstrafe.
Ab Oktober 1933 kommen die ersten Häftlinge ins Anhaltelager, vor allem Nationalsozialisten und Kommunisten. Ab dem Frühjahr 1934 füllt es sich. Zunächst werden infolge des Februaraufstandes Hunderte Schutzbündler und sozialdemokratische Funktionäre interniert. Nach dem Putschversuch von Nationalsozialisten im Juli 1934 vervielfacht sich deren Anteil unter den Inhaftierten. Von den etwa 5.000 Gefangenen im Oktober 1934 sind circa 85 Prozent

1) Häftlinge im Anhaltelager Wöllersdorf.

2) Ein Propagandabild der Nationalsozialisten vor dem brennenden Lager 1938.

3) Seit 1974 gibt es das Mahnmal an der Stelle des ehemaligen Anhaltelagers.

4) Der Alltag der Häftlinge ist von Untätigkeit geprägt.

Nationalsozialisten und 15 Prozent Sozialdemokraten und Kommunisten.

Im Februar 1935 umfasst das Lager eine Fläche von 450.000 Quadratmetern und mehr als 40 Objekte. Doch der Platz wird nicht gebraucht, denn auf die Welle der Verhaftungen folgt eine Welle der Begnadigungen, so Schölnberger: „Das Regime will sich mit der Bevölkerung arrangieren." Durch mehrere Amnestien sinkt die Zahl der Inhaftierten 1936 auf etwa 500. Dieses Vorgehen zeige, dass das System von der Regierung nicht durchdacht ist. Schölnberger spricht von „massivem bürokratischem Aufwand bei minimalem Output aus Sicht des Regimes".

»Politische Unruhepole sollten aus dem öffentlichen Leben ferngehalten werden«, erklärt die Wöllersdorf-Expertin Pia Schölnberger.

Die Zustände im Lager werden international genau beobachtet. Im Gegensatz zu den Konzentrationslagern in NS-Deutschland, „wo sofort Ermordungen, Folter und Gewalt stattfinden", gibt es laut Schölnberger in Wöllersdorf zwar keine systematische Gewalt gegen Leib und Leben, dennoch wird der Schutz der Freiheit aufgehoben – „ein massiver Eingriff in die persönliche Freiheit des Menschen".

Im Zuge einer Propagandaaktion brennen die Nazis nach dem „Anschluss" 1938 eine Baracke nieder. Zunächst gibt es Überlegungen, Wöllersdorf als Konzentrationslager weiterzuführen, die verbliebenen Häftlinge werden aber nach Dachau gebracht, Wöllersdorf wird geschlossen.

WAS SONST NOCH GESCHAH

- In Niederösterreich gibt es 585 Raiffeisenkassen, 56 Lagerhausgenossenschaften und 22 Großmolkereien.
- Die Diözese St. Pölten feiert ihr 150-Jahr-Jubiläum.
- In Wien wird mit dem Bau des Funkhauses in der Argentinierstraße begonnen, österreichweit gibt es 560.120 Radioabonnenten.
- Die 48 Kilometer lange Großglockner-Hochalpenstraße von Heiligenblut bis Bruck wird eröffnet.

KREMS

Mit dem „Hradetzky-Marsch“ zu zweifachem Olympia-Gold

Ein Orgelbauer paddelt in Berlin an die Weltspitze

„Ich war ungemein nervös, so nervös wie noch nie in meinen Leben“, erzählt Gregor Hradetzky vor Jahren in einem ORF-Interview über seine Premiere bei den Olympischen Sommerspielen 1936 in Berlin. So kommt es, dass er den Start über 10.000 Meter im Faltboot völlig verpatzt. Doch der sportliche Ehrgeiz prägt den Kremser sein ganzes Leben. Langsam kämpft er sich nach vorne. „Dann habe ich voll aufgedreht und bin den Leuten davongefahren“, schildert Hradetzky den Wettkampf am 7. August 1936.

Es ist die erste Sternstunde Hradetzkys, doch nur 24 Stunden später folgt der zweite „Hradetzky-Marsch“, wie die „Olympia-Zeitung“ schreibt. Auch über 1.000 Meter Kajak-Einer paddelt er als Erster über die Ziellinie. Der 27-jährige Hradetzky krönt sich damit bei Olympischen Sommerspielen zum ersten Olympia- wie auch Doppel-Olympiasieger aus Niederösterreich.

Doch der Erfolg kommt nicht von ungefähr. Der Sport steht für den gelernten Orgelbauer Gregor Hradetzky immer schon an erster Stelle. „Weil man mit dem Sport nach dem Ersten Weltkrieg bekannt werden konnte“, sagt dessen Sohn Gerhard. Am Ufer der Donau kommt Hradetzky schon früh mit dem Faltboot in Kontakt. Sein sportliches Talent wird zwar erst mit

1) Gregor Hradetzky (2. v. r.) hebt bei der Siegerehrung 1936 im Gegensatz zum drittplatzierten Deutschen nicht die rechte Hand zum Hitlergruß.

2) Hradetzky übernimmt 1948 von seinem Vater die Orgelbauwerkstatt.

3) Hradetzky mit seinem ersten eigenen Faltboot an der Donau.

4) Seine zweite Olympia-Goldmedaille in Berlin gewinnt Hradetzky im Kajak-Einer.

WAS SONST NOCH GESCHAH

- Österreich führt die allgemeine Wehrpflicht für Männer als „Allgemeine Bundesdienstpflicht" ein.
- Bundeskanzler Schuschnigg löst die Heimwehr auf.
- Schrems wird zur Stadtgemeinde erhoben.
- Karl Schäfer wird zum siebenten Mal Welt- und zum achten Mal Europameister im Eiskunstlauf, außerdem gewinnt er bei den Olympischen Spielen seine zweite Goldmedaille.
- Otto Loewi erhält den Nobelpreis für Chemie, Viktor Franz Hess wird mit dem Nobelpreis für Physik ausgezeichnet.

18 Jahren entdeckt, aber schon ein Jahr später ist er Österreichischer Meister im Kajak-Einer über 10.000 Meter. Von da an treibt ihn der sportliche Ehrgeiz. Einmal pro Woche paddelt er stromaufwärts von Krems nach Melk, einmal im Monat geht es von Krems mehr als 80 Kilometer ins oberösterreichische Grein. In den 1930er-Jahren gewinnt Hradetzky fast jedes Rennen. Der Zweite Weltkrieg stoppt jedoch die sportliche Karriere. Hradetzky muss an die Front und kommt in Kriegsgefangenschaft.

> »Dann habe ich voll aufgedreht und bin den Leuten davongefahren«, erzählte Gregor Hradetzky über seine erste Goldmedaille in Berlin.

Weil er ab 1938 für das Deutsche Reich antreten muss, ist seine Laufbahn nach dem Krieg vorbei. Und weil Hradetzky eine Arbeitsmöglichkeit braucht, übernimmt er 1948 die Orgelbauwerkstatt seines Vaters. Bis 1963 baut er Orgeln mit elektropneumatischer Traktur, danach beschäftigt er sich mit mechanischen Schleifladenorgeln. Dadurch wird Hradetzky zum international gefragten und anerkannten Orgelbauer. Besonders hervorzuheben ist seine in Kooperation mit Ronald Sharp 1979 für das Opernhaus Sydney errichtete Orgel mit 131 Registern. Dass Hradetzky zum weltweit geschätzten Orgelbauer wird, sei auch dem Sport zu verdanken, meint sein Sohn, „weil man immer gesagt hat, jemand, der Olympiasieger geworden ist, der muss auch gute Orgeln bauen".

1) Viele Arbeiten beim Bau werden händisch vorgenommen.

2) Bundespräsident Wilhelm Miklas bei seiner Rede anlässlich der Eröffnung der Höhenstraße am 16. Oktober 1935 vor dem Denkmal des hl. Engelbert zu Ehren von Engelbert Dollfuß.

3) Der Wiener Bürgermeister Richard Schmitz beim Spatenstich für die Klosterneuburger Höhenstraße 1934.

4) Automobile auf der Höhenstraße Richtung Cobenzl, 1938.

KLOSTERNEUBURG

Ein Bauboom soll die Massenarbeitslosigkeit senken

Die Wiener Höhenstraße, ein Prestigeprojekt der Regierung

Im Kampf gegen die grassierende Massenarbeitslosigkeit in den 1930er-Jahren setzt das Regime unter Kanzler Kurt Schuschnigg auf Großbauprojekte, vor allem im Verkehr, die der Arbeitsbeschaffung dienen sollen. An der Landesgrenze zu Niederösterreich wird etwa der Bau der Wiener Höhenstraße, ein Prestigeprojekt der autoritären Regierung, vorangetrieben. Im Jahr 1937 beginnen die Bauarbeiten des sogenannten Klosterneuburger Asts der Höhenstraße.
Die Höhenstraße führt durch den Wienerwald von Neuwaldegg bis zum Kahlenberg, dem Leopoldsberg und Klosterneuburg (Bezirk Tulln). Bereits 1934 startet der Bau der ersten Abschnitte, die schrittweise eröffnet werden. Das Anlegen der Trasse ist schwere körperliche Arbeit, die zu einem großen Teil händisch erledigt wird. Auch um maximale Beschäftigungseffekte zu erzielen, wird der Einsatz von Maschinen stark beschränkt.
Mehrere Millionen Pflastersteine müssen verlegt werden. Zur Arbeit werden zunächst Männer des Arbeitsdienstes eingesetzt. Doch der Bau kommt erst in Schwung, als der Arbeitsdienst von qualifizierten Unternehmen abgelöst wird. Über die Jahre sind 74 Firmen mit 600 Mitarbeitern am Bau beteiligt.

1937

Erst in der NS-Zeit, am 15. Dezember 1940, erfolgt die Eröffnung der Klosterneuburger Strecke. In Zeiten der steigenden Motorisierung ist die Höhenstraße als erste Straße Österreichs ausschließlich für den Autoverkehr und für Radfahrer vorgesehen. Die etwa 15 Kilometer lange Aussichtsstraße – die längste Straße Wiens – soll den Ausflugstourismus im Wienerwald erhöhen. Vor allem der Kahlenberg und der Leopoldsberg verzeichnen nach der Fertigstellung der Höhenstraße einen Besucheransturm. Für Fußgänger, denen das Begehen der Straße verboten ist, werden als Ersatz für die nicht vorhandenen Gehsteige begleitend Wanderwege angelegt. So wird auch der alte und steile Fußweg von der Donau auf den Leopoldsberg im Zusammenhang mit dem Höhenstraßenbau mit Stufen und Aussichtsplätzen ausgebaut.

» Die 15 Kilometer lange Aussichtsstraße sollte sich positiv auf den Ausflugstourismus im Wienerwald auswirken.

Neben der Klosterneuburger Höhenstraße führen übrigens zwei weitere Straßen von Wien direkt nach Niederösterreich: die verlängerte Sieveringer Straße nach Weidling (Bezirk Tulln) und die bei Neuwaldegg abgehende Exelbergstraße über den Exelberg nach Tulbing (Bezirk Tulln). Seit November 2019 stehen einige Teile der Höhenstraße unter Denkmalschutz. Insbesondere dort, wo sich historische Gebäude, Bauwerke oder Aussichtspunkte befinden, muss das Straßenpflaster erhalten werden.

WAS SONST NOCH GESCHAH

- Ein Großbrand zerstört die Rotunde im Wiener Prater.
- Die neue Reichsbrücke über die Donau in Wien wird dem Verkehr übergeben.
- Der 17-jährige Wiener Richard Bergmann wird Tischtennis-Weltmeister, als britischer Staatsbürger gewinnt er diesen Titel noch drei Mal.
- Auch Niederösterreich führt eine Fahrradabgabe ein, sie ist ab 1938 zu entrichten. Fahrräder müssen zudem über ein amtliches Kennzeichen verfügen.

AMSTETTEN UND ST. PÖLTEN

„Niederösterreich grüßt seinen Führer"

Das Bundesland wird für sieben Jahre zu Niederdonau

Dicht gedrängt warten am 13. März 1938 Tausende Menschen auf dem Amstettner Hauptplatz auf den „Führer". Die Organisatoren wollen Adolf Hitler, Kanzler des Deutschen Reichs und Diktator im Nachbarland, nach dem „Anschluss" einen unvergesslichen Empfang bereiten, erzählt Stadthistoriker Thomas Buchner: „Aus der ganzen Region werden Menschen mit Bussen und Zügen herbeigekarrt, Schulen und Betriebe sind geschlossen und die Menschen werden ermutigt, den ‚Führer' zu begrüßen."

Doch Hitler hat kurzfristig andere Pläne und bleibt einen Tag länger in Linz. Für die Organisatoren in Amstetten ist das zwar „sehr unangenehm", sagt Buchner, doch die Euphorie ist ungebrochen und der Empfang findet einfach einen Tag später statt. „Niederösterreich grüßt seinen Führer" steht auf einem Transparent. Einige halten Spiegel in die Höhe, um „den Gott" sehen zu können, so Buchner. „In vielen Fällen ist es aber vor allem die Neugierde", welche die Menschen auf den Hauptplatz treibt.

In Amstetten wie auch in den anderen Städten und Gemeinden Niederösterreichs haben zu diesem Zeitpunkt die Anhänger des Nationalsozialismus die Kontrolle bereits übernommen. Drei Tage zuvor – am Abend des 11. März 1938 – hat Kurt Schuschnigg dem Druck, den NS-Deutschland seit Monaten auf die österreichische Regierung ausgeübt hat, nachgegeben und seinen Rücktritt als Bundeskanzler verkündet.

Nr. 15. Scheibbs, Sonntag, den 10. April 1938. 48. Jahrg.

Am 10. April sagen wir alle Ja! für unseren Führer Adolf Hitler

Niederösterreich steht an der Front.

„Man ist nur groß mit seines Volkes Größe".

Das einfache Ja

1) Der St. Pöltner Rathausplatz nach dem „Anschluss" Österreichs an das Deutsche Reich.

2) „Erlaftal-Bote", 10. April 1938

3) Adolf Hitler fährt durch Amstetten.

4) Hitler wird vor dem Stift Melk von der Bevölkerung begrüßt.

WAS SONST NOCH GESCHAH

- Bundeskanzler Kurt Schuschnigg tritt zurück; nach dem „Anschluss" wird für einige Stunden Julius Kampitsch und danach Roman Jäger zum Landeshauptmann ernannt.
- Am 1. April werden die ersten 150 Österreicher mit dem sogenannten Prominententransport in das Konzentrationslager Dachau gebracht.
- Der Reichsgau Groß-Wien wird geschaffen; Niederösterreich gibt 97 Randgemeinden an Wien ab und erhält dafür das Nordburgenland.
- In der Reichspogromnacht werden Synagogen verwüstet, Geschäfte von Juden geplündert und jüdische Menschen misshandelt und getötet.
- Die Nürnberger Rassengesetze werden in Österreich eingeführt.

Auch auf dem Niederösterreichischen Landhaus in Wien weht schon vor dem Einmarsch der Deutschen Wehrmacht die Hakenkreuzflagge. Als Hitler am 14. März auf seinem Triumphzug nach Wien die Landesgrenze nach Niederösterreich überquert, schlägt ihm eine Welle der Euphorie entgegen. In Strengberg (Bezirk Amstetten) empfängt ihn die Gendarmeriemusik, in Amstetten frenetischer Jubel und in Melk ein Glockenläuten. Gegen 13:45 Uhr trifft Hitler in St. Pölten ein und hält im Hotel Pittner Mittagsrast. Danach setzt er die Fahrt nach Wien fort, wo er am 15. März auf dem Heldenplatz „den Eintritt meiner Heimat in das Deutsche Reich" verkündet. Zugleich beginnt ein propagandistisches Werben um ein „Ja" bei der Volksabstimmung am 10. April über die Zukunft Österreichs, die wenig überraschend zu einem fast hundertprozentigen Erfolg für Hitler wird. Gleichzeitig werden politische Gegner verhaftet, Juden misshandelt und gedemütigt, Wohnungen und Geschäfte ausgeraubt. Niederösterreichs Landeshauptmann Josef Reither und Bauernbunddirektor Leopold Figl werden verhaftet und in das Konzentrationslager Dachau gebracht. Das Bundesland erhält den neuen Namen Niederdonau. Für Österreich bedeutet der „Anschluss" an das Deutsche Reich zugleich das Ende seines Bestandes als souveräner Staat.

»Aus der ganzen Region wurden Menschen nach Amstetten gekarrt«, schildert Stadthistoriker Thomas Buchner den Hitler-Empfang 1938.

DÖLLERSHEIM UND ALLENTSTEIG

6.800 Menschen werden aus ihrer Heimat vertrieben

Als aus 42 Ortschaften ein Truppenübungsplatz wurde

„Sie dürfen nicht einmal ihre Ernte einbringen, sondern bekommen nur eine Mitteilung, dass sie ihre Höfe räumen und ihre Heimat verlassen müssen", erzählt der Lokalhistoriker Anton Kraus aus Allentsteig (Bezirk Zwettl), der sich seit Jahrzehnten mit der Aussiedlung des sogenannten Döllersheimer Ländchens befasst. Am 26. Juni 1938 ordnen die Nationalsozialisten an, dass 42 Dörfer im Bezirk Zwettl geräumt werden müssen. Innerhalb von sechs Wochen darf in den ersten zehn Ortschaften der Region niemand mehr wohnen.
Die Deutsche Wehrmacht benötigt nach dem Einmarsch in Österreich Übungsräume. Die erste Schießübung findet bereits am 8. August 1938 statt. „Alle haben entsetzt reagiert und gar nicht glauben wollen, was da passieren soll", erzählt Bernhard Lehr, dessen Vater die Zwangsräumung als Jugendlicher miterlebt. Zwischen Juni 1938 und Dezember 1941 müssen in vier Phasen etwa 6.800 Menschen ihre Heimat verlassen, die meisten von ihnen 1939.
Die Betroffenen lassen sich zunächst in der Region nieder, aber auch im Raum Amstetten und sogar im Burgenland oder in der Steiermark. „Anfangs gibt es noch relativ faire Entschädigungen", sagt Kraus. Spätere Aussiedler erhalten nur eine geringe Entschädigung, die

1) Döllersheim, eines von 42 Dörfen, die von Aussiedelungen betroffen sind.

2) Bernhard Lehrs Vater verlässt seine Heimat.

3) Heute dient das 157 Quadratkilometer große Gebiet dem Bundsheer als Übungsplatz.

4) Kirche und Friedhof Döllersheim.

erst nach dem Krieg behoben werden kann, bis dahin aber wertlos ist.

Über die Gründe für die Standortwahl des Truppenübungsplatzes wurde viel spekuliert. Mittlerweile ist gesichert, dass sachliche Überlegungen der militärischen Führung der Wehrmacht den Ausschlag gaben: die dünne Besiedelung, kaum Industrie, die gute Verkehrsanbindung durch die Franz-Josefs-Bahn, das panzergängige Gelände, der niedrige Grundstückspreis durch die schwache Ertragslage der Böden. Im Durchschnitt befinden sich auf dem Übungsplatz etwa 35.000 Soldaten.

» Alle haben entsetzt reagiert und nicht glauben wollen, was da passieren soll«, so Bernhard Lehr, dessen Vater die Räumung miterlebte.

Am 9. Mai 1945 besetzen sowjetische Truppen den Truppenübungsplatz. Die von der Deutschen Wehrmacht fast unversehrt hinterlassenen Dörfer werden in dieser Phase sukzessive zerstört: Zum einen durch Artillerieübungen der Roten Armee, zum anderen verkaufen die Besatzer Teile der Häuser als dringend benötigtes Baumaterial auf dem Schwarzmarkt, erzählt Kraus: „Holz, Dachziegel, ein Großteil der Gebäude in den Orten wird von Einheimischen zur Errichtung ihrer Häuser verwendet."

1955 geht das Areal in das Eigentum der Republik Österreich über. Studien befassen sich mit der möglichen Verwendung des Truppenübungsplatzes, doch nur ein kleiner Teil wird wieder besiedelt. Der Großteil – 157 Quadratkilometer – des Gebietes dient dem Bundesheer bis heute als Übungsplatz.

WAS SONST NOCH GESCHAH

- Die restliche Tschechoslowakei wird besetzt und in das Protektorat Böhmen und Mähren umgewandelt, die Slowakei als Satellitenstaat Deutschlands abgetrennt.
- Am 1. September 1939 marschieren deutsche Truppen in Polen ein, der Zweite Weltkrieg beginnt.
- In verschiedenen Teilen Niederösterreichs werden Kasernen, Lager und Flugplätze errichtet.
- Das Hören ausländischer Rundfunksender wird verboten.

1940

SANKT VALENTIN

Kriegspanzer aus der „Spielwarenfabrik“

Eine Rüstungsfabrik mitten im Wald

Unter dem Decknamen „Spielwarenfabrik“ errichtet das Deutsche Reich ab 1940 in Sankt Valentin (Bezirk Amstetten) eine der wichtigsten Rüstungsfabriken. Denn schon vor dem „Anschluss“ Österreichs an Deutschland steckt die Wehrmacht in einem Dilemma. Die Vorkehrungen für den Zweiten Weltkrieg laufen, doch die Panzerproduktion ist dafür viel zu niedrig, erklärt Michael Winninger, dessen Buch „Das Nibelungenwerk“ den Untertitel „OKH Spielwaren: Die Panzerfabrik in St. Valentin“ trägt.
Umso schneller treibt man nach dem „Anschluss“ im März 1938 die Pläne für ein riesiges, modernes Panzermontagewerk voran. Sankt Valentin ist laut Winninger aus mehreren Gründen ein idealer Standort: Es sind die Nähe zu Steyr und Linz mit den Hermann-Göring-Werken, der Bahnanschluss, die Energiegewinnung durch die Wasserkraft von Donau und Enns sowie die vorhandenen Arbeitskräfte, die aus der Landwirtschaft kommen sollten. „Und mitten im Wald war es gut getarnt.“
Im September 1940 werden erste Panzer-Reparaturen übernommen, danach wird das Werk laufend erweitert. Die Stahlbetonhallen sind zum Schutz bei Bombenangriffen mit einem unterirdischen Versorgungssystem für Strom, Wasser, Heizung und Pressluft ausgestattet.

1) Der neueste Panzer aus dem Nibelungenwerk wird Adolf Hitler persönlich bei einem Werksbesuch am 20. Juni 1942 vorgestellt.

2) Luftaufnahme aus den 1940er-Jahren.

3) Folgenschwere Zerstörungen nach einem Bombenangriff.

4) Die Produktion kann nach den Bombardierungen trotz der zerstörten Hallen bis zum Kriegsende aufrecht erhalten werden.

WAS SONST NOCH GESCHAH

- Die Truppen der Deutschen Wehrmacht besetzen Dänemark, Norwegen, die Niederlande, Belgien, Luxemburg und Frankreich. Die Invasion in England scheitert hingegen.
- Eine große Verhaftungswelle unter den österreichischen NS-Gegnern schwächt die österreichische Widerstandsbewegung.
- Mathias Zdarsky, Pionier der alpinen Skifahrtechnik, stirbt im Alter von 84 Jahren in St. Pölten.

Bis zu 8.500 Menschen arbeiten im Werk. In den letzten Kriegsjahren steigt der Anteil an Zwangsarbeitern, zu Kriegsende werden auch 1.500 Häftlinge aus dem Konzentrationslager Mauthausen zur Zwangsarbeit eingesetzt.

Der erste komplette Panzer geht am 8. Oktober 1941 vom Band. Daraufhin läuft die Produktion groß an. Die Geschichte des Nibelungenwerks ist eng mit dem Panzerkampfwagen IV, dem Standardpanzer der Deutschen Wehrmacht, verbunden. Mehr als die Hälfte aller mittelgroßen deutschen Panzerkampfwägen werden im Mostviertel produziert – in Summe fast 5.000 Stück.

» Mehr als die Hälfte aller mittelgroßen deutschen Panzerkampfwägen werden im Mostviertel produziert – in Summe fast 5.000 Stück.

Ab dem Jahr 1944 treten durch den Kriegsverlauf zunehmend Versorgungsengpässe auf, etwa mit Treibstoff oder Montageprodukten. Ein erster Bombenangriff am 17. Oktober 1944 richtet im Nibelungenwerk schwere Schäden an. Am 23. März 1945 folgt ein verheerender Luftangriff, bei dem die Werksanlagen nahezu komplett zerstört wurden.

Nach dem Ende des Zweiten Weltkrieges befindet sich Sankt Valentin in der sowjetischen Besatzungszone, das Werk wird zu einem USIA-Betrieb und steht damit unter sowjetischer Kontrolle. Zunächst werden für die große Siegesparade in Moskau noch Panzerfahrzeuge fertiggestellt, doch nur wenig später sämtliche funktionstüchtigen Maschinen bzw. Hallen abgebaut und in die Sowjetunion transportiert. 1955 übernimmt die Republik Österreich das Werk, heute gehört das Gelände dem kanadischen Autozulieferkonzern Magna.

1) Heute erinnern nur noch Ruinen an das ehemalige Zwangsarbeitslager in Pulkau.

2) Das Stalag XVII B Krems-Gneixendorf nach der Evakuierung der gehfähigen Kriegsgefangenen im April 1945.

3) Alltag im Kriegsgefangenenlager Gneixendorf.

GNEIXENDORF

Als Kriegsgefangene zur Zwangsarbeit verpflichtet

Bisher sind landesweit 370 NS-Lager für inhaftierte Zwangsarbeiter bekannt

Stalag XVII B – diese Bezeichnung steht für das größte Kriegsgefangenenlager, das die Wehrmacht während des Zweiten Weltkrieges in Österreich betreibt. Ab September 1939 beginnt in Gneixendorf (Bezirk Krems) dessen Errichtung. Seit Ende Oktober heißt es Kriegsgefangenen-Mannschaftsstammlager, kurz Stalag (von Stammlager). Es bietet Platz für etwa 19.200 Soldaten, tatsächlich sind es aber um ein Vielfaches mehr, nämlich bis zu 60.000 Kriegsgefangene, davon etwa 4.000 Unteroffiziere der amerikanischen Luftwaffe. Stalag XVII B ist kein Vernichtungslager der Nationalsozialisten, hier ist die Arbeitskraft der Gefangenen wichtig. Trotzdem überlebt jeder Zehnte der sowjetischen Kriegsgefangenen die Haft nicht. Die kriegsgefangenen Sowjets werden aus ideologisch-rassistischen Gründen von den Nazis schlechter behandelt als andere Gefangene. Bewusst völlig unzureichend versorgt, sind sie Kälte, Krankheiten und Seuchen ausgesetzt.
Kriegsgefangene der Westmächte werden hingegen weitgehend nach den Regeln des Völkerrechts behandelt. „Das hat auf der anderen Seite für sie wieder bedeutet, dass der Lageralltag eher von Langeweile geprägt ist", erklärt Barbara Stelzl-Marx, Leiterin des Ludwig Boltzmann Instituts für Kriegsfolgenforschung. „Sie müssen sich organisieren, um keinen Lagerkoller zu

1941

bekommen“. Viele Gefangene werden auch zur Zwangsarbeit verpflichtet.
„In Niederösterreich sind bisher mehr als 370 solcher NS-Lager bzw. lagerähnlicher Quartiere für Kriegsgefangene und Zwangsarbeiter bekannt, obwohl noch längst nicht alle vom Bundesdenkmalamt dokumentiert sind“, sagt Martha Keil, Leiterin des Instituts für jüdische Geschichte Österreichs in St. Pölten, die aktuell ein großes Forschungsprojekt über NS-Lager leitet: „Es gibt damals kaum einen Ort, wo nicht Zwangsarbeiter oder Kriegsgefangene eingesetzt sind.“

> » Es gibt damals kaum einen Ort, wo nicht Zwangsarbeiter oder Kriegsgefangene eingesetzt sind«, erläutert die Historikerin Martha Keil.

Denn eine Vielzahl an Zwangsarbeitern und Kriegsgefangenen werden nicht in großen Lagern, sondern in kleineren Betrieben oder in landwirtschaftlichen Familienbetrieben eingesetzt, etwa als Ersatz für die männlichen Landwirte, die an der Front kämpfen müssen. „Die Landwirtschaft hätte ohne Zwangsarbeiter nicht stattfinden können“, so Keil.
Kurz vor Kriegsende im April 1945 räumt die Wehrmacht das Lager in Gneixendorf. Marschfähige Gefangene sollen die 250 Kilometer lange Strecke in ein Auffanglager im Innviertel zu Fuß zurücklegen, Kranke und Verletzte werden erschossen oder zum Sterben zurückgelassen. Am 9. Mai 1945 befreit die Rote Armee das Stalag XVII B. Heute erinnern nur noch Informationstafeln an das einstige Kriegsgefangenenlager, viele andere Lager aus der NS-Zeit sind komplett vergessen.

WAS SONST NOCH GESCHAH

- Das Deutsche Reich greift die Sowjetunion an.
- St. Pöltens Bischof Michael Memelauer verurteilt in seiner Silvesterpredigt mit klaren Worten die NS-Euthanasie.
- Juden nach dem vollendeten sechsten Lebensjahr dürfen sich ohne gelben Judenstern nicht in der Öffentlichkeit zeigen.
- Rapid Wien besiegt Schalke 04 in Berlin mit 4:3 und wird Deutscher Fußballmeister.

ST. PÖLTEN

Tausende Tode für Österreichs Freiheit

2.700 Widerstandskämpfer werden von den Nazis hingerichtet

Der Widerstand gegen die NS-Diktatur wird in Niederösterreich „ohne heroische Attentate", dafür mit vielen Nadelstichen geführt, analysiert Christian Rapp, Wissenschaftlicher Leiter des Hauses der Geschichte Niederösterreich in St. Pölten. Doch diesen Einsatz bezahlen viele mit dem Leben, wie etwa Johann Ebner aus Traisen (Bezirk Lilienfeld), Landesleiter der illegalen Kommunistischen Partei. Ebner arbeitet als Schweißer bei der Reichsbahn und organisiert dort eine Widerstandszelle, die in Flugblättern zum Aufstand gegen das Regime aufruft.

Ende 1940 gelingt es der Geheimen Staatspolizei, einen Spitzel in die Gruppe einzuschleusen, Anfang 1941 werden mehr als 220 Personen festgenommen. Unter ihnen auch Johann Ebner, der mit sieben weiteren Verhafteten im Juni 1942 „wegen Vorbereitung zum Hochverrat" zum Tode verurteilt wird. Am 26. Februar 1943 wird Ebner im Landesgericht in Wien enthauptet.

Die Kommunisten leisten den „waghalsigsten" Widerstand ohne Rücksicht auf Leib und Leben, betont Rapp und begründet das damit, dass die Partei schon seit 1933 verboten und „schon länger gewohnt ist, in der Illegalität zu arbeiten".

Widerstand leisten aber auch sozialdemokratische Regimegegner und Gruppen, die der katholischen Kirche nahestehen. NS-Gegner verbreiten illegale Druckwerke, wie Flugblätter und

1) Hans Kupelwiesers 1988 im Hammerpark in St. Pölten errichtetes Mahnmal erinnert an die 1945 ermordeten Mitglieder der Widerstandsgruppe Kirchl-Trauttmansdorff.

2) Johann Ebner (1898–1943) aus Traisen ist zunächst politischer Leiter der KPÖ St. Pölten, später Landesleiter der KPÖ.

3) Wegen ihres Kampfes gegen das NS-Regime werden viele Menschen im Wiener Landesgericht hingerichtet.

Zeitschriften, oder helfen Verfolgten wie Juden. „Widerstand kann man nicht vergleichen", betont Rapp. Zwischen 1941 und 1943 gelingt es dem Regime, den Widerstand „nahezu mundtot zu machen". Doch ab dem Sommer 1944 keimt eine neue Welle auf. Zum einen gelingt es den Nazis nicht mehr so gut, die totale Kontrolle über die Bevölkerung aufrechtzuerhalten. Zum anderen ist das Ende des Krieges absehbar. Auch das Stauffenberg-Attentat auf Adolf Hitler am 20. Juli 1944 bestärkt so manche. „Da haben viele das Gefühl, jetzt muss der Krieg schnell enden", sagt Rapp.

» Widerstand kann man nicht vergleichen«, betont Christian Rapp, Wissenschaftlicher Leiter des Hauses der Geschichte in St. Pölten.

Das betrifft auch die Widerstandsgruppe Kirchl-Trauttmansdorff, die im April 1945 eine gewaltfreie Übergabe St. Pöltens an die heranrückende Rote Armee plant. Die Gestapo sollte entwaffnet werden. Doch im letzten Moment wird die Gruppe verraten. 13 Mitglieder werden zum Tode verurteilt und erschossen. Insgesamt werden etwa 2.700 Österreicher als aktive Widerstandskämpfer hingerichtet.

Die Befreiung Österreichs vom NS-Regime erfolgt zwar ausschließlich durch die Soldaten der Alliierten. Doch der Widerstandskampf dient in den folgenden Jahren der politisch-moralischen Rehabilitierung Österreichs und ist im Hinblick auf den 1943 in der Moskauer Deklaration von den Österreichern geforderten eigenen Beitrag zu ihrer Befreiung von großem politischem Wert.

WAS SONST NOCH GESCHAH

- In der Wannseekonferenz in Berlin wird die „Endlösung der Judenfrage" beschlossen.
- Lebensmittel werden knapp, die kriegsbedingten Kürzungen bedeuten für die Zivilbevölkerung weniger Brot, Fleisch und Fett.
- Die Stifte Altenburg, Göttweig und Klosterneuburg werden aufgehoben.
- In zahlreichen Pfarren werden zur Gewinnung von Metall Kirchenglocken eingesammelt.

WIENER NEUSTADT

Die Alliierten bomben eine Stadt in Schutt und Asche

29 Luftangriffe, 55.000 Bomben, 1.400 Tote und 10.000 Obdachlose

Es ist ein laut Zeitzeugen „schöner Augusttag", als kurz nach Mittag die Sirenen heulen. Manche denken zunächst an einen Probealarm. „Man ist mehr oder weniger widerwillig in den Keller gegangen", erzählt Kurt Gindl, geboren 1930, Jahre später in einem ORF-Interview. Dann fallen die ersten Bomben. „Die Leute sind in Panik herumgelaufen, keiner hat gewusst, was er machen soll. Man dachte dann nur: ‚Lauf, lauf um dein Leben'", erinnert sich Maria Pitour, Jahrgang 1924.
Der Fliegeralarm kommt erst wenige Minuten vor dem Angriff. 187 Tonnen Sprengstoff werden am 13. August 1943 auf die Stadt abgeworfen. Sicheren Schutz bieten nur die Tiefenbunker, weshalb es an diesem Tag auch viele zivile Opfer gibt. Die Bilanz: 185 Tote und 900 Verwundete. Der Luftangriff trifft die Bevölkerung völlig unvorbereitet.
Denn bis dahin gelten die damalige Ostmark und auch die Region um Wiener Neustadt als „Reichsluftschutzkeller". Während Gebiete im Westen und Norden des Deutschen Reichs seit Ende 1942 systematisch bombardiert werden, liegen die Ziele in Ostösterreich außerhalb der Reichweite amerikanischer und englischer Bomber, erklärt der Militärhistoriker Markus Reisner von der Theresianischen Militärakademie in Wiener Neustadt.

1) Der Hauptplatz von Wiener Neustadt nach den vielen Bombenangriffen

2) Die erste Angriffswelle verursacht in Wiener Neustadt schwere Schäden, 134 Menschen sterben, 900 werden verwundet.

3) Schuttwegräumung im Stadtpark.

4) Bombenschäden am Hauptplatz in Wiener Neustadt.

WAS SONST NOCH GESCHAH

- Die Niederlage der Deutschen Wehrmacht in der Schlacht von Stalingrad bedeutet eine Wende im Zweiten Weltkrieg.
- Propagandaminister Joseph Goebbels ruft im Berliner Sportpalast zum „totalen Krieg" auf.
- In der Moskauer Deklaration der Alliierten wird die Wiederherstellung eines freien und unabhängigen Österreichs beschlossen.

Deshalb werden schon in den Jahren zuvor viele Rüstungsbetriebe aus dem „Altreich" nach Österreich verlagert. Wiener Neustadt ist während des Zweiten Weltkrieges einer der wichtigsten Rüstungsstandorte des Deutschen Reiches. Hier befinden sich Flugzeugwerke, eine Fabrik für Lokomotivtender und mehrere Munitionsfabriken.
Doch ab 1943 ist es mit der scheinbaren Sicherheit vorbei. Die Stadt steht ab sofort als Nummer eins ganz oben auf der 180 Ziele umfassenden gemeinsamen Bombardierungsliste der Amerikaner und Briten, sagt Reisner. Bis zum Ende des Krieges bleibt Wiener Neustadt deshalb im Fadenkreuz der Alliierten.

» Die Leute sind in Panik herumgelaufen. Man dachte nur: ›Lauf um dein Leben‹«, so die damals 19-jährige Maria Pitour über den ersten Luftangriff im Sommer 1943.

Für die Bevölkerung bedeuten die Luftangriffe eine extreme Belastung, vor allem für jene Menschen, die in den wenigen Luftschutzkellern Zuflucht suchen, erzählt Reisner: „Dort hat man nur mitbekommen, wie die Einschläge immer näherkommen. Kinder haben geschrien, es gab massive Erschütterungen, und die Bevölkerung ist hilflos im Keller gesessen."
Bei den 29 Luftangriffen werden etwa 1.400 Menschen getötet, darunter 600 Zivilisten. Tausende Menschen werden zum Teil schwer verletzt, 10.000 Bewohner sind obdachlos. Bis März 1945 werden etwa 55.000 Bomben über Wiener Neustadt abgeworfen. Zu Kriegsende sind fast zwei Drittel der Häuser komplett oder schwer beschädigt. Wiener Neustadt ist damit die am meisten zerstörte Stadt Österreichs.

1) Therese Hacker (1874–1942) und Max Hacker (1867–1937), Erlach 1933.
2) Ausweis des Schülers Kurt Winkler während seines Aufenthalts in Wien, 1939.
3) Haus der Familie Max und Therese Hacker mit dem Gemischtwarenhandel.

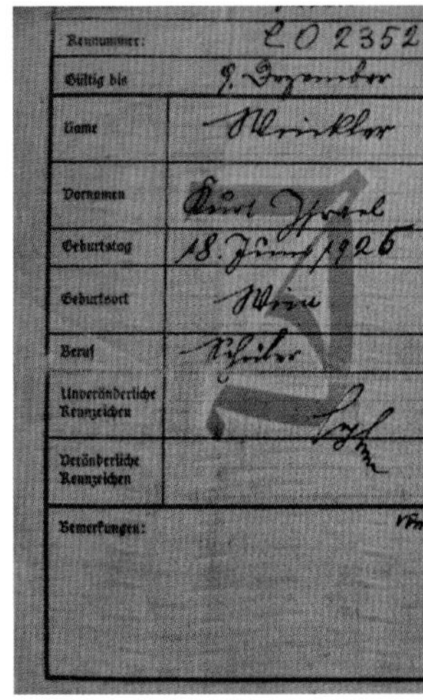

Kennummer:	L 02352
Gültig bis	9. Dezember
Name	Winkler
Vornamen	Kurt Israel
Geburtstag	18. Juni 1926
Geburtsort	Wien
Beruf	Schüler
Unveränderliche Kennzeichen	
Veränderliche Kennzeichen	
Bemerkungen:	

HOCHWOLKERSDORF, STRASSHOF UND HOFAMT PRIEL

„Als ob es uns nie gegeben hätte"

Die jüdischen Mitbürgerinnen und Mitbürger werden verfolgt, beraubt, vertrieben und ermordet

„Innerhalb einer Woche waren wir alle weg", erinnert sich Kurt Winkler, der bis zum „Anschluss" Österreichs an das Deutsche Reich 1938 in Hochwolkersdorf (Bezirk Wiener Neustadt) lebt. Vertrieben von den Ortsbewohnern, „mit denen wir seit Generationen friedlich zusammengelebt haben". Die Juden müssen plötzlich um ihr Leben fürchten, sie werden verfolgt, vertrieben und ermordet.
Dabei sind die Juden bis dahin in vielen Orten „durchaus anerkannt, assimiliert", sagt der Historiker Werner Sulzgruber, der die Geschichte der Juden in der Buckligen Welt aufgearbeitet hat, „und tragen auch zur Entwicklung eines Ortes bei". Offener Antisemitismus ist in ländlichen Regionen auch nicht spürbar, sagt er.
Doch ab 1938 „bricht etwas blitzschnell aus, der Antisemitismus wird ganz deutlich". Im Gegensatz zu den Städten äußert sich das laut Sulzgruber am Land unmittelbar, „oft gegen den direkten Nachbarn". Während etwa in Wiener Neustadt noch Judenlisten angelegt werden, „um zu erkennen, wer aller Jude ist", ist das am Land schon längst klar. Innerhalb weniger Tage wird die „arische Hand" auf jüdischen Besitz gelegt. In Niederösterreich kommt es zu mehr als 2.600 Arisierungen.

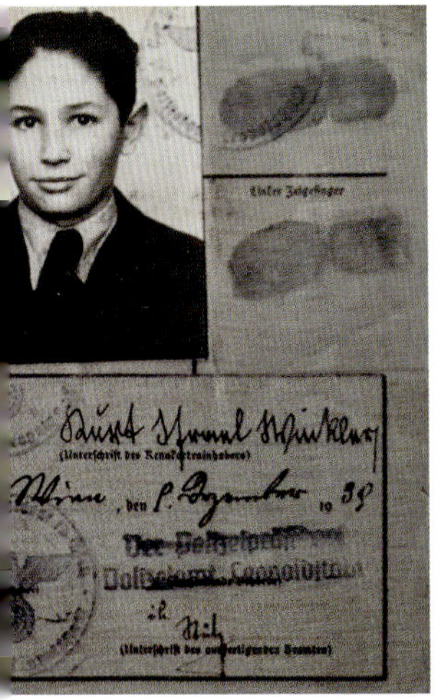

1944

Gleichzeitig werden die Juden mit Fortdauer des Krieges nicht nur vertrieben, sondern in den Konzentrationslagern gezielt ermordet oder zur Zwangsarbeit verpflichtet. Im Mai 1944 werden etwa 20.000 Juden aus Ungarn nach Strasshof (Bezirk Gänserndorf) gebracht. Das NS-Regime braucht sie als Arbeitskräfte. Die Verbrechen ziehen sich bis zum Kriegsende. In der Nacht von 2. auf 3. Mai 1945 – nur sechs Tage vor der Kapitulation der Wehrmacht – kommt es in Hofamt Priel (Bezirk Melk) zu einem Massenverbrechen. 228 jüdische Zwangsarbeiter – Männer, Frauen und Kinder – werden von einem Kommando der SS ermordet, mit Benzin übergossen und teilweise verbrannt.

» Innerhalb einer Woche waren wir alle weg«, erinnert sich Kurt Winkler, der bis zum »Anschluss« in Hochwolkersdorf wohnt.

Niederösterreich ist 1938 mit 15 Israelitischen Kultusgemeinden das Bundesland mit den meisten jüdischen Gemeinden, etwa 8.000 Mitglieder leben hier. Zu Kriegsende sind es nur noch 339 Jüdinnen und Juden. „Und gar nichts erinnerte mehr an uns", bedauert Winkler: „Als ob es uns nie gegeben hätte."

WAS SONST NOCH GESCHAH

- In Melk wird ein Außenlager des Konzentrationslagers Mauthausen eingerichtet.
- Luftangriffe gibt es u. a. auf Bad Vöslau, Berndorf, Fischamend, Korneuburg, Moosbrunn, Mödling, Schwechat, Strasshof, Tulln, Vösendorf, Wiener Neudorf und Zistersdorf.
- Alle bisher noch nicht eingezogenen Männer zwischen 16 und 60 Jahren werden zum Volkssturm einberufen.
- Im Radio wird der „Kuckucksruf" eingeführt: Er unterbricht eine Sendung, um als Vorwarnung einen Fliegerangriff anzukündigen.
- Das Provisorische Österreichische Nationalkomitee soll die bestehenden Widerstandsgruppen vereinigen.

HOCHWOLKERSDORF

Überraschungsangriff bringt rasches Kriegsende

In der Buckligen Welt wird über Österreichs Zukunft verhandelt

Seit Tagen bereiten sich die Bewohner von Hochwolkersdorf (Bezirk Wiener Neustadt) im März 1945 auf die Ankunft der Roten Armee vor. Geld und Schmuck werden vergraben und Unterstände mit Vorräten angelegt, in denen man sich verstecken kann. „Dass die Front immer näher rückt, ist für die Bewohner ab der Karwoche deutlich zu hören bzw. zu sehen", erinnert sich der damals vierjährige Johann Hagenhofer, der mit seinen Eltern im Ort wohnt. Trotzdem sind die Bewohner überrascht, als es heißt: „Die Russen kommen." „Wir haben erwartet, dass sie den Weg nehmen, der nach Bromberg führt", erzählt der ehemalige Lehrer und Regionalhistoriker Hagenhofer. Doch die Sowjets stoßen am 29. März von der anderen Seite über steile Waldwege in die Bucklige Welt vor – mit 40.000 Soldaten und über ein für Panzer ungeeignetes Gelände. Die Sowjets überrumpeln damit auch die Deutsche Wehrmacht, die einen Angriff in der Ebene erwartet. Doch mithilfe von Aufklärungstruppen erkennen sie eine Lücke in der Verteidigungslinie. „Weil dort kaum deutsche Kräfte sind, gelingt der Vorstoß in das Steinfeld sehr schnell", sagt der Militärhistoriker Markus Reisner von der Theresianischen Militärakademie in Wiener Neustadt.
Erst rund um Wiener Neustadt, wo 1.200 Kriegsschüler Widerstand leisten, kommt es zu heftigen Gefechten. Ziel ist es, „den Vorstoß zumindest zu verzögern", so Reisner. Die Kämpfe

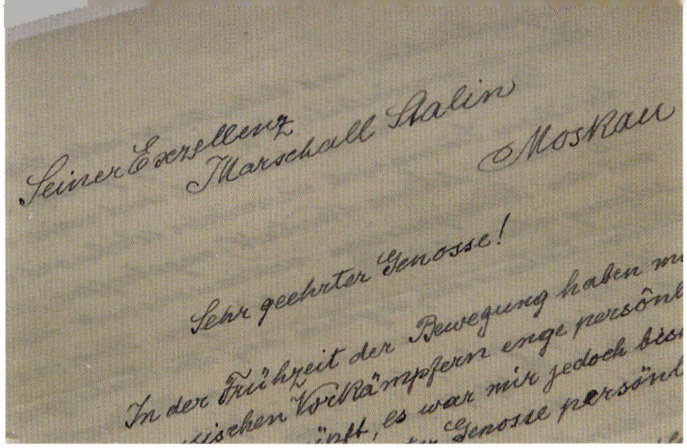

Seiner Exzellenz
Marschall Stalin
Moskau

Sehr geehrter Genosse!

In der Frühzeit der Bewegung haben
...ischen Vorkämpfern enge persönl...
...es war mir jedoch
...Genosse persönl...

1) Karl Renner präsentiert am 27. April 1945 die Provisorische Staatsregierung.

2) Renners Brief an Stalin: „Sehr geehrter Genosse!"

3) Erste sowjetische Einheiten in Kirchschlag 1945.

4) In diesem Haus führen die Sowjets die entscheidenden Gespräche mit Karl Renner, die zur Gründung der Zweiten Republik führen, und der Widerstandsbewegung O5.

WAS SONST NOCH GESCHAH

- In der Nacht von 8. auf 9. Mai feiern in Erlauf sowjetische und US-amerikanische Truppen gemeinsam das Ende des Zweiten Weltkrieges.
- Die deutschsprachigen Bewohner von Brünn müssen die Stadt Ende Mai Richtung Niederösterreich verlassen. Etwa 5.000 Menschen sterben auf dem sogenannten Brünner Todesmarsch.
- Bei der Nationalratswahl Ende November erreicht die ÖVP 85 Mandate, die SPÖ 76, die KPÖ vier. Leopold Figl wird Bundeskanzler. Bei der Landtagswahl kommt die ÖVP auf 32 Sitze, die SPÖ auf 22, die KPÖ auf zwei. Josef Reither bleibt Landeshauptmann von Niederösterreich.

dauern etwa 48 Stunden, doch die Verluste sind enorm. „Es war ein ungleicher Kampf", meint Hagenhofer. Am 31. März sind die Sowjets noch in Hochwolkersdorf, am 2. April in Wiener Neustadt und am 5. April stehen sie bereits vor den Toren Wiens. Am 8. Mai kapituliert die Deutsche Wehrmacht, der Krieg ist zu Ende.

Hochwolkersdorf kommt in dieser Phase eine besondere Bedeutung zu. Denn hier ist für wenige Tage das erste Oberkommando der Sowjets in Österreich. Anfang April finden zwei wichtige Verhandlungen statt. Im Auftrag der militärischen Widerstandsbewegung um Major Carl Szokoll wird am 1. April über eine kampflose Übergabe der Stadt Wien verhandelt.

» Hochwolkersdorf ist der Geburtsort der Zweiten Republik«, und darauf ist der dort lebende Historiker Johann Hagenhofer stolz.

Nur drei Tage später spricht der ehemalige Staatskanzler der Ersten Republik, Karl Renner, mit Generaloberst Aleksej Zeltov über die Bildung einer provisorischen Bundesregierung. Per Telegramm wird der sowjetische Diktator Josef Stalin informiert. Innerhalb weniger Stunden kommt die Antwort: „Volle Unterstützung für Dr. Karl Renner." Tatsächlich gelingt es Renner, rasch eine Regierung aufzustellen, die am 27. April die sogenannte Unabhängigkeitserklärung veröffentlicht. Renner stellt damit die Weichen für einen Neubeginn noch vor dem offiziellen Ende des Zweiten Weltkrieges. „Hochwolkersdorf ist deshalb der Geburtsort der Zweiten Republik", sagt der Historiker Johann Hagenhofer stolz.

1946

NEUHOFEN AN DER YBBS

Ein Land sucht zwischen Kriegstrümmern seine Identität

Statt über „Ostmark" freut man sich über „Ostarrichi"

Girlanden und Fahnen schmücken die Straßen, fast jede Hausfassade ist frisch gestrichen – Neuhofen an der Ybbs (Bezirk Amstetten) legt für den 28. Oktober 1946 ein „anmutiges Festgewand" an, wie die „Wiener Zeitung" schreibt. „Nach dem Krieg sind endlich Friede und Erleichterung da, wir haben unsere Heimat wieder", erzählt Ludwig Ecker vom Ostarrichi-Museum in Neuhofen an der Ybbs, der das Fest als Dreijähriger miterlebt.

Als Höhepunkt wird ein Gedenkstein enthüllt, der an eine Urkunde des deutschen Kaisers Otto III. aus dem Jahr 996 erinnern soll, in der erstmals die Bezeichnung Österreich erwähnt wird: die Ostarrichi-Urkunde. Das nimmt man 1946 zum Anlass, „eine konstruierte 950-Jahr-Feier Österreichs zu inszenieren", erklärt Stefan Eminger, Leiter des Referats für Zeitgeschichte im Niederösterreichischen Landesarchiv. Das Ziel ist, eine österreichische Identität zu bilden, „die es bis dahin erst in Ansätzen gibt", weil sich bisher die meisten Menschen als Deutsche bzw. als Deutsch-Österreicher fühlen. Solche Feste anlässlich der ersten urkundlichen Erwähnung des Landesnamens finden österreichweit statt.

Landeshauptmann Josef Reither betont im Namen der Bürgerinnen und Bürger unwandelbare Treue zu Österreich und den Willen zum Wiederaufbau. Denn zwischen den Trümmern

1) Vor allem die Frauen sind nach dem Krieg am Wiederaufbau beteiligt.

2) In dieser Urkunde aus dem Jahr 996 wird der Name Ostarrichi erstmals offiziell erwähnt.

3) Die feierliche Enthüllung des Gedenksteins in Neuhofen an der Ybbs.

des Weltkrieges durchleben die Menschen zunächst eine chaotische Phase. Viele Gebäude sind beschädigt, die Systeme von Handel, Verkehr und Kommunikation durch die Frontkämpfe zerstört. Das leitende Personal der Verwaltungsbehörden, „vielfach geeichte Nazis", ist geflüchtet. Ab dem Sommer 1945 kommen die Gemeindeverwaltungen laut Eminger wieder „einigermaßen" ins Laufen. Wesentlich sei in dieser Phase, dass die sowjetischen Besatzer Leopold Figl schon vor dem offiziellen Kriegsende beauftragen, den Bauernbund und damit die Ernährungswirtschaft wieder auf die Beine zu stellen. Figl bildet danach auch eine provisorische Landesregierung.

» Man wollte eine österreichische Identität bilden, die es bis dahin erst in Ansätzen gab«, erklärt der Historiker Stefan Eminger vom Landesarchiv.

In der Gesellschaft sind die ersten Monate von einer „weitgehenden Desintegration der Bevölkerung" geprägt, schildert Eminger. Das Leben der Menschen konzentriert sich auf das Überleben der eigenen Familie, die vorwiegend aus Mutter, Kindern und Alten besteht. Es sei eine vaterlose Gesellschaft, „in der die Hauptlast der Überlebensarbeit auf den Frauen ruht".

Eine Zäsur sind die ersten freien Wahlen im November 1945. Die demokratischen Strukturen werden damit gefestigt. Doch der Wiederaufbau verläuft schleppend, gerade in den zu Kriegsende besonders umkämpften Regionen im Osten des Landes. Zunächst gehe es darum, die Landwirtschaft anzukurbeln. „Die Industrie ist hingegen stark getroffen, das war schon ein großer Rucksack an Problemen."

Doch „das Österreich-Bewusstsein wird in dieser Phase gefestigt", sagt Eminger, „sodass heute längst niemand mehr daran zweifelt."

WAS SONST NOCH GESCHAH

- Das „Deutsche Eigentum" wird an die Sowjets übergeben. Mehr als 300 Industriebetriebe sind betroffen und werden in der USIA zusammengefasst.
- 80 der 97 Gemeinden, die 1938 Wien zugeschlagen wurden, sollen wieder zu Niederösterreich kommen, der Alliierte Rat ist aber dagegen.
- Aus Dänemark werden 90 Tonnen Lebensmittel für niederösterreichische Kinder geliefert.
- Wegen der Benzin- und Reifenknappheit wird in Niederösterreich ein Sonntags-Fahrverbot für Benzinfahrzeuge verhängt.

WIENER NEUSTADT

Die tränenreiche Geschichte eines Bahnhofs

130.000 Österreicher waren Kriegsgefangene in sowjetischen Lagern

Über Wochen, Monate, sogar Jahre fährt Rudolf Rosensteiner immer wieder zum Bahnhof Wiener Neustadt. „Weil er keine Ahnung hat, ob und wann sein Sohn heimkommen wird", erzählt dessen Enkel Michael Rosensteiner. Deshalb macht er sich jedes Mal, „wenn er weiß, dass ein Zug ankommen soll", von Baden aus auf den Weg. Zuletzt hat er seinen Sohn 1942 gesehen, als dieser mit 16 Jahren zum Reichsarbeitsdienst eingezogen wird.
Der erste Transport trifft am 28. Mai 1945 in Wiener Neustadt mit etwa 250 Männern ein, die aus sowjetischer Kriegsgefangenschaft entlassen wurden. Im Juni kommen etwa 400 Männer mit zwei weiteren Heimkehrertransporten in ihre Heimat zurück, darunter viele Verwundete, Kranke und Schwache.
Das Wiedersehen ist für alle „eine unglaublich emotionale Situation", beschreibt Barbara Stelzl-Marx, Leiterin des Ludwig Boltzmann Instituts für Kriegsfolgenforschung in Graz. Obwohl die Ankünfte meist kurzfristig bekannt werden, drängen sich stets Hunderte Angehörige, überwiegend Frauen und Kinder, auf dem Bahnsteig, in der Hoffnung, den Vater, Ehemann oder Sohn nach Jahren der Trennung wiederzusehen.
Unter den Wartenden ist jedes Mal auch Rosensteiner, der hofft, dass dieses Mal auch sein Sohn heimkehrt oder er zumindest einen Hinweis bekommt, wo er sich befinden könnte.

eimkehrer aus Rußland in 'iener-Neustadt eingelangt

Heute beginnen die USA-Truppen mit dem Abzug aus Italien

General Bradley: Räumung kann binnen drei Monaten beendet sein

Oesterreich-Anleihe in Washington unterzeichnet

1) Wenn die Züge in Wiener Neustadt ankommen, gibt es für Soldaten und Angehörige kein Halten mehr.

2) Rudolf Rosensteiner nach seiner Rückkehr aus der Sowjetunion.

3) Auch die Zeitungen berichten über die Heimkehrer.

4) Ein Wiedersehen nach Jahren der Trennung.

WAS SONST NOCH GESCHAH

- Die Landesregierung bittet Landwirte um ein „Notopfer" und Lebensmittelspenden, denn 60 Prozent der Kinder sind unterernährt.
- In London kommt es zu ersten Verhandlungen über einen österreichischen Staatsvertrag.
- Österreich wird in das Aufbauprogramm des US-amerikanischen Marshallplans einbezogen.
- Der freie Warenverkehr zwischen den Besatzungszonen wird gestattet, ausgenommen davon sind u. a. Lebensmittel, Heizmaterial und Schrott.
- Österreich erhält eine neue Bundeshymne, der Text stammt von Paula von Preradović.

Diese mangelnde Information über das Schicksal der eigenen Angehörigen „belastet damals Tausende Familien", sagt Stelzl-Marx.

Die Kriegsgefangenschaft selbst beschreibt die Historikerin als eine „ganz harte Zeit". Das liege zum einen am rauen Klima bzw. den außerordentlich kalten Wintern, in denen die Kriegsgefangenen mitarbeiten müssen, die von der Wehrmacht zerstörte sowjetische Wirtschaft wieder aufzubauen. Gleichzeitig sei die Verpflegung äußerst schlecht gewesen.

» Das Wiedersehen ist eine unglaublich emotionale Situation«, beschreibt die Historikerin Barbara Stelzl-Marx die Stimmung bei den Heimkehrertransporten.

Im Februar 1948 kommt auch der Kriegsgefangene Rosensteiner mit einem der letzten großen Heimkehrertransporte nach Hause. Allerdings habe er sich äußerlich so stark verändert, „dass mein Großvater am Bahnhof zunächst an seinem Sohn einfach vorbeigegangen ist", weiß Michael Rosensteiner aus Erzählungen. Er muss erst auf sich aufmerksam machen, damit er von seinem Vater erkannt wird.

Die letzten Gefangenen kommen erst nach dem Staatsvertrag 1955 in ihre Heimat zurück. Sie haben die Zwangsarbeit in den sowjetischen Lagern überlebt und leiden unter den Folgen der Unterernährung sowie der körperlichen und seelischen Belastungen. Insgesamt sind etwa 22.000 Niederösterreicher in sowjetischer Gefangenschaft.

1) Steht genügend Zeit zur Verfügung, dann können sich die Beziehungen zwischen Einheimischen und Fremden durchaus auch verbessern.
2) An der Grenze zwischen sowjetischer und amerikanischer Zone an der Ennsbrücke werden immer wieder Menschen verhaftet.
3) Sowjetische Soldaten sind im Alltagsleben allgegenwärtig.

NIEDERÖSTERREICH

„Ura, Ura", Vergewaltigungen und Kinderliebe

Zehn Jahre liegt Niederösterreich in der sowjetischen Besatzungszone

Niederösterreich ist ab dem Frühjahr 1945 zwar vom NS-Regime befreit, „doch die erhoffte Freiheit gibt es noch nicht", fasst Barbara Stelzl-Marx, Leiterin des Ludwig Boltzmann Instituts für Kriegsfolgenforschung, zusammen. Niederösterreich liegt in der sowjetischen Besatzungszone. Vor allem in den Jahren 1945 und 1946 üben die Sowjets eine „totale Kontrolle" aus und „dominieren das Alltagsleben".
Unmittelbar nach dem Ende des Zweiten Weltkrieges sind immerhin 400.000 Rotarmisten im Land, gegen Ende 1945 halbiert sich diese Zahl. Die ausländischen Soldaten werden aber „vielfach und zu Recht als individuelle Bedrohung" empfunden. Die Bundesregierung sowie die Landesregierungen unterstehen dem Alliierten Rat, alle Gesetze müssen von diesem genehmigt werden.
Im Alltagsleben nach dem Kriegsende wirkt sich diese Präsenz unterschiedlich aus. Die Bandbreite reicht von Vergewaltigungen und Plünderungen bis hin zu ganz romantischen Liebesbeziehungen und zum Klischee des Deutsch sprechenden, kulturinteressierten und kinderlieben Offiziers. Bekannt ist auch das Verlangen der sowjetischen Soldaten nach „Ura, Ura", also nach Uhren.

1948

Zugleich können Lappalien große Auswirkungen haben, etwa wenn Österreicher Rotarmisten gepanschten Alkohol ausschenken und diese wegen des übermäßigen Konsums sterben oder erblinden, ergänzt Stelzl-Marx: „Das hatte Konsequenzen bis hin zur Verhaftung bzw. Verurteilung in einem Gulag-Lager." Gleiches droht, wenn bei einem Autounfall Rotarmisten verletzt werden oder ums Leben kommen.

» Wie definiert man einen Spion?«, so Barbara Stelzl-Marx, Leiterin des Ludwig Boltzmann Instituts für Kriegsfolgenforschung

Omnipräsent ist zwischen 1945 und 1955 auch das Thema Spionage. Zwar gibt es durchaus Personen, die mit westlichen Nachrichtendiensten in Kontakt sind, und dies oft aus finanziellen Gründen, weil sie dafür Geld erhalten. Stelzl-Marx stellt aber die Frage: „Wie definiert man einen Spion?" Denn anders als in manchen Kinofilmen geht es dabei oft um banale Informationen: „Wer sind die sowjetischen Offiziere in der Kommandantur oder welche Züge fahren Richtung Ungarn?" Aus heutiger Sicht würde man dafür nicht verhaftet bzw. verurteilt. Viele Betroffene hätten die Gefahr damals aber unterschätzt, meint die Historikerin. An die 2.000 Menschen werden verurteilt, wobei die meisten nach dem Zerfall der Sowjetunion rehabilitiert werden bzw. es wird anerkannt, „dass es sich um Unrechtsurteile gehandelt hat".

Man versucht, sich mit den sowjetischen Soldaten trotz allem – so gut es eben geht – zu arrangieren. Mit dem Abschluss des Staatsvertrages endet die Besatzungszeit. Am 19. September 1955 verlassen die letzten Soldaten der UdSSR österreichisches Hoheitsgebiet.

WAS SONST NOCH GESCHAH

- Der Nationalrat beschließt eine Amnestie für minderbelastete Nationalsozialisten, von der etwa 480.000 Personen betroffen sind.
- Kreszenzia Hölzl wird zur Bürgermeisterin von Gloggnitz gewählt. Sie ist österreichweit die erste Bürgermeisterin einer Stadtgemeinde.
- Eine TBC-Kommission soll Maßnahmen gegen die Tuberkulose setzen, denn 1947 starben daran in Niederösterreich 800 Menschen, 40.000 waren erkrankt.

1949

WAIDHOFEN AN DER YBBS

Rot-Weiß-Rot statt Hakenkreuz

Wie man nach dem Krieg mit den ehemaligen NSDAP-Mitgliedern umgeht

„Das schaffende und feiernde Waidhofen" ist ein monumentales Bild, das neben Schmieden und Holzfällern auch eine Parteifeier zeigt, bei der die Mitglieder SS- und SA-Uniformen tragen. Im Zentrum ist der Adolf-Hitler-Platz mit 19 Hakenkreuzfahnen. Seit 1944 hängt das Gemälde im Sitzungssaal des Rathauses von Waidhofen an der Ybbs.

Dort bleibt es auch während der Zeit der sowjetischen Besatzung, es muss aber „der neuen Zeit angepasst" werden, erzählt Stadthistoriker Walter Zambal. Die ockerfarbenen Nazi-Uniformen werden deshalb durch „unschuldige Steirergewänder" ersetzt, die Hakenkreuzfahnen werden rot-weiß-rot übermalt.

Das ist eine scheinbar einfache Lösung für ein Problem, das sich damals auf breiter Ebene stellt. „Wie macht man nach einer jahrelangen Diktatur weiter, die viele als Opfer oder Täter betroffen hat? Man kann die Bevölkerung nicht austauschen", sagt Winfried Garscha vom Dokumentationsarchiv des österreichischen Widerstands. Es brauche jedenfalls einen klaren Bruch mit dem NS-Regime.

Zunächst muss man feststellen, wer überhaupt ein Mitglied der NSDAP, „einer Massenpartei", war, und registriert diese Personen in den Gemeinden. In Niederösterreich sind es etwa 85.000 Menschen. Zunächst unterscheidet man zwischen Mitgliedern vor und nach dem

ZEITUNG DER ROTEN ARMEE FÜR DIE BEVÖLKERUNG ÖSTERREICHS

Entnazifizierung
rläuft unbefriedigend

wjetische Feststellungen im Alliierten Rat für Oesterreich

Kärnten

1) Volksgerichtsverhandlung der wegen des Massakers in Stein angeklagten Täter im Landesgericht Wien.

2) Das monumentale Bild im Rathaussitzungssaal in Waidhofen an der Ybbs: übermalt, um die NS-Symbole verschwinden zu lassen.

3) Aus der „Österreichischen Zeitung" vom 26. Juli 1946.

4) Plakat von Victor Theodor Slama für die Ausstellung „Niemals vergessen!" 1946 in Wien.

WAS SONST NOCH GESCHAH

- Landeshauptmann Josef Reither tritt zurück, zu seinem Nachfolger wird Johann Steinböck gewählt.
- Der Nationalrat beschließt die Einführung einer Kinderbeihilfe.
- In der Fahnengasse in der Wiener Innenstadt wird das Niederösterreichische Landesreisebüro eröffnet.
- In Puchberg am Schneeberg wird der niederösterreichweit erste Sessellift eröffnet. Er fährt auf den Himberg.

„Anschluss" 1938, ab 1947 zwischen Belasteten, die sich auch an Verbrechen beteiligten, und Minderbelasteten. Das ist wesentlich, weil NS-Mitglieder dementsprechend auch für die Schäden aufkommen sollen. Sie werden zum Schutträumen verpflichtet, mit einer Strafsteuer belegt, sind anfangs von Wahlen ausgeschlossen und werden aus sensiblen Berufen, wie Richter oder Polizisten, entfernt.

»Man kann die Bevölkerung nicht austauschen«, weiß Winfried Garscha vom Dokumentationsarchiv des österreichischen Widerstands.

Durch die genaue Aufarbeitung werden aber die Gerichte bürokratisch massiv belastet. Während man in Deutschland seine Unschuld selbst beweisen muss, müssen in Österreich Volksgerichte die Schuld nachweisen. „Rechtsstaatlich sauber", sagt Garscha, „doch damit sind die Gerichte blockiert und die richtigen Kriegsverbrecher tauchen unter." Am Ende werden in Österreich 43 Personen zum Tod, weitere etwa 300 Menschen zu lebenslanger Haft bzw. zu hohen Haftstrafen verurteilt. Allerdings kommen viele Verurteilte durch Amnestien vorzeitig frei. „Die Politik will sich bei der Verfolgung der NS-Verbrechen nicht mehr allzu sehr exponieren", betont Garscha. 1949 beendet ein Nationalratswahlkampf jegliche Ambitionen und es beginnt ein Wettkampf aller Parteien um die Wählerstimmen, denn Minderbelastete dürfen erstmals wieder wählen.
Im Rückblick spricht Garscha von „einem ersten großen Versuch", der letztlich aber „in einem riesigen bürokratischen Aufwand mit relativ kleinem Erfolg" endet – auch weil man in die Köpfe der Menschen nicht hineinschauen könne.

1950

WIENER NEUSTADT UND ST. PÖLTEN

Nachkriegswehen entzünden sich im „Oktoberstreik"

Der Kalte Krieg wirft seine Schatten voraus

1950 ist die Bevölkerung bemüht, zu einem „normalen" Alltag zurückzukehren. Doch die Spuren der Kriegsjahre sind omnipräsent: Der Wiederaufbau läuft schleppend, es mangelt an Rohstoffen, um zerstörte Gebäude instand zu setzen, zudem fehlen Fachkräfte. Vor allem aber steigen die Preise für Grundnahrungsmittel unaufhörlich, während die Löhne stagnieren. Heute würde man einen großen Teil der damals Beschäftigten als „working poor" bezeichnen – Menschen, die sich trotz eines Anstellungsverhältnisses wirtschaftlich kaum über Wasser halten können. Die triste Lage angesichts des Mangels entwickelt sich zum Nährboden für Proteste. Proteste, die aus der Arbeiterschaft kommen.
Im sowjetisch besetzten Osten Österreichs zählen die USIA-Werke zu einem der bedeutendsten Arbeitgeber. Unter diesem Namen firmieren mehr als 300 Unternehmen, die während des Krieges „deutsches Eigentum" waren und nach 1945 als Reparaturleistung der Sowjetunion zugesprochen werden. Zu den USIA-Werken in Niederösterreich zählen beispielsweise die Glanzstofffabrik und die Maschinenfabrik Voith in St. Pölten, die Lichtenwörther Maschinenwerke oder die Rax-Werke in Wiener Neustadt. Im Oktober 1950 kommt ihnen eine zentrale Rolle zu.

1) In zahlreichen Städten demonstrieren Menschen nach dem vierten Lohn-Preis-Abkommen – so auch in Wiener Neustadt.

2) Streikende Arbeiter in der Firma Voith in St. Pölten.

3) Streikende liefern sich mit der Polizei auf den Straßen gewaltsame Auseinandersetzungen.

4) Ein Streik, der von Beginn an fehlschlägt, wenn man den „Wiener Kurier" vom 4. Oktober 1950 liest.

WIENER KURIER

PREIS 40 gr

Freiexemplar

Kommunistische Streikhetze schlägt fehl

Südkoreaner im Angriff auf Wonsan

Starke Nachschubkolonne nahe der chinesischen Grenze bombardiert

Als die beim vierten Lohn-Preis-Abkommen beschlossenen Lohnerhöhungen am 26. September 1950 deutlich hinter den damaligen Preissteigerungen hinterherhinken, kippt die Stimmung in der Arbeiterschaft endgültig. Kommunistische Arbeitervertreter stellen sich an die Spitze einer Protestbewegung, die den SPÖ-dominierten Gewerkschaftsbund als Mitverantwortlichen des Abkommens scharf kritisiert und einen Generalstreik anstrebt. Ausgehend von den VÖEST-Werken in Linz und von Betrieben in Wien breiten sich die Proteste rasch aus und stoßen in Niederösterreich speziell in USIA-Werken auf fruchtbaren Boden. Zehntausende Beschäftigte versuchen, das öffentliche Leben zum Erliegen zu bringen. Auf dem Höhepunkt der Streikbewegung werden in Niederösterreich unter anderem die Rax-Werke besetzt, im provisorisch eingerichteten Postamt in Wiener Neustadt werden die Telefonleitungen gekappt, manche Bahnhöfe und Straßen sind vorübergehend gesperrt. Die Auseinandersetzungen zwischen SPÖ-Streikbrechern und kommunistischen Streikenden nehmen mitunter gewalttätige Formen an. Bald setzen sich die SPÖ und die Regierung durch, und am 6. Oktober bricht der Streik schließlich zusammen.

» Die Rax-Werke werden besetzt, viele Bahnhöfe und Straßen sind vorübergehend gesperrt, Telefonleitungen werden gekappt.

Die Niederwerfung der Streikbewegung gelingt nicht zuletzt deshalb so rasch, weil Sozialpartner, Regierung und Großparteien das Schreckgespenst eines kommunistischen Putsches an die Wand malen und damit verbreitete Ängste in der Bevölkerung ansprechen. Die historische Forschung hat diese Sichtweise inzwischen widerlegt, und auch das Ziel der KPÖ, mehr Einfluss auf die österreichische Arbeiterschaft zu erlangen, ist nicht erreicht worden.

WAS SONST NOCH GESCHAH

- Zum ersten Mal nach Kriegsende finden Gemeinderatswahlen statt. In 1.579 Gemeinden werden 20.704 Mandate vergeben.
- In einer ehemaligen Pionierkaserne in Tulln bekommt die Niederösterreichische Feuerwehrschule ihren neuen Sitz.
- Das Museum Carnuntinum in Bad Deutsch-Altenburg und das Museum Wiener Neustadt werden wiedereröffnet.
- Erstmals erscheint die vom Land Niederösterreich herausgegebene Zeitschrift „NÖ Kulturberichte".

KREMS

Ein Barockmaler ebnet den Weg zu den Landesausstellungen

Seit sechs Jahrzehnten ein Fixpunkt im niederösterreichischen Kulturangebot

Auch wenn die Barockmalerei meist mit großen Namen wie El Greco, Rubens oder Vermeer verbunden wird, gibt es in dieser Epoche zahlreiche beachtete Vertreter aus dem deutschsprachigen Raum. Martin Johann Schmidt, besser bekannt als „Kremser Schmidt", hat es als einer von ihnen zu internationalem Erfolg gebracht. Anders als bei vielen seiner Kollegen, war Schmidts Kunst bereits zu Lebzeiten begehrt und der Maler blieb seinem Wohnort in Niederösterreich treu. In seinem Haus in Krems-Stein führte der gebürtige Grafenwörther auch seine Arbeiten aus. Aufträge erhielt er – wie im Barock keine Seltenheit – in hohem Maße aus klerikalen Kreisen, sodass Schmidts Gemälde heute in zahlreichen Kirchen und Klöstern zu finden sind. So besteht sein Oeuvre hauptsächlich aus Altar- und Andachtsbildern, aber auch aus einigen Fresken. Begehrt waren zudem Porträts, sodass auch prominente adelige und bürgerliche Zeitgenossen, die sich Schmidts Bilder leisten konnten, den Maler mit einem Werk beauftragten. Einer seiner bekanntesten Auftraggeber war Kaiser Joseph II., der den Maler auch persönlich in Krems besucht haben soll.

Als einziger heimischer Barockmaler internationalen Formats wird ihm 150 Jahre nach seinem Tod die Ausstellung „Martin Johann Schmidt – Kremser Schmidt" gewidmet. Mit dieser

1) Familienbildnis, Martin Johann Schmidt, 1790.

2) Das barocke Schloss Marchegg ist eines der sechs Marchfeldschlösser.

3) Harmonie zwischen Glaube und Wissenschaft; Deckenfresko von Paul Troger im Marmorsaal des Stifts Seitenstetten, 1735.

4) Das Schloss Pöggstall ist 2017 der Schauplatz der Landesausstellung „Alles was Recht ist".

WAS SONST NOCH GESCHAH

- Laut Volkszählung leben in Österreich 6,881.100 Menschen. Die Anzahl der Beschäftigten erreicht mit 2,051.150 Personen den Höchststand seit 1918.
- Der Nationalrat beschließt, den Bundespräsidenten nicht mehr von der Nationalversammlung, sondern durch das Volk wählen zu lassen.
- Das Niederösterreichische Landesmuseum in der Wiener Herrengasse wird wiedereröffnet.
- Der 1945 zerstörte Wasserturm in Wiener Neustadt wird wieder in Betrieb genommen.

kunsthistorischen Schau im damals gerade restaurierten Minoritenkloster in Krems-Stein, die von knapp 40.000 Menschen besucht wird, ist der Grundstein für einen zukünftigen Fixpunkt im niederösterreichischen Kulturgeschehen gelegt: die Niederösterreichische Landesausstellung. Neun Jahre später, 1960, findet erstmals eine Landesausstellung statt. Sie ist im Stift Melk zu sehen und trägt den Titel „Jakob Prandtauer und sein Kunstkreis".

Seit damals veranstaltet das Land Niederösterreich regelmäßig Landesausstellungen, im Zwei-Jahres-Rhythmus und immer in einem anderen Landesviertel. Schauplätze sind Schlösser, Burgen und historische Gebäude, die vorher renoviert werden. Besonders wichtig ist den Veranstaltern die Nachnutzung der Ausstellungsgebäude. Der thematische Bogen des Gezeigten ist sehr weit. So waren Ausstellungen über die Kuenringer, Babenberger und Habsburger ebenso zu sehen wie über Joseph II., Franz Joseph und Prinz Eugen. Informiert wurde aber auch über Adel, Industrie, Mobilität und Theater, über Helden, Familie, Frauen, Brot und Wein sowie das Recht oder den Glauben.

» Eine Erfolgsgeschichte: Von »Jakob Prandtauer und sein Kunstkreis« 1960 im Stift Melk bis zu »Marchfeld Geheimnisse. Mensch. Kultur. Natur.« in Schloss Marchegg im Jahr 2022.

Seit 1960 haben mehr als zehn Millionen Menschen die Landesausstellungen gesehen, jene des Jahres 2022 mit dem Titel „Marchfeld Geheimnisse. Mensch. Kultur. Natur." in Schloss Marchegg (Bezirk Gänserndorf) trägt die fortlaufende Nummer 42.

1) 1952 errichtet die Tschechoslowakei entlang der gesamten österreichischen Grenze Stacheldrahtzäune, den Eisernen Vorhang.

2) Soldaten patrouillieren an der Grenze, immer mehr Wachtürme werden errichtet.

3) Schneeräumung in der Grenzgasse in Gmünd in den 1960er-Jahren, direkt an der Staatsgrenze.

GMÜND UND WEITRA

Der Eiserne Vorhang: Stacheldraht wird zum Symbol für die Spaltung Europas

Die „tote Grenze" unterbindet jeden Kontakt zwischen Ost und West

Österreich ist nach wie vor besetzt und aufgeteilt zwischen den drei alliierten Westmächten USA, Großbritannien und Frankreich auf der einen Seite und der Sowjetunion auf der anderen Seite. Auch Europa ist gespalten: in marktwirtschaftlich, demokratisch orientierte Länder im Westen und planwirtschaftlich realsozialistische Diktaturen im Osten. Diese Teilung hat sich sehr bald nach der Niederwerfung der Gewaltherrschaft Hitlers etabliert. Kaum war der Zweite Weltkrieg überstanden, baut sich mit dem Kalten Krieg die nächste Front auf. Kein Symbol versinnbildlicht diesen Konflikt deutlicher als der Eiserne Vorhang – auch in Niederösterreich. Seit den späten 1940er-Jahren wird die Grenze zur damaligen Tschechoslowakei immer schärfer bewacht. 1952 werden dann im Nachbarland meterhohe Zäune errichtet.
In seiner maximalen Ausbaustufe erreicht der Eiserne Vorhang quer durch Europa eine Länge von circa 6.800 Kilometern. Das entspricht etwa der Strecke von Wien nach New York.
400 Kilometer davon entfallen allein auf die Grenzregion zwischen Niederösterreich und der Tschechoslowakei (heute Tschechische Republik und Slowakei). Damit werden Regionen, Familien und Wirtschaftsbeziehungen getrennt, die über Jahrhunderte verbunden waren.

1952

Wer den Zaun überwinden will, muss mit dem Tod rechnen. Auf die andere Seite des Zauns, also in die Freiheit des Westens, zu gelangen, gilt fast als unmöglich. Flucht und Fluchtversuche werden in der Tschechoslowakei (seit 1960: ČSSR) als „Staatsverrat" geahndet.

» Der Eiserne Vorhang zwischen Niederösterreich und der Tschechoslowakei ist 400 Kilometer lang. Er trennt Regionen, Familien, Freunde und Wirtschaftsbeziehungen.

Eine Stadt, in der sich der Grenzzaun geradezu in die Identität der Bevölkerung brennt, ist Gmünd. Die beiden Stadtteile Altstadt und Neustadt sind nach der Errichtung des Eisernen Vorhangs zwar weiter auf österreichischem Gebiet, doch der Stadtteil Unterwielands – von 1938 bis 1945 als Gmünd III bezeichnet – gehört fortan als České Velenice wieder zum Nachbarland.

Den Zaun vor Augen, sind die Menschen in Gmünd täglich mit der Todeszone konfrontiert. Sie leben nicht nur unmittelbar vor dem Stacheldraht, sie sehen auch nachts die Scheinwerfer der Wachttürme und hören vereinzelte Schüsse.

Heute – mehr als 30 Jahre nach dem Fall des Eisernen Vorhangs – findet man Relikte und Monumente zur Erinnerung an die Zeit der Trennung unter anderem entlang des längsten Radweges in Europa: am fast 1.000 Kilometer langen „Iron Curtain Trail", der auch 200 Kilometer durch das Wald- und Weinviertel führt und auf dessen Strecke man mehrmals die österreichisch-tschechische Grenze überquert. Und in Schloss Weitra (Bezirk Gmünd) wird die Ausstellung „Schauplatz Eiserner Vorhang" interessierten Besucherinnen und Besuchern gezeigt.

WAS SONST NOCH GESCHAH

- Mit einem Bauprogramm für Notstandsgebiete will das Land Niederösterreich Maßnahmen gegen die Arbeitslosigkeit setzen.
- Die Verfügung über die Einschränkung des Fleischkonsums auf fünf Tage pro Woche wird aufgehoben.
- Der Landtag beschließt das Niederösterreichische Naturschutzgesetz.
- In Sankt Valentin wird auf Initiative von Josef Leeb der Niederösterreichische Blasmusikverband mit vier Mitgliedskapellen gegründet.

1953

OTTENSTEIN

Mit der Kraft des Wassers

Der Kamp verhilft dem Waldviertel zu wirtschaftlichem Aufschwung

1953 gibt es in Niederösterreich noch immer Haushalte ohne Strom. Gleichzeitig schreitet in Österreich der Wiederaufbau voran und die Wirtschaft, die langsam wieder in Schwung kommt, verlangt eine flächendeckende Elektrifizierung. Das Waldviertel – traditionell landwirtschaftlich geprägt – gehört damals zu den Sorgenkindern der Landespolitik. Zusätzlich erschwert wird die Situation durch den Eisernen Vorhang, der dem Waldviertel alle Kontakte in die benachbarte Tschechoslowakei abschneidet. Die Landes-Elektrizitätsgesellschaft NEWAG – die heutige EVN – startet eines der größten Bauprojekte der Nachkriegszeit: die Errichtung einer Kraftwerkskette am Kamp mit drei Wasserkraftwerken.

Ab 1953 sind am Bau des größten Kraftwerks Ottenstein (Bezirk Krems) 800 Arbeiter Tag und Nacht beschäftigt. Sie arbeiten unter schweren Bedingungen, mangelhaften Sicherheitsvorkehrungen und in langen Schichten. Immer wieder kommt es zu Unfällen. Als die beiden kleineren Kraftwerke Thurnberg-Wegscheid und, etwas später, Dobra-Krumau in Betrieb gehen, nimmt Ottenstein erst Form an. Die 69 Meter hohe und bis zu 24 Meter dicke Kraftwerksmauer muss imstande sein, mehr als 70 Millionen Kubikmeter Wasser zurückzuhalten. Weil die bisherigen Straßen nach dem Aufstauen des Sees unter Wasser gelegen wären, muss auch eine 700 Meter lange Brücke über den Kamp geschaffen werden. Dabei kommt es

1) Überlauf, Sperre Dobra, Mai 1954.

2) Sperre Ottenstein, Mai 1955.

3) Das Kraftwerk Ottenstein heute.

4) Die körperlichen Anstrengungen sind enorm, Sicherheitsvorkehrungen gibt es kaum.

zu einem Unglück, bei dem neun Menschen sterben. Ein Teil der Brückenkonstruktion stürzt ein und begräbt zehn Männer unter Betonschutt; nur einer überlebt. Zahlreiche weitere Arbeiter werden verletzt. Etwa vier Jahre nach Baubeginn geht das Kraftwerk Ottenstein 1957 schließlich in Betrieb. Die flächendeckende Elektrifizierung ist damit aber noch nicht abgeschlossen. Harmanschlag (Bezirk Gmünd) geht als letzte Ortschaft 1963 ans NEWAG-Netz.

» Die in den 1950er-Jahren errichteten drei Kamptalkraftwerke Ottenstein, Thurnberg-Wegscheid und Dobra-Krumau versorgen etwa 30.000 Haushalte mit Strom.

Im Jahr 2002 fällt binnen weniger Tage so viel Regen, dass die Stauseen die Wassermassen nicht mehr halten können und diese das Kamptal überfluten.
Die drei Kraftwerke sind nach wie vor in Betrieb und versorgen heute ungefähr 30.000 Haushalte mit Strom. Die Schaffung der Kampstauseen war nicht nur für die Energieversorgung bedeutsam. Im an stehenden Gewässern armen Niederösterreich entsteht eine völlig neue Seenlandschaft. Der knapp 70 Meter tiefe Ottensteiner Stausee mit einer Oberfläche von 4,5 Quadratkilometern erinnert mit seinen verzweigten Armen heute an skandinavische Fjordlandschaften; Ausflugs- und Urlaubstourismus profitieren davon.

WAS SONST NOCH GESCHAH

- Die Sowjets heben die Kontrollen von Reisenden an der Zonengrenze und die Briefzensur auf.
- Die Lebensmittelmarken werden nach 13 Jahren abgeschafft.
- Im 1933 aufgelassenen Bezirk Lilienfeld wird in der Bezirkshauptstadt wieder eine Bezirkshauptmannschaft errichtet.
- Am Semmering wird der Hirschenkogel-Sessellift eröffnet.
- In Schönfeld im Marchfeld wird die erste genossenschaftliche Bewässerungsanlage in Betrieb genommen.

1) Von 1991 bis 2016 ist Klosterneuburg Sitz der Bezirkshauptmannschaft Wien-Umgebung.

2) Kundmachung Nationalrats- und n.ö. Landtagswahl 1949.

3) Perchtoldsdorf ist eine jener Gemeinden, die bis 1954 zu Wien gehört.

4) Groß-Wien ab 1938.

M.B.A. XXIII-643/49
Nationalrats- und n.ö. Landtagswahl 1949

Niederösterreichisches Wahlgebiet von W
Wahlkreis 9
XXIII. Gemeindebezirk

KUNDMACHUNG

Betreffend die Wahlzeit, die Wahlsprengel, die Wahllokale und die Verbotszonen

1. Gemäß § 56, Abs. (2) und (3), sowie § 62 der Nationalrats-Wahlordnung wird für die am **9. Oktober 1949** stattfindende Wahl des Nation
und des Niederösterreichischen Landtages die Stimmenabgabe auf die Zeit von **8 Uhr früh bis 5 Uhr nachmittags** festgesetzt.

2. Das zum niederösterreichischen Wahlgebiete von Wien gehörige Gebiet des XXIII. Gemeindebezirkes ist in 45 Wahlsprengel ein
Welche Häuser zu einem jeden dieser Wahlsprengel gehören, ist aus dem beim Magistratischen Bezirksamte für den XXIII. Bezirk sov
den Amtsstellen Fischamend, Gramatneusiedl, Himberg, Mannswörth, Maria-Lanzendorf und Schwadorf in der Zeit vom 4. bis 8. Oktobe
täglich zwischen 8 und 18 Uhr und am Wahltage während der Wahlzeit zur öffentlichen Einsicht aufliegenden Häuserverzeichnis zu entn
Überdies wird in jedem Hause durch einen Anschlag kundgemacht, zu welchem Wahlsprengel das betreffende Haus gehört.

3. Die Wahllokale der einzelnen Wahlsprengel sind in der nachstehenden Zusammenstellung bezeichnet. Auch die Anschläge in den H
geben den Ort an, wo sich das für die Wahlberechtigten des Hauses zuständige Wahllokal befindet. Bei jedem Wahllokal ist die Verbotsz
gegeben, innerhalb der am Wahltage jede Art der Wahlwerbung, insbesondere auch durch Ansprachen an die Wähler, durch Anschlag oder V
von Wahlaufrufen oder von Kandidatenlisten u. dgl., ferner jede Ansammlung sowie das Tragen von Waffen jeder Art verboten ist. Der Ausscha
alkoholischen Getränken ist am Tage vor der Wahl ab 20 Uhr und am Wahltage selbst bis 20 Uhr allgemein verboten. Übertretungen d
angeführten Verbote werden vom Magistratischen Bezirksamte mit Geld bis zu 1000 S, im Uneinbringungsfalle mit Arrest bis zu vier Wochen b

Wahlsprengel Nr. 1.

Wahlsprengel Nr. 2.

Wahlsprengel Nr. 3.

Wahlsprengel Nr. 11.

Wahlsprengel Nr. 12.

Wahlsprengel Nr. 13.

Wahlsprengel Nr. 22.

Wahlsprengel Nr. 23.

Wahlsprengel Nr. 24.

Wahlsprengel Nr. 34.

Wahlsprengel Nr. 35 a.

Wahlsprengel Nr. 35 b.

KLOSTERNEUBURG, SCHWECHAT, MÖDLING UND PURKERSDORF

Von Niederösterreich nach Wien – und wieder zurück

Warum Wiener Umlandgemeinden einst zur Bundeshauptstadt gehörten

Etwa 200.000 ehemalige Niederösterreicherinnen und Niederösterreicher leben im Jahr 1954 gewissermaßen als Fremde in Wien. Staatsrechtlich sind sie keinem der beiden Bundesländer eindeutig zugeordnet. Von Wien verwaltet, haben sie dort allerdings kein Wahlrecht für die Gemeinderatswahl. Besatzungsrechtlich sind sie den Sowjets und damit Niederösterreich zugeteilt, auch an den niederösterreichischen Landtagswahlen nehmen sie teil. Die Steuern der Betroffenen wiederum gehen nach Wien.

Die Ursache für diese verzwickte Lage liegt im Jahr 1938. Damals gliedert die NS-Führung 97 niederösterreichische Gemeinden Wien ein. Innerhalb der neuen Stadtgrenze liegen damit Orte wie Klosterneuburg im Norden, Schwechat im Osten, Mödling im Süden oder Purkersdorf im Westen. Damit wird Wien zur flächenmäßig größten Stadt im „Dritten Reich" und zu einer der größten Städte der Welt.

Richtig kompliziert wird es nach dem Krieg. Die Sowjets setzen am Verhandlungstisch zu ihrem Vorteil durch, dass für die Teilung Wiens in vier Besatzungszonen die „alten" Stadtgrenzen herangezogen werden, also jene noch vor der Zeit von „Groß-Wien". Damit gehören die ab 1938 eingegliederten 97 Gemeinden militärisch zu Niederösterreich und somit zur sowjetischen Zone. Allerdings gleicht diese militärische Zugehörigkeit nicht den Grenzen

1954

der damaligen Stadtverwaltung. Diese ist nach wie vor für 26 Bezirke zuständig – samt den eingemeindeten Gebieten. So kommt es, dass Teile Wiens staatsrechtlich auch lange nach dem Krieg keinen klaren Status haben. Ein Gesetzesentwurf, der diese Situation bereits im Juni 1946 hätte ändern können, wird wegen eines Vetos der Sowjetunion nicht beschlossen. Geklärt wird die formale Zugehörigkeit der 97 ehemals niederösterreichischen Gemeinden erst im Jahr 1954.

» Bis 1954 hieß der 22. Wiener Gemeindebezirk Groß-Enzersdorf, Schwechat war der Name des 23. Bezirkes, Nummer 24 war Mödling, Nummer 25 hieß Liesing und der 26. Bezirk war Klosterneuburg.

Als Österreichs Staatsvertrag absehbar wird, stimmen alle Besatzungsmächte einer neuen Grenzziehung zu. 17 ehemals niederösterreichische Gemeinden bleiben im Wiener Stadtgebiet, die übrigen 80 werden wieder niederösterreichischen Bezirken zugeordnet. In diesem Zusammenhang entsteht ein Bezirk, der in der Geschichte Niederösterreich neu ist: Wien-Umgebung. So erklärt sich, warum dieser Bezirk aus vier nicht zusammenhängenden Gebieten rund um die Bundeshauptstadt besteht. Dieses Nachkriegsrelikt existiert bis weit ins nächste Jahrtausend. Erst im Jahr 2017 werden die Gemeinden von Wien-Umgebung in die Bezirke Tulln, St. Pölten, Korneuburg und Bruck an der Leitha eingegliedert. Dieser Prozess verläuft alles andere als diskussions- und widerstandslos.

WAS SONST NOCH GESCHAH

- Nach tagelangen heftigen Regenfällen kommt es entlang der Donau zu einer der schwersten Hochwasserkatastrophen der vergangenen Jahrzehnte.
- Rupert Hollaus aus Traisen wird Motorrad-Weltmeister in der 125-cm³-Klasse und Vize-Weltmeister in der 250-cm³-Klasse. Im September verunglückt er 23-jährig tödlich in Monza.
- Die aus Semmering stammende Trude Klecker gewinnt bei der Alpinen Skiweltmeisterschaft im Damen-Slalom eine Gold-, in der Abfahrt eine Silbermedaille.

BAD VÖSLAU

„Wir werden frei sein!“

Die Staatsvertragsdelegation kehrt von den erfolgreichen Verhandlungen zurück

Zehn lange Jahre ist Österreich von den alliierten Mächten besetzt. Die Bundesregierung verhandelt bereits seit 1947 über einen Staatsvertrag und den Abzug der Besatzungstruppen. Die Verhandlungen sind schwierig, vor allem mit der Sowjetunion. Im April 1955 fliegt die österreichische Staatsvertragsdelegation nach Moskau, angeführt von zwei Niederösterreichern – Bundeskanzler Julius Raab und Außenminister Leopold Figl. Mit dabei sind auch Vizekanzler Adolf Schärf und Staatssekretär Bruno Kreisky. Die Gespräche führen zum Durchbruch, der sowjetische Außenminister Wjatscheslaw Michailowitsch Molotow erklärt sich zum Abzug der Roten Armee bereit, im Gegenzug sichert Österreich zu, seine immerwährende Neutralität zu erklären.

Die Staatsvertragsdelegation landet nach den erfolgreichen Verhandlungen in Moskau am 15. April auf dem Flugplatz in Bad Vöslau (Bezirk Baden). Die Delegation wird jubelnd begrüßt. Bundeskanzler Julius Raab verkündet die langersehnte Nachricht: „Vor allem möchte ich Dank sagen dem Herrgott, dass wir diese Stunde erleben konnten. Wir werden, was wir in diesen zehn Jahren erhofft und erstrebt haben, frei sein.“ Die Verhandlungen seien auch ein wertvoller Beitrag für den Frieden in der Welt, so der Bundeskanzler.

1) Tausende Menschen jubeln am 15. Mai 1955 nach der Unterzeichnung des Staatsvertrags vor dem Belvedere in Wien.

2) Mit einer sowjetischen Sondermaschine landet die Staatsvertragsdelegation am 14. April 1955 auf dem Flugplatz von Bad Vöslau.

3) Der österreichische Bundeskanzler Julius Raab (1. v. r.) mit dem Außenminister der UdSSR, Wjatscheslaw Michailowitsch Molotow (2. v. l.).

4) Leopold Figl präsentiert am 15. Mai 1955 den Staatsvertrag.

WAS SONST NOCH GESCHAH

- Die USIA-Betriebe, die DDSG und die sowjetische Mineralölverwaltung werden an die Bundesregierung übergeben.
- Die im Krieg zerstörte Staatsoper und das Burgtheater in Wien wurden aufgebaut und werden wiedereröffnet.
- Die erste Fernsehsendung wird ausgestrahlt, in Österreich gibt es etwa 500 Empfangsgeräte.
- Am Flughafen Schwechat landet das erste österreichische Flugzeug seit 1945. Es soll für Schädlingsbekämpfung und Werbeflüge eingesetzt werden.

Der Staatsvertrag wird am 15. Mai 1955 in Wien im Schloss Belvedere feierlich unterzeichnet. Im Marmorsaal unterschreiben ihn die Außenminister sowie die vier Hochkommissare der alliierten Besatzungsmächte. Als Letzter setzt für Österreich Außenminister Leopold Figl seine Unterschrift unter den Staatsvertrag. Danach spricht er sichtlich bewegt die berühmten Worte: „Österreich ist frei!" Im Park des Schlosses hat sich bereits eine jubelnde Menschenmenge versammelt, die Kirchenglocken läuten, rot-weiß-rote Fahnen werden geschwenkt.

» Österreich ist frei!«, sagt der glückliche Außenminister Leopold Figl nach der Unterzeichnung des Staatsvertrages am 15. Mai 1955.

Vom Balkon des Belvedere präsentiert Leopold Figl gemeinsam mit den anderen Unterzeichnern den Staatsvertrag. Ludwig Steiner, damals Kabinettchef Bundeskanzler Raabs und später Staatssekretär im Außenministerium, ist im Marmorsaal dabei und sagt in Erinnerung an diese historische Stunde auf dem Balkon: „Ich habe dem Figl den Staatsvertrag in die Hand gegeben. Da hat ein Beamter vom Bundeskanzleramt gesagt: ‚Bist du wahnsinnig, wenn er den fallen lässt!' Ich habe darauf geantwortet: ‚Den hat er so hart erworben, den lässt er nicht fallen.' Aber es war natürlich ein Risiko!"
Mit dem Inkrafttreten des Staatsvertrages wird Österreich wieder eine souveräne und unabhängige Republik. Die Besatzung in Niederösterreich endet am 19. September, als der letzte Zug mit sowjetischen Truppen den Bahnhof Baden verlässt.

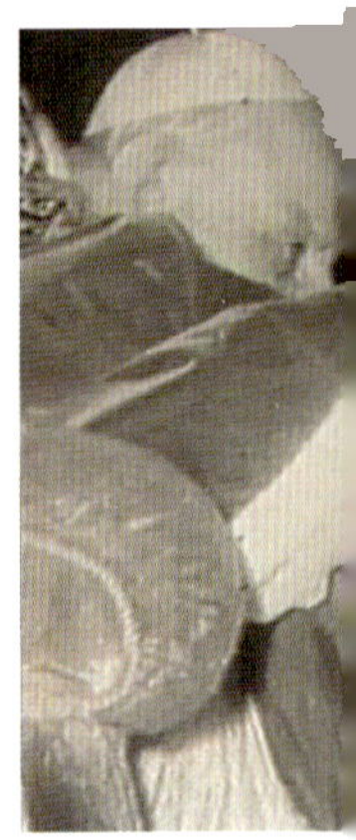

1) Franz König (2. v. r.) auf einem Familienfoto.
2) Im Juni 1958 wird Franz König zum Kardinal ernannt.
3) Franz König mit Karol Wojtyla, dem späteren Papst Johannes Paul II. (2. v. r.).

RABENSTEIN AN DER PIELACH

Vom Bauernbuben zum Kardinal

Franz König wird Erzbischof von Wien und einer der weltweit einflussreichsten Kardinäle

Im Juni 1956 zieht Franz König als neuer Erzbischof von Wien in den Stephansdom ein. Bei seiner Inthronisation werden ihm als äußere Zeichen seines hohen Amtes Bischofsmütze und Bischofsstab überreicht. Sein Wahlspruch lautet: „Veritatem facientes in caritate – Die Wahrheit in Liebe tun“. Franz König leitet hierauf fast 30 Jahre lang eine der größten Diözesen Europas, die nicht nur Wien, sondern auch das Wein- und Industrieviertel umfasst. 1958 ernennt ihn Papst Johannes XXIII. zum Kardinal. Eine erstaunliche Karriere für einen Bauernbuben aus dem Mostviertel!

Franz König wird 1905 in Warth bei Rabenstein an der Pielach (Bezirk St. Pölten) geboren. Er studiert in Rom und empfängt dort 1933 die Priesterweihe. Danach ist er als Kaplan und Religionsprofessor tätig. 1952 ernennt Papst Pius XII. Franz König zum Bischofskoadjutor in dessen Heimatdiözese St. Pölten, zur Unterstützung von Diözesanbischof Michael Memelauer und mit Nachfolgerecht.

Als Erzbischof von Wien ist der Kardinal ein wichtiger Mitgestalter des Zweiten Vatikanischen Konzils. Er wird als moderater Vertreter des Reformflügels angesehen. König gilt als

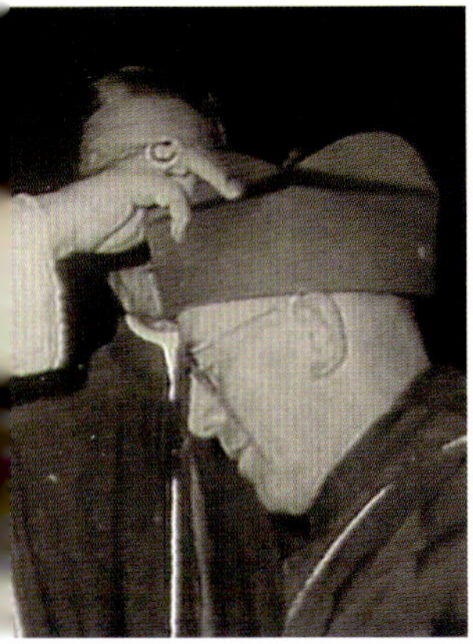

1956

einer der bedeutendsten Wegbereiter der Ökumene und unterstützt vor allem die Kirche im kommunistischen Osteuropa. In Österreich wird Franz König von manchen auch „der rote Kardinal" genannt, denn er trägt maßgeblich zur Aussöhnung zwischen der katholischen Kirche und der Sozialdemokratie bei. Später sagt er dazu: „Ich habe darunter gelitten, dass dieser zum Teil hasserfüllte Gegensatz bestand. Als Bischof hatte ich dann die Möglichkeit zu sagen: ‚Ich bin für alle da.'"

» Veritatem facientes in caritate – Die Wahrheit in Liebe tun«, lautete der Wahlspruch von Kardinal Franz König.

Im Vatikan gilt Franz König als einer der weltweit wichtigsten Kardinäle. Er wird von vielen als „papabile" angesehen, also als Kandidat für das Amt des Papstes. 1978 soll der neu gewählte Papst Johannes Paul I. zu ihm gesagt haben: „Eigentlich müssten Sie an meiner Stelle sein." Später kommentiert Kardinal König diese Geschichte lächelnd: „Ja, man sagt das."

Nach dem plötzlichen Tod von Johannes Paul I. unterstützt König die Wahl des polnischen Kardinals Karol Wojtyla, mit dem ihn aufgrund seiner Kontakte zu Osteuropa bereits eine jahrelange Freundschaft verbindet. Der Besuch von Papst Johannes Paul II. 1983 in Wien ist für Franz König einer der Höhepunkte seiner Amtszeit. Bis zu seinem 80. Lebensjahr leitet er die Erzdiözese Wien. Im Jahr 2002 feiert er sein goldenes Bischofsjubiläum. Kardinal Franz König stirbt 2004 im Alter von 98 Jahren. Papst Johannes Paul II. würdigt ihn als „Brückenbauer und Mensch des Friedens". König wird im Stephansdom zu Grabe getragen, Tausende Gläubige erweisen ihm die letzte Ehre.

WAS SONST NOCH GESCHAH

- Für die nach dem Volksaufstand aus Ungarn flüchtenden Menschen werden in Traiskirchen, Klosterneuburg, Judenau und Ulrichskirchen Durchgangslager eingerichtet.
- In den Kasernen Krems, Melk und Wiener Neustadt werden erstmals seit 1936 wieder Soldaten des Bundesheeres angelobt.
- Die Österreichische Studiengesellschaft für Atomenergie wird gegründet, die das Reaktorzentrum Seibersdorf errichtet.

1) Fürstin Gracia Patricia ist mit Fürst Rainier von Monaco 1965 zu Besuch im SOS-Kinderdorf in der Hinterbrühl.
2) Sommerfest im SOS-Kinderdorf.
3) Der Vorarlberger Hermann Gmeiner, genannt „der Direktor", im SOS-Kinderdorf in der Hinterbrühl.
4) Der Standort Hinterbrühl umfasst schon bald 30 Häuser.

HINTERBRÜHL

Ein Dorf für Kinder

Das SOS-Kinderdorf in der Hinterbrühl ist eines der ältesten Kinderdörfer der Welt

Vier Jahre nach dem Ende des Zweiten Weltkriegs gründet der Medizinstudent Hermann Gmeiner in Innsbruck den Verein „Societas Socialis", um die Situation der vielen durch den Krieg verwaisten und vernachlässigten Kinder zu verbessern. Er wird damit zum „Vater der Kinderdörfer". „Ich weiß nichts Besseres, einem Kind zu helfen, als ihm eine Mutter zu geben, Geschwister zu geben, ein Haus, ein Dorf zu geben", so Gmeiner. Mithilfe privater Spenden eröffnet er in Imst in Tirol das erste SOS-Kinderdorf. 1957 öffnet in der Hinterbrühl (Bezirk Mödling) das erste SOS-Kinderdorf in Niederösterreich seine Türen. Zu Beginn werden hier zehn sogenannte Familienhäuser errichtet, Kinder und Jugendliche werden von Kinderdorfmüttern betreut. Sie sollen hier ein sicheres Zuhause bekommen.
Die Idee findet viele Unterstützer. Die Initiative der SOS-Kinderdörfer wird auf der ganzen Welt erfolgreich. In zahlreichen Ländern, vor allem auch in Afrika und Asien, werden mithilfe privater Spender und Spenderinnen Kinderdörfer errichtet. Die ersten Kinderdörfer in Österreich, unter anderem jenes in der Hinterbrühl, gelten dabei als Vorbild. Auch internationale Politiker und Politikerinnen und Prominente interessieren sich für dieses niederösterreichische Kinderdorf. 1965 kommt das monegassische Fürstenpaar Rainier und Gracia Patricia in die

1957

Hinterbrühl und wird von 300 Kindern herzlich empfangen. Fürstin Gracia Patricia ist selbst Patronin eines SOS-Kinderdorfes an der Côte d'Azur und spricht von einem unvergesslichen Moment ihres Österreich-Besuchs.

» Ich weiß nichts Besseres, einem Kind zu helfen, als ihm eine Mutter, Geschwister, ein Haus und ein Dorf zu geben«, so SOS-Kinderdorfgründer Hermann Gmeiner.

Das Kinderdorf in der Hinterbrühl wächst im Laufe der Jahrzehnte stetig, beim 20-Jahr-Jubiläum 1977 wohnen dort in 27 Häusern bereits mehr als 170 Buben und Mädchen. Heute gibt es in Niederösterreich zwei SOS-Kinderdörfer, neben der Hinterbrühl auch eines in Guntramsdorf (Bezirk Mödling). Insgesamt 200 Kinder und Jugendliche werden an den beiden Standorten betreut. Im Laufe der Jahre sei das Angebot erweitert worden, sagt Jakob Kramar-Schmid, Sprecher der SOS-Kinderdörfer in Niederösterreich. „Es werden beim Projekt ‚Eltern-Kind-Wohnen' mittlerweile auch Familien in schwierigen Situationen betreut." Besonderen Wert lege man auch auf die Ausbildung benachteiligter junger Menschen, die auf dem freien Arbeitsmarkt nicht oder nur schwer vermittelbar seien. Sie würden durch ein spezielles Arbeitstrainings- und Schulungsprogramm „jobready" gemacht, so Kramar-Schmid.

Weltweit betreut der von Hermann Gmeiner gegründete Verein „Societas Socialis" mehr als 570 Kinderdörfer in 137 Ländern und damit insgesamt mehr als 400.000 Kinder.

WAS SONST NOCH GESCHAH

- Der Österreichische Rundfunk beginnt, regelmäßig Fernsehsendungen auszustrahlen. Österreichweit gibt es circa 4.000 TV-Geräte.
- „Perseus", das erste in der Werft Korneuburg erbaute Hochseeschiff mit 1.500 Bruttoregistertonnen, läuft vom Stapel.
- In Niederösterreich gibt es 31.422 Traktoren, elf Jahre zuvor lag die Zahl bei 2.901, 20 Jahre später war die 100.000er-Grenze fast erreicht.
- Der angloamerikanische Schriftsteller Wystan Hugh Auden erwirbt in Kirchstetten ein Haus und wohnt hier bis zu seinem Tod 1973.
- In Baden werden die Sommerarena und das Rollettmuseum wiedereröffnet.

SCHWECHAT

Die neue ÖMV-Raffinerie wird ausgebaut

Ein Symbol für den Wirtschaftsaufschwung nach dem Krieg

Mit der Unterzeichnung des Staatsvertrags 1955 geht die von der Sowjetunion beschlagnahmte Erdölindustrie wieder in österreichische Verwaltung über und wird daraufhin verstaatlicht. Im Jahr 1956 wird die ÖMV, die Österreichische Mineralölverwaltung Aktiengesellschaft, gegründet. Im April 1958 wird in Schwechat (Bezirk Bruck an der Leitha) der Grundstein für den Ausbau der neuen ÖMV-Raffinerie gelegt, der größten Erdölraffinerie Österreichs. Sie ist ein Symbol für den Wirtschaftsaufschwung nach dem Krieg und der Besatzungszeit. Bundeskanzler Julius Raab spricht bei der feierlichen Grundsteinlegung von einem „besonderen Tag für die österreichische Wirtschaft und Technik".
Die Erdölraffinerie in Schwechat wird zu einem der größten Industriewerke des Landes ausgebaut. Die Arbeiten schreiten zügig voran, bereits nach drei Jahren, im Juni 1961, kann die neue Raffinerie offiziell eröffnet werden. Bundeskanzler Alfons Gorbach sagt zu diesem Anlass: „Der heutige Tag ist ein Festtag nicht nur für die Erbauer der Raffinerie und die ÖMV, sondern für jeden, der an der Entwicklung der österreichischen Wirtschaft und der Steigerung ihrer Leistungsfähigkeit Anteil nimmt." Die neue Raffinerie in Schwechat kann jährlich 2,5 Millionen Tonnen Rohöl verarbeiten und deckt damals den überwiegenden Teil des österreichischen Bedarfs an Erdölprodukten.

1) 1958 wird in Schwechat mit dem Bau der größten Erdölraffinerie Österreichs begonnen.

2) Die Raffinerie soll ein Symbol für den Wirtschaftsaufschwung nach dem Krieg sein.

3) Die Raffinierie Schwechat heute.

4) Schon in Betrieb, aber auch noch in Bau: die Raffinerie Schwechat in den 1960er-Jahren.

WAS SONST NOCH GESCHAH

- Die Wachaustraße zwischen Stein und Emmersdorf wird eröffnet. Mit 472 Metern ist der Tunnel bei Dürnstein der längste Straßentunnel Österreichs.
- Die AUA nimmt ihren Flugbetrieb auf dem Flughafen Wien-Schwechat auf, die ersten regelmäßigen Linienflüge gehen nach London.
- Die Theresianische Militärakademie übersiedelt von Enns in die instand gesetzte Burg von Wiener Neustadt zurück.
- Am ersten Landesmusiktreffen des Niederösterreichischen Blasmusikverbandes in Krems nehmen 100 Kapellen teil.
- Gänserndorf und Traismauer werden zu Städten erhoben.

Ende der 1950er-Jahre kann die ÖMV noch einen großen Teil des Rohölbedarfs durch heimische Förderung sicherstellen. Vor allem im Weinviertel gibt es größere Ölfelder, die erschlossen werden. Durch den immer weiter steigenden Erdöl- und Erdgasverbrauch müssen allerdings auch immer mehr fossile Brennstoffe importiert werden. Nach und nach wächst die Abhängigkeit von Öl- und Gaslieferungen aus dem Ausland. Mittlerweile können mit der heimischen Förderung nur noch ungefähr zehn Prozent des österreichischen Bedarfs abgedeckt werden.

» Bundeskanzler Julius Raab spricht bei der Grundsteinlegung der neuen ÖMV-Raffinerie von einem »besonderen Tag für die österreichische Wirtschaft und Technik«.

Die Raffinerie in Schwechat wird in den folgenden Jahren mehrmals ausgebaut und modernisiert. Heute zählt das Werk zu den größten Binnenraffinerien Europas. Unter anderem werden dort Benzin, Diesel, Flugturbinentreibstoff, Bitumen und verschiedene Chemikalien produziert. Rund die Hälfte des österreichischen Bedarfs an Mineralölprodukten kann in Schwechat hergestellt werden. Die ÖMV nennt sich ab dem Jahr 1995 OMV. Sie entwickelt sich vom Staatsunternehmen zu einem „Global Player" mit zahlreichen internationalen Beteiligungen und beschäftigt als weltweit tätiger Energie- und Chemiekonzern mehr als 24.000 Menschen in 30 Ländern. Die Raffinerie in Schwechat bleibt einer ihrer wichtigsten Standorte.

1959

YBBS-PERSENBEUG

Wasserkraft aus der Donau

Ein Land braucht mehr Strom – und die Donau wird ihn liefern

Im Jahr 1959 wird ein Projekt vollendet, dessen Ursprünge bis in die 1920er-Jahre zurückreichen – das Donaukraftwerk Ybbs-Persenbeug (Bezirk Melk). Es ist das erste große Donaukraftwerk in Niederösterreich. Die Umsetzung der jahrzehntelangen Planungen für den Bau einer Staumauer über die Donau zwischen Ybbs und Persenbeug ist immer wieder verzögert worden. Nach dem „Anschluss" 1938 beginnen die Nationalsozialisten mit den Bauarbeiten, auch Zwangsarbeiter und Kriegsgefangene werden eingesetzt. Doch die Fortschritte sind bescheiden. In der folgenden Besatzungszeit mindert die Anwesenheit der Sowjets den Anreiz für große Investitionen, der Zugang zu westlichen Hilfsprogrammen ist erschwert.
Das Donaukraftwerk Ybbs-Persenbeug wird schließlich nach fünfjähriger Bauzeit 1959 in Betrieb genommen. Es ist damals eines der leistungsstärksten Kraftwerke Österreichs und wird als „technische Großtat" bezeichnet. Die Staumauer ist 460 Meter lang, im Kraftwerk produzieren sechs große Kaplan-Turbinen elektrischen Strom.
Dieser Strom wird dringend benötigt, denn in den 1950er- und 1960er-Jahren steigt der Stromverbrauch in Österreich um ein Vielfaches – eine Folge des Wirtschaftswachstums und des zunehmenden privaten Konsums. Die Donaukraftwerke können als Laufkraftwerke wegen

1) 1954 wird mit dem Bau des ältesten Wasserkraftwerks in Österreich begonnen. 500 Tonnen Beton werden täglich benötigt. (Foto aus dem Jahr 1957)
2) Der Einhub des Stators (das ist der stehende Ring eines Generators) in Ybbs-Persenbeug, 1957.
3) Die Komponenten des Kraftwerks sind bis 2020 allesamt noch Erstbestand aus den 1950er-Jahren. (Foto aus dem Jahr 1959)
4) 2020 wird der Rotor in Ybbs-Persenbeug erstmals ausgetauscht.

ihrer kontinuierlichen Stromproduktion den wichtigsten Beitrag zur Deckung des Grundbedarfs leisten. Außerdem soll der Ausbau der Wasserkraft die Abhängigkeit von Kohleimporten verringern.

Heute betreibt der Verbund in Niederösterreich vier Donaukraftwerke. Neben Ybbs-Persenbeug sind das die Kraftwerke in Melk, Altenwörth und Greifenstein (beide Bezirk Tulln). Zwei weitere Kraftwerksprojekte wurden trotz jahrelanger Planungen aufgrund massiver Proteste der Bevölkerung nicht umgesetzt – das eine in der Wachau bei Rossatz (Bezirk Krems) und das andere bei Hainburg an der Donau (Bezirk Bruck an der Leitha).

» Zwei Kraftwerksprojekte an der Donau wurden aufgrund massiver Proteste der Bevölkerung nicht umgesetzt – das eine bei Rossatz, das andere bei Hainburg.

In der Wachau werden 1973 Bürgerversammlungen abgehalten und Zehntausende Unterschriften gegen den Kraftwerksbau gesammelt. Um das Kraftwerk bei Hainburg zu verhindern, besetzen 1984 Tausende Umweltaktivisten, unterstützt von zahlreichen Prominenten, die Hainburger Au. Die Rodungsarbeiten für den Bau des Kraftwerks werden schließlich gestoppt. Heute gehört die Hainburger Au zum Nationalpark Donau-Auen, die Donau in der Wachau ist weiterhin eine freie Fließstrecke. Im Donaukraftwerk Ybbs-Persenbeug wird in den 1990er-Jahren eine siebente Turbine eingebaut, seit dem Jahr 2014 wird das Kraftwerk modernisiert. Die alten Turbinen und Generatoren werden schrittweise erneuert, dadurch kann die Stromerzeugung deutlich gesteigert werden. Heute produziert das Kraftwerk mehr als 1,3 Millionen Megawattstunden Strom pro Jahr.

WAS SONST NOCH GESCHAH

- Die Tourismusbilanz weist in diesem Jahr erstmals mehr als vier Millionen Nächtigungen in Niederösterreich auf.
- Das restaurierte Joseph-Haydn-Geburtshaus in Rohrau wird als Gedenkstätte eröffnet.
- St. Pölten feiert den 800. Jahrestag der Verleihung des Stadtrechts.
- Die Kaserne in Mautern wird fertiggestellt, in Ternitz wird die von Roland Rainer geplante Stadthalle eröffnet.

RUST IM TULLNERFELD

Zwei Staatsmänner wetten um eine Sau

Welcher Kukuruz bringt mehr Ertrag, der aus Österreich oder der aus der Sowjetunion?

Dass 15 Jahre nach dem Beginn der Zweiten Republik das österreichische Nationalbewusstsein stark angestiegen ist, veranschaulicht ein Ereignis aus dem Sommer 1960. Der damalige sowjetische Partei- und Regierungschef Nikita Chruschtschow ist auf freundschaftlichem Staatsbesuch in Österreich. Während seines neun Tage andauernden Aufenthalts besucht er Anfang Juli auch den ehemaligen österreichischen Bundeskanzler und Außenminister Leopold Figl auf dessen elterlichem Bauernhof in Rust im Tullnerfeld (Bezirk Tulln). Die beiden kennen einander noch von den Verhandlungen um den österreichischen Staatsvertrag. Mittlerweile ist Figl Nationalratspräsident, der landwirtschaftliche Betrieb wird von Figls Bruder Josef bewirtschaftet. Beim Rundgang und der anschließenden Brettljause entsteht die legendäre Wette.

Chruschtschow behauptet prahlend, dass sowjetischer Mais aus den genossenschaftlichen Großproduktionen „zehn Mal mehr Ertrag" bringen würde als jener in Österreich, dessen Wuchshöhe ihm niedrig erscheint. Sollte Chruschtschow recht behalten, würde Figl ihm ein Zuchtschwein schulden, so die Forderung. Sollte sich seine Behauptung hingegen als falsch herausstellen, würde er Figl ein Schwein spendieren. Figl widerspricht der Behauptung über

TULLNER Bezirks-Nachrichten

WOCHEN ZEITUNG

FÜR DEN POLITISCHEN BEZIRK TULLN

Nummer 28 | Tulln, 8. Juli 1960 | 49. Jahrgang

Das „Staatsereignis" in Rust: Gipfelkonferenz im Bauernhof

Chruschtschow bei Figl zu Gaste: Sie wetten um eine Sau

... für Gendarmerie und Feuerwehr – Die Ostflüchtlinge nicht nach Korsika, sondern ... – Die Tullner Singgruppe erfreute die Gäste

1) Nikita Chruschtschow besucht im Juli 1960 Leopold Figl in Rust im Tullnerfeld.

2) Wiktor Iwanowitsch Awilow (l.) und Leopold Figl (r.) prüfen die Qualität des Maises.

3) Die „Tullner Bezirksnachrichten" titeln am 8. Juli 1960 zur Sauwette.

minderwertigen österreichischen Mais und nimmt die Wette selbstbewusst an. Bald darauf berichten die Zeitungen bundesweit von der „Kukuruzwette" aus dem Tullnerfeld. Chruschtschow vergisst die Wette nicht und lässt tatsächlich Saatmais aus den sowjetischen Kolchosen nach Österreich schicken. Im folgenden Jahr soll mit ihnen die Probe aufs Exempel gemacht werden. Dabei wird nichts dem Zufall überlassen. Josef Figl studiert den sowjetischen Mais vorab in Ungarn, der Acker im Tullnerfeld wird von den Sowjets angelegt und die Beurteilung der Erntemenge nimmt der sowjetische Botschafter in Österreich, Wiktor Iwanowitsch Awilow, vor. Das Ergebnis bringt letzten Endes keinen klaren Gewinner. Der sowjetische Mais liefert zwar tatsächlich mehr Ertrag als der österreichische, aber bei Weitem keine zehnfache Menge. Doch Figl, der sich deshalb als Gewinner der Wette sieht, wartet vergeblich auf seinen Wetteinsatz, Chruschtschow bleibt ihm die Zuchtsau schuldig. Diplomatische Verwicklungen ergeben sich aus der „Kukuruzwette" aber nicht. Allerdings erlangt die Wette im damals aufstrebenden Österreich der 1960er-Jahre großen symbolischen Wert.

» Die »Kukuruzwette« wird bis heute gerne als historische Anekdote betrachtet und insbesondere im Sinne eines damals gestärkten österreichischen National- und Leistungsbewusstseins gesehen.

WAS SONST NOCH GESCHAH

- Im Stift Melk wird die erste Landesausstellung gezeigt. 380.000 Menschen besuchen „Jakob Prandtauer und sein Kunstkreis".
- Erstmals werden Kulturpreise des Landes Niederösterreich – in den Bereichen Literatur, Musik und bildende Kunst – vergeben.
- Das Reaktorzentrum in Seibersdorf wird in Betrieb genommen.
- In Maria Enzersdorf wird der Spatenstich für den Neubau der Generaldirektion von NEWAG und NIOGAS vorgenommen.

MELK

Was für ein Theater!

Ausgehend von Melk, entwickelt sich Niederösterreich zur Sommerbühne

Dass Niederösterreich heute kulturell internationale Anerkennung findet und jährlich 2,5 Millionen Kulturtouristinnen und -touristen anlockt, fußt auf vielen Meilensteinen. Einer davon war die Etablierung eines breiten Sommertheaterangebotes. Den Beginn macht Melk bereits im Jahr 1949 mit Freilichtspielen, als im Österreich der Nachkriegszeit nicht nur kulturell noch bitterer Mangel herrscht. Ab den 1950er-Jahren folgen immer mehr Gemeinden dem Melker Vorbild und bieten Freilufttheater an. In den 1960er-Jahren ist es erneut Melk, das Niederösterreichs Weg zum landesweiten Sommertheatererlebnis ebnet. Im Juni 1961 werden mit Hugo von Hofmannsthals „Das Salzburger große Welttheater" vor der Stiftskirche und William Shakespeares „Was ihr wollt" vor dem Gartenpavillon die ersten Melker Sommerspiele eröffnet. In Niederösterreich legen sie damit den Grundstein für das heutige Sommertheaterangebot und weisen von allen Spielorten die längste ununterbrochene Spielzeit auf. Mittlerweile sind die Melker Sommerspiele eine von 20 Bühnen, die unter der Dachmarke des Theaterfests Niederösterreich spielen. Gemeinsam locken die Spielstätten von Juni bis August etwa 220.000 Menschen zu aktuellen Sommerproduktionen inmitten von Burghöfen und Schlossparks, vor Ruinen oder historischen Gebäuden. Mit Oper, Operette, Musical,

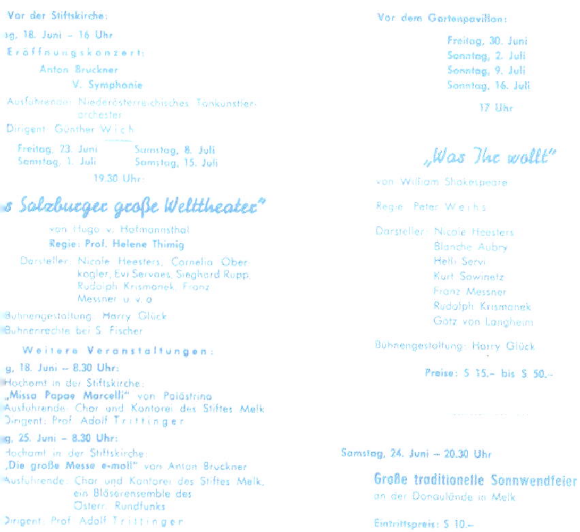

Vor der Stiftskirche:

ag, 18. Juni – 16 Uhr

Eröffnungskonzert:

Anton Bruckner
V. Symphonie

Ausführende: Niederösterreichisches Tonkünstler-orchester

Dirigent: Günther Wich

Freitag, 23. Juni — Samstag, 8. Juli
Samstag, 1. Juli — Samstag, 15. Juli

19.30 Uhr:

s Salzburger große Welttheater"

von Hugo v. Hofmannsthal
Regie: Prof. Helene Thimig

Darsteller: Nicole Heesters, Cornelia Oberkogler, Evi Servaes, Sieghard Rupp, Rudolph Krismanek, Franz Messner u. v. a.

Bühnengestaltung: Harry Glück
Bühnenrechte bei S. Fischer

Weitere Veranstaltungen:

g, 18. Juni – 8.30 Uhr:
Hochamt in der Stiftskirche:
„Missa Papae Marcelli" von Palästrina
Ausführende: Chor und Kantorei des Stiftes Melk
Dirigent: Prof. Adolf Trittinger

g, 25. Juni – 8.30 Uhr:
Hochamt in der Stiftskirche:
„Die große Messe e-moll" von Anton Bruckner
Ausführende: Chor und Kantorei des Stiftes Melk, ein Bläserensemble des Österr. Rundfunks
Dirigent: Prof. Adolf Trittinger

Vor dem Gartenpavillon:

Freitag, 30. Juni
Sonntag, 2. Juli
Sonntag, 9. Juli
Sonntag, 16. Juli

17 Uhr

„Was Ihr wollt"

von William Shakespeare

Regie: Peter Weihs

Darsteller: Nicole Heesters, Blanche Aubry, Helli Servi, Kurt Sowinetz, Franz Messner, Rudolph Krismanek, Götz von Langheim

Bühnengestaltung: Harry Glück

Preise: S 15.– bis S 50.–

Samstag, 24. Juni – 20.30 Uhr

Große traditionelle Sonnwendfeier
an der Donaulände in Melk

Eintrittspreis: S 10.–

1) Die Sommerspiele Melk bringen immer wieder Stücke, die zum Diskurs anregen: „Die Päpstin", 2012.

2) Programm der Melker Sommerspiele von 1961.

3) Programmheft der Melker Sommerspiele von 1961.

4) Maria Happel, Burgschauspielerin und Leiterin des Max Reinhardt Seminars in Wien, wird 2021 künstlerische Leiterin der Festspiele Reichenau.

WAS SONST NOCH GESCHAH

- Die Landwirtschaft bringt 21,6 Prozent der Wertschöpfung, 1981 liegt dieser Anteil nur mehr bei 7,9 Prozent.
- Die Arbeitslosigkeit ist so niedrig wie nie zuvor: In Niederösterreich sind 7.442 Personen auf Arbeitssuche, österreichweit sind es 35.248, um ein Fünftel weniger als 1960.
- Für die Bediensteten des Landes Niederösterreich wird die Fünf-Tage-Woche eingeführt.
- St. Pölten erhält als erste Stadt Niederösterreichs eine Fußgängerzone.

klassischem Drama und Boulevardkomödie decken sie einen Großteil des Angebotes an darstellender Kunst ab. Der erste Vereinsobmann ist – damals noch unter dem Namen „Verein der Intendanten des NÖ Theatersommers" – von 1994 bis 2009 Peter Loidolt, der Intendant der Festspiele Reichenau (Bezirk Neunkirchen). 1996 gelingt ihm mit Landeshauptmann Erwin Pröll die Unterzeichnung eines Fördervertrages mit dem Land Niederösterreich, der den einzelnen Spielorten Kontinuität und eine längerfristige Planung ermöglicht. Die Verteilung der Mittel übernimmt der Verein. Bis heute werden die Sommertheater vom Land Niederösterreich gefördert. Ab der Saison 2010 übernimmt Werner Auer, der Intendant der Felsenbühne Staatz (Bezirk Mistelbach), die Obmannschaft. Seine letzten beiden Saisonen als Vereinsobmann fallen in die Coronavirus-Pandemie, die Absagen und Einschränkungen mit sich bringt. So schreiben die Auflagen etwa vor, dass 25 Prozent der Plätze leer bleiben müssen. Im September 2021 wird Kristina Sprenger, Intendantin im Stadttheater Berndorf (Bezirk Baden), zur ersten Obfrau in der knapp 30-jährigen Vereinsgeschichte gewählt. Ihre erste Theaterfest-Saison 2022 bestreitet sie mit 21 Premieren an 18 Spielorten. 2021 übergibt das Intendanten-Ehepaar Renate und Peter Loidolt nach mehr als 30 Jahren die Festspiele Reichenau. Das Land Niederösterreich übernimmt, Maria Happel wird neue Leiterin.

» Mit Hofmannsthals »Das Salzburger große Welttheater« und Shakespeares »Was ihr wollt« werden 1961 die Melker Sommerspiele eröffnet. Damit beginnt die jahrzehntelange Erfolgsgeschichte des Sommertheaters in Niederösterreich.

1) Leopold Figl bei einem Besuch seiner Mutter 1952 in Rust im Tullnerfeld.

2) Blutspendeaktion für die neu errichtete Blutbank an der Wiener Klinik Schönbauer: Leopold Figl bei der Blutabnahme, 1952.

3) Figl mit seiner Ehefrau Hilde und den Kindern Anneliese und Johannes in der gemeinsamen Wohnung im 19. Bezirk in Wien.

4) In seiner Heimatgemeinde mit Einheimischen im Wirtshaus, 1952.

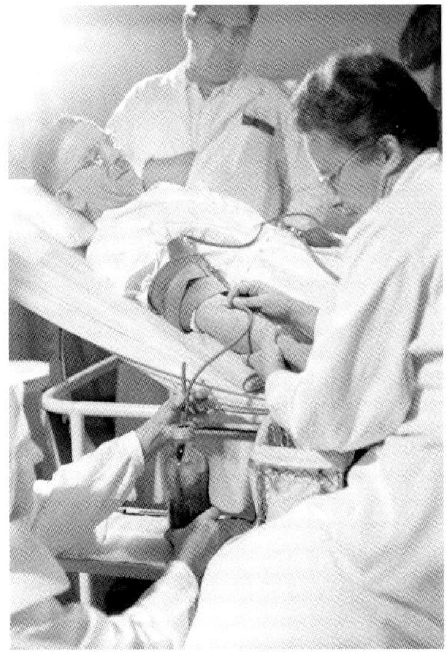

RUST IM TULLNERFELD

Leopold Figl: Ein Leben für ein unabhängiges Österreich

Vom Tullnerfeld in die Weltpolitik und wieder zurück nach Niederösterreich

1962 bekommt Niederösterreich einen neuen Landeshauptmann, einen Bundespolitiker, der sich fortan Niederösterreich widmen will: Leopold Figl, der erste Bundeskanzler Österreichs nach dem Zweiten Weltkrieg. Niemand wird stärker mit der Gründung der Zweiten Republik verbunden als er – auch weit über Österreichs Grenzen hinaus. Es war Figl, der als Außenminister Österreichs Staatsvertrag maßgeblich mitverhandelte und 1955 zu einem Abschluss bringt. In der kollektiven Erinnerung fest verankert ist das Bild, auf dem Figl auf dem Balkon des Belvedere in Wien der Öffentlichkeit strahlend die Vertragsurkunde präsentiert. Der ÖVP-Politiker bleibt bis 1959 Außenminister, danach ist er Nationalratspräsident. Am 31. Jänner 1962 wird Figl nach dem Tod von Landeshauptmann Johann Steinböck vom Niederösterreichischen Landtag einstimmig zum neuen Landeshauptmann gewählt. Es sollte die letzte Etappe seiner politischen Laufbahn sein.

Figl gilt als volksnah, besonnen im Austausch mit anderen, aber gleichzeitig konsequent im Eintreten für seine Werte. Vor allem die letzte Eigenschaft hätte ihn unter den Nationalsozialisten fast das Leben gekostet. Sein Einsatz gegen die NS-Herrschaft und den „Anschluss" an das Deutsche Reich bringt ihn Anfang April 1938 im sogenannten Prominententransport

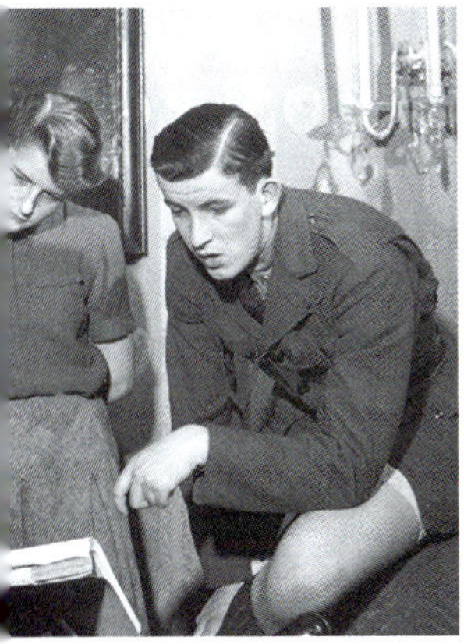

1962

in das KZ Dachau. 1943 entlassen, wird er 1944 – ohne mit dem Attentatsversuch von Oberst Claus von Stauffenberg auf Adolf Hitler etwas zu tun zu haben – abermals verhaftet und im Jänner 1945 vom KZ Mauthausen ins Wiener Landesgericht überstellt, wo ihm der Prozess gemacht werden soll. Kurz bevor die Rote Armee eintrifft, wird Figl mit den anderen Häftlingen freigelassen. Leopold Figl ist ein leidenschaftlicher Politiker und bis zu seinem Tod Landeshauptmann und Nationalratsabgeordneter. Weil Figl als einer der prominentesten und populärsten Politiker seiner Zeit gilt, will ihn die ÖVP – an deren Gründung er 1945 beteiligt war – im März 1965 für das Amt des Bundespräsidenten kandidieren lassen, doch Figl lehnt ab. Er ist bereits schwer von seiner Nierenkrebserkrankung gezeichnet. Wenige Wochen später stirbt Figl am 14. Mai 1965, nur einen Tag vor den angesetzten Feierlichkeiten zum zehnjährigen Staatsvertragsjubiläum, im Alter von 62 Jahren. Er wird in einem Ehrengrab auf dem Wiener Zentralfriedhof bestattet. In Figls Geburtsort Rust im Tullnerfeld, einer Katastralgemeinde von Michelhausen (Bezirk Tulln), werden in einem Figl-Museum das Leben und Wirken des Politikers dokumentiert. Im Dezember 2020 – 55 Jahre nach Figls Tod – gibt St. Pöltens Bischof Alois Schwarz bekannt, dass er für den Unterzeichner des Staatsvertrags den Seligsprechungsprozess eröffnen will.

» Leopold Figl am 24. Dezember 1945: »Ich kann euch zu Weihnachten nichts geben, ich kann euch für den Christbaum, wenn ihr überhaupt einen habt, keine Kerzen geben, kein Stück Brot, keine Kohle zum Heizen, kein Glas zum Einschneiden. Wir haben nichts. Ich kann euch nur bitten: Glaubt an dieses Österreich!«

WAS SONST NOCH GESCHAH

- Die Schnellbahnlinien Floridsdorf–Gänserndorf und Floridsdorf–Stockerau nehmen den Betrieb auf.
- Die Niederösterreichische Siedlungswasserbau Gesellschaft (NÖSIWAG) wird als dritte Landesgesellschaft gegründet. Sie ist für die Erschließung und Abgabe von Trink- und Nutzwasser zuständig.

BADEN

Ein Neuanfang mit wesentlichen Lücken

Jüdisches Leben bleibt auch nach dem Krieg nachhaltig zerstört

Knapp 20 Jahre nach Ende des Zweiten Weltkriegs befindet sich Niederösterreich inmitten der Jahre des Wirtschaftswunders. Diese sind geprägt von unerwartetem Wirtschaftswachstum, die Arbeitslosigkeit geht stetig zurück und viele Geschäfte werden wieder- oder neu eröffnet – mit Ausnahme der jüdischen. Deren Inhaberinnen und Inhaber wurden durch die NS-Herrschaft entweder ermordet oder vertrieben. Diese Lücken lassen sich nicht schließen, dem Wiederaufbau zum Trotz. Ein Beispiel dafür ist Baden, das bereits ab 1940 als „judenfrei" bezeichnet wird.

Dabei beherbergt Baden vor der NS-Zeit die drittgrößte jüdische Gemeinde Österreichs, nur Wien und Graz zählen mehr Mitglieder. Dokumentiert sind in Baden aus dieser Zeit beispielsweise mindestens acht koschere Lebensmittelläden, die nicht nur von den Bewohnerinnen und Bewohnern der Stadt aufgesucht werden. Drei Viertel des Tourismus in der Kurstadt machen vor dem Zweiten Weltkrieg Jüdinnen und Juden aus. Sie schätzen das umfangreiche Angebot jüdischer Lokale und Geschäfte wie etwa den Gemischtwarenladen von Familie Milrom in der Beethovengasse. Auch deren Geschäft wird nach 1945 nicht wieder eröffnet. Die Flucht

1) Jahrzehntelang steht die ehemalige Synagoge in Baden leer und verfällt.

2) Die ehemalige Synagoge in St. Pölten.

3) Die neue Synagoge in Baden.

4) Steine der Erinnerung in St. Pölten.

gelingt nur den beiden Kindern Bernhard und Marcell, Mutter Regina wird deportiert, ihr Ehemann Szame in Jugoslawien ermordet.

» In Baden gab es vor der NS-Zeit die drittgrößte jüdische Gemeinde Österreichs, nur Wien und Graz zählten mehr Mitglieder.

Selbst jene, die das Naziregime überleben und bereit sind, nach dem Krieg nach Niederösterreich zurückzukehren, müssen erst langwierige Verfahren durchlaufen, um ihren enteigneten Besitz wiederzuerlangen. Im Niederösterreichischen Landesarchiv sind aus Baden 365 Vermögensanmeldungen erhalten. Wie aus den Dokumenten hervorgeht, wurden die meisten von den Nationalsozialisten beraubten Jüdinnen und Juden nach 1945 unter dem Verkaufswert ihrer ehemaligen Besitztümer entschädigt. Zudem bleibt nach dem Krieg wesentliche kulturelle sowie religiöse Infrastruktur beschädigt.
Der durch Ermordung und Vertreibung stark dezimierten jüdischen Gemeinde fehlen lange Zeit die Mittel, um die Synagoge wieder aufzubauen. In Baden wird erst im Jahr 1963 ein Nebengebäude als Bethaus adaptiert. Die Wiedereröffnung findet erst im nächsten Jahrtausend statt – im Jahr 2005. Jüdisches Leben wie damals gibt es in Niederösterreich seit den Gräueltaten der Nationalsozialisten nicht mehr. Die 100-jährige Geschichte des Bundeslandes hat nur eine kurze gemeinsame Geschichte mit seinen jüdischen Mitbürgerinnen und Mitbürgern. Das Jahr 1938 beendete diese gemeinsame Geschichte nachhaltig und schuf Lücken, die bis heute existieren – teils auch in der Aufarbeitung.

WAS SONST NOCH GESCHAH

- Der Gedenkstein vor dem Krematorium des Nebenlagers des KZ Mauthausen in Melk wird enthüllt.
- Das Militärkommando für Niederösterreich wird errichtet. Wiener Neustadt wird Sitz des katholischen Militärvikars.
- In Lackenhof wird der 2.400 Meter lange Sessellift auf den Ötscher eröffnet.
- In Tulln findet die erste Österreichische Blumen- und Gartenbaumesse statt.

1) „Gastarbeitern“ stehen überwiegend nur Hilfstätigkeiten offen oder Jobs, die keiner machen will.

2) Arbeitserlaubnis eines „Gastarbeiters“ für die Jahre 1970 bis 1975.

3) Mittels Informationskampagnen will man in den 1970er-Jahren das Verständnis für die Situation der „Gastarbeiter“ erhöhen.

4) „Gastarbeiter“ in der Brunner Glasfabrik in Brunn am Gebirge, 1962.

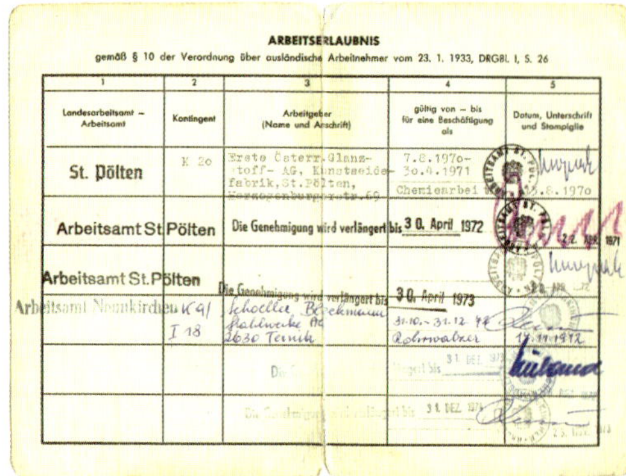

ARBEITSERLAUBNIS

gemäß § 10 der Verordnung über ausländische Arbeitnehmer vom 23. 1. 1933, DRGBl. I, S. 26

1	2	3	4	5
Landesarbeitsamt – Arbeitsamt	Kontingent	Arbeitgeber (Name und Anschrift)	gültig von – bis für eine Beschäftigung als	Datum, Unterschrift und Stampiglie
St. Pölten	K 2o	Erste Österr. Glanzstoff- AG, Kunstseidefabrik, St. Pölten, Herzogenburgerstr. 69	7.8.197o-3o.4.1971 Chemiearbei	25.8.197o
Arbeitsamt St. Pölten		Die Genehmigung wird verlängert bis	30. April 1972	22. Apr. 1971
Arbeitsamt St. Pölten		Die Genehmigung wird verlängert bis	30. April 1973	
Arbeitsamt Neunkirchen			31.10.–31.12.72	17.11.1972
			31. DEZ. 1973	
			31. DEZ. 1974	

ST. PÖLTEN

Für den Wirtschaftsaufschwung werden „Gastarbeiter“ gesucht

Die Integration erweist sich jedoch als Herausforderung

Um die bestens gefüllten Auftragsbücher der 1960er-Jahre abzuarbeiten, fehlt es den Unternehmen zunehmend an Beschäftigten – hauptsächlich in der Industrie und im Baugewerbe. In Niederösterreich ist die Lage, wie generell im Osten Österreichs, besonders prekär, weil die Region dem Westen des Landes wirtschaftlich hinterherhinkt und die heimische Bevölkerung zunehmend in besser bezahlte Regionen und Branchen abwandert. Also einigen sich Sozialpartner, Wirtschaftskammer und Gewerkschaftsbund darauf, im Mittelmeerraum gezielt junge, arbeitsfähige Menschen anzuwerben. Heimische Firmen müssen fortan nicht mehr in Einzelverfahren nachweisen, dass sie für offene Stellen keine inländischen Arbeitskräfte finden können, um ausländische Fachkräfte beschäftigen zu dürfen. 1964 kommt es zu einem Anwerbeabkommen mit der Türkei, zwei Jahre später mit Jugoslawien, 1970 mit Tunesien.
Die Zeit der „Gastarbeiter“ – mehrheitlich handelt es sich um Männer – ist eingeläutet. Sie sollen Österreichs Wirtschaft weiter ankurbeln. Die Zahl der ausländischen Beschäftigten steigt binnen zwölf Jahren auf das 13-Fache: von etwa 16.000 Arbeitskräften im Jahr 1961 auf knapp 230.000 im Jahr 1973. In St. Pölten finden sie etwa beim Viskosefaserhersteller

1964

Glanzstoff Beschäftigung. Laut Werkszeitung „Reyon Post“ arbeiten 1971 in dem Werk bereits 334 „Gastarbeiter“ aus der Türkei und Tunesien.

» I haaß Kolaric, du haaßt Kolaric, warum sogn's zu dir Tschusch?« Mit diesem Plakattext wollte man Anfang der 1970er-Jahre für Toleranz gegenüber »Gastarbeitern« werben.

Was zunächst vielversprechend beginnt, entwickelt sich österreichweit aber für beide Seiten auch problematisch. Die ursprüngliche Regelung, die Arbeitskräfte für maximal ein Jahr zu behalten, geht nicht auf. Viele Firmen haben kein Interesse, in jährlichen Rotationen neue Arbeitskräfte anzuwerben und auszubilden. Zudem verlegen viele Arbeiter ihren Lebensmittelpunkt nach Österreich und holen ihre Familien nach. Sie sind gekommen, um zu bleiben, das Kalkül, lediglich „Gast-Arbeiter“ anzuwerben, geht nicht auf. Österreich ist auf diese Entwicklung unzureichend vorbereitet, die Integration erweist sich als Herausforderung, die die Politik noch lange beschäftigen wird. Viele der Arbeitskräfte aus dem Ausland sind schlecht bezahlt, leben zunächst in Baracken, oft teilen sie wenige Wasch- und Kochmöglichkeiten, Deutschkurse gibt es nicht für alle, häufig fehlt sozialer Anschluss abseits der Arbeit. So bilden diese Menschen zunehmend eine Gesellschaft in der Gesellschaft, wodurch es zu sozialen Spannungen kommt. Diese spitzen sich mit zunehmender Arbeitslosigkeit ab den 1980er-Jahren zu und sind bis heute spürbar. Mittlerweile leben viele ehemalige „Gastarbeiterfamilien“ bereits in zweiter oder dritter Generation in Niederösterreich.

WAS SONST NOCH GESCHAH

- Das Krankenhaus St. Pölten erhält als erstes Spital in Niederösterreich eine eigene urologische Abteilung.
- Als zweiter niederösterreichischer Naturpark wird der Naturpark Blockheide-Eibenstein in Gmünd eröffnet.
- Erstmals werden die Preise für Wissenschaft im Dienst des Landes Niederösterreich verliehen.
- Die Verwaltungsgebäude des Landes Niederösterreich in der Herrengasse 9 und 11 in Wien werden erstmals mit Zentralheizung geheizt.
- Das Land Niederösterreich spendet zum ersten Mal den Christbaum vor dem Wiener Rathaus: Es ist eine 36 Meter hohe Rottanne aus Gaming.

GÖSTLING AN DER YBBS

Das Hochkar bekommt seinen ersten Sessellift

Niederösterreichs höchstgelegenes Skigebiet rüstet sich für den Wintertourismus

Österreichs Aufschwung lässt auch den Tourismus wieder Fahrt aufnehmen, und so werden Projekte wiederbelebt, die durch den Zweiten Weltkrieg auf Eis gelegt waren. Eines davon ist der Ausbau des Wintersports. Lange waren Semmering, Rax, Hochkar und Co. hauptsächlich für Aufenthalte im Sommer beliebt, mittlerweile zieht es aber immer mehr Menschen auch im Winter auf die Berggipfel. In Göstling an der Ybbs (Bezirk Scheibbs) formiert sich Anfang der 1960er-Jahre eine Gruppe skifreudiger junger Menschen mit einer Idee, die die Region noch Jahrzehnte später prägt: Sie wollen eine Straße auf das Hochkar bauen. Es ist die Geburtsstunde der heutigen Hochkar-Alpenstraße.

1962 gründet man zu diesem Zweck eine eigene Gesellschaft. Sie treibt nicht nur den Bau der neun Kilometer langen Straße voran, sondern legt auch den Grundstein für die Infrastruktur des heute höchstgelegenen Skigebiets in Niederösterreich. Im November 1965, pünktlich zu Saisonstart, öffnen die Straße sowie die ersten Liftanlagen: neben einem Schlepplift auch ein Sessellift, der fast 300 Höhenmeter überwindet und 450 Personen pro Stunde auf den Gipfel befördert. Damit ist ein neues – und speziell für den Osten Österreichs bedeutendes – Skigebiet erschlossen, von dem die gesamte Region wirtschaftlich profitiert.

WAS SONST NOCH GESCHAH

- Der Landtag beschließt die Landeshymne von Niederösterreich „O Heimat, dich zu lieben" mit dem Text von Franz Karl Ginzkey und Musik von Ludwig van Beethoven.
- Das neue Pflichtschulorganisationsgesetz sieht sogenannte Mittelpunktschulen vor, daher werden landesweit 82 einklassige Volksschulen geschlossen.
- Eduard Hartmann, Landwirtschaftsminister von 1959 bis 1964, wird vom Landtag zum Landeshauptmann von Niederösterreich gewählt.

Wichtig für Niederösterreich war die winterliche Nutzung des Hochkars jedoch nicht nur touristisch, sondern auch sportlich. Göstling an der Ybbs gilt seither als Niederösterreichs Talenteschmiede für Nachwuchsskifahrerinnen und -skifahrer. Am Hochkar trainieren spätere Größen des Skirennsports wie Elfi Deufl, Thomas Sykora, Andreas Buder, Kathrin Zettel oder jüngst Katharina Gallhuber, die am Hochkar im Alter von drei Jahren zum ersten Mal auf Skiern stand.

> Elfi Deufl, Thomas Sykora, Andreas Buder, Kathrin Zettel und Katharina Gallhuber – diese Namen werden seit Jahren mit dem Wintersportort Göstling an der Ybbs in Zusammenhang gebracht.

Wirtschaftlich wird es für das Skigebiet aber zunehmend schwieriger. 2012 meldet das Hochkar Insolvenz an und wird von der Firmengruppe der Familie Schröcksnadel sowie vom Land Niederösterreich erworben. Zum 50-jährigen Jubiläum des Skigebiets im Winter 2015 gibt Markus Schröcksnadel noch als Ziel vor, am Hochkar künftig auch Weltcuprennen auszutragen. Doch dazu kommt es nicht. 2021 verkauft die Schröcksnadel-Gruppe ihre Anteile an das Land, den nunmehrigen Alleineigentümer. Weltcuprennen sind kein Thema mehr. Nach wie vor zählt das Hochkar aber zu Niederösterreichs wichtigsten Skigebieten. Durch die Klimaerwärmung haben es viele kleinere und tiefer gelegene Regionen deutlich schwerer. Das Hochkar wirbt auch Jahrzehnte nach seiner Eröffnung noch mit Schneesicherheit.

1) Skifahren im 1965 neu erschlossenen, höchsten Skigebiet Niederösterreichs, am Hochkar.
2) Der erste Sessellift am Hochkar.
3) Katharina Gallhuber aus der „Hochkar-Talenteschmiede" im ersten Durchgang des Weltcup-Slaloms am Semmering (2020).
4) Das Skigebiet am Hochkar heute.

1) Der Bau der A1 dauert insgesamt 30 Jahre.
2) Mit der knapp 14 km langen Strecke zwischen Pressbaum und Wien Auhof wird 1966 der letzte größere Bauabschnitt der Westautobahn vollendet.
3) Brückenbauten für die A1 nahe St. Christophen.
4) Die ersten Fahrten auf dem 1966 eröffneten A1-Abschnitt.

PRESSBAUM

Die Westautobahn wird zur österreichischen Verkehrsader

30 Jahre dauert der Bau der A1 von Wien nach Salzburg

Österreichs Wirtschaftsmotor brummt und der Wohlstand wächst. Laut einer Erhebung der Arbeiterkammer Niederösterreich aus dem Jahr 1966 leben im Bundesland mittlerweile knapp 200.000 Pendlerinnen und Pendler, etwa ein Drittel von ihnen fährt zur Arbeit sogar in ein anderes Bundesland. Im Juli 1966 knackt Niederösterreich erstmals die Marke von mehr als 300.000 zugelassenen Pkw. Damit steigt auch die Bedeutung der Straßeninfrastruktur.
Ende der 1950er-Jahre befindet sich Österreichs größte Baustelle im Wienerwald. Bis zu 3.000 Arbeiter sind gleichzeitig beim Bau der Westautobahn (A1) beschäftigt.
Das letzte Teilstück der A1 wird im Dezember 1966 eröffnet und umfasst knapp 14 Kilometer vom westlichen Wienerwald bei Pressbaum (Bezirk St. Pölten) bis Wien Auhof. Die letzte bis dahin noch existierende Lücke, zwischen Amstetten West und Amstetten Ost, wird ein knappes halbes Jahr später geschlossen. Die A1 ist fortan kein „Fleckerlteppich" mehr aus wechselnden Autobahn- und Landstraßenabschnitten, sondern erstmals eine ununterbrochene Strecke, die Wien mit Salzburg verbindet. Die Pläne für den Bau der damals als „Reichsautobahn" präsentierten Strecke stammen aus der Zeit des Nationalsozialismus.

1966

1938 nimmt Adolf Hitler den propagandistisch groß inszenierten Spatenstich am Salzburger Walserberg vor – unmittelbar nach dem „Anschluss" Österreichs an das Deutsche Reich. Binnen drei Jahren, so seine Ankündigung, würde die Autobahn fertig gebaut sein. Wie die Geschichte zeigt, kommt es anders. Die A1 entsteht in Teilstücken. Der erste, von Hitler initiierte Abschnitt bleibt bis 1958 ein nicht einmal 20 Kilometer langes Fragment. Bis zur Fertigstellung am 22. Dezember 1966 vergehen fast drei Jahrzehnte, dazwischen liegt ein Weltkrieg samt Wiederaufbau.

» 1966 leben in Niederösterreich knapp 200.000 Menschen, die zu ihrem Arbeitsplatz pendeln. Etwa ein Drittel von ihnen fährt zur Arbeit sogar in ein anderes Bundesland.

Die heutigen Verkehrszahlen sind mit jenen der Anfänge bei Weitem nicht vergleichbar. Nach der Eröffnung des letzten Teilstücks wurden bei Altlengbach (Bezirk St. Pölten) etwa 400 Fahrzeuge pro Tag gezählt, heute sind es circa 70.000.

1959 beginnt dann der Bau der Südautobahn (A2), die 1975 von Wien bis Seebenstein (Bezirk Neunkirchen) fertiggestellt ist. Nach der Öffnung der Grenzen wird eine Autobahn Richtung Norden bald ein Thema. Die A5 wird 2010 eröffnet und führt mittlerweile bis zur tschechischen Grenze bei Drasenhofen (Bezirk Mistelbach).

Offen bleibt, ob es zu einem geschlossenen Ring um Wien kommt, da der dafür notwendige Lobautunnel weiterhin heftig umstritten ist.

WAS SONST NOCH GESCHAH

- Wegen der „Affäre Viktor Müllner" kommt es zwischen den politischen Parteien zu heftigen Diskussionen. Es handelt sich um den bisher größten Korruptionsfall in der politischen Geschichte des Landes.
- Agrarlandesrat Andreas Maurer wird vom Landtag zum Landeshauptmann gewählt. Er folgt dem überraschend verstorbenen Eduard Hartmann nach.
- Zum ersten Mal kommen in Niederösterreich Dorfhelferinnen zum Einsatz, die in landwirtschaftlichen Betrieben aushelfen, wenn die betriebsführende Bäuerin ausfällt.

1) Nur größere Betriebe haben schon in den 1960er-Jahren Mähdrescher.
2) Vor allem in den 1950er-Jahren werden noch Pferde eingesetzt.
3) Bäuerliche Arbeit ist immer schon vor allem Handarbeit.

MARCHFELD

Traktor statt Zugpferd

Auf Jahre des Mangels folgen Butterberge und Milchseen

Nach dem Zweiten Weltkrieg stellt sich Niederösterreichs Wirtschaft zunehmend breiter auf – beginnend mit dem Abzug der Sowjets 1955 und den anschließenden Bemühungen, wirtschaftlich zu Westösterreich aufzuschließen, bis zum Fall des Eisernen Vorhangs Ende 1989, der nach Jahrzehnten wieder Kontakte in osteuropäische Länder ermöglicht. Diese Meilensteine führen letztlich auch zu einer grundlegenden Richtungsänderung der Landwirtschaft. Österreichs flächenmäßig größtem Bundesland eilt zwar bis heute der Ruf als „Agrarland" voraus, doch weder Bedingungen noch Struktur der Branche sind heute mit jenen vor 50 oder gar 70 Jahren vergleichbar.
Ab den 1950er-Jahren wächst der Industrie- und Dienstleistungssektor nach den Jahren des Wiederaufbaus rasant. Ein Wachstum, das auf Kosten des Agrarsektors geht, der ebenso rasant schrumpft. Ab 1951 geht die Zahl der landwirtschaftlichen Betriebe Jahr für Jahr zurück. Innerhalb weniger Generationen geben zwei Drittel der Bauern ihren Betrieb auf. Die Betriebsgrößen steigen stark an, ebenso die Erträge. In den 1960er-Jahren nimmt die „Agrarrevolution" richtig Fahrt auf, die Industrialisierung erreicht die bäuerlichen Stuben. Mägde, Knechte und Tagelöhner sind in die besser bezahlte Industrie abgewandert, die Motorisierung

1967

der bäuerlichen Betriebe ist in vollem Gang. Die Zugpferde verschwinden, Traktoren und Mähdrescher halten Einzug. Sie steigern die Produktivität ebenso wie neue Entwicklungen im Dünge- und Pflanzenschutz oder das Hochertragssaatgut. Bauernhöfe entwickeln sich tendenziell zu industriell geprägten Unternehmen; aus Bauern werden Landwirte. Um sich auf dem Markt zu behaupten, richten sie sich zunehmend auf Gewinnmaximierung und weitere Industrialisierung aus.

» Ab 1951 geht die Zahl der Bauernhöfe Jahr für Jahr zurück. Innerhalb weniger Generationen geben zwei Drittel der Bäuerinnen und Bauern ihren Betrieb auf.

Weniger als zwei Jahrzehnte nach den Jahren des schweren Mangels in Österreich samt Rationierungen, Lebensmittelkarten und vorgeschriebenen fleischlosen Tagen kommt es ab den späten 1960er-Jahren zu Produktionsüberschüssen. Der Mix aus wirtschaftlicher Spezialisierung, Mechanisierung und Markt- sowie Preispolitik führt ab den 1970er-Jahren zu sogenannten Milchseen, Getreide- und Fleischbergen. Von der Produktionssteigerung profitieren letztlich aber weniger die Bäuerinnen und Bauern, sondern die vor- und nachgelagerte Industrie bzw. zwischengelagerte Genossenschaften: vom Maschinenbau über die Lebensmittelverarbeitung bis zur Düngerproduktion. Diskussionen über „faire" Preisgestaltung und Wiederbelebungsmaßnahmen kleinstrukturierter Wirtschaften ziehen sich in der politischen Debatte bis heute. Zwei von drei Bäuerinnen und Bauern betreiben ihre Landwirtschaft mittlerweile im Nebenerwerb.

WAS SONST NOCH GESCHAH

- Das ORF-Landesstudio Niederösterreich nimmt seinen Betrieb auf.
- Zum ersten Mal werden Mädchen in das Stiftsgymnasium Melk aufgenommen.
- In Groß-Enzersdorf wird das österreichweit erste Autokino eröffnet.
- Trotz großer Proteste wird die Straßenbahnlinie 360 zwischen Mödling und Wien-Rodaun eingestellt.

Das ORF Landesstudio Niederösterreich

1967 wurde mit dem neuen Rundfunkgesetz die Zeit des „Kombinats" Wien/Niederösterreich/Burgenland beendet und die Eigenständigkeit der drei Landesstudios eingeleitet. Der ORF Niederösterreich war zunächst noch in Wien angesiedelt und berichtete auch über die Entscheidung für St. Pölten als Landeshauptstadt im Jahr 1986 noch aus der Argentinierstraße. Doch im März 1987 wurde im neuen politischen Zentrum Niederösterreichs die erste Expositur eröffnet. Im Dachgeschoss der historischen Stadtsäle wurde in zwei kleinen Zimmern produziert.
1994 erfolgte der Beschluss des ORF-Kuratoriums, ein eigenes Funkhaus nach Plänen von Architekt Gustav Peichl zu bauen. Am 17. September 1998 wurde es eröffnet. Heute arbeiten hier rund 100 Menschen in den verschiedenen Abteilungen – Redaktion und Technik, Publikumsservice, Marketing und Administration. Im Lauf eines Jahres werden im Landesstudio mehr als 8.400 Stunden Radioprogramm, mehr als 12.000 Fernseh-Sendeminuten sowie Tausende Nachrichten für die Homepage noe.ORF.at produziert, ebenso wie für die Social-Media-Kanäle auf Instagram und Facebook.
Über die Jahre entstanden Sendungen und Aktionen, die zum Teil bis heute als Fixstarter der jährlichen Berichterstattung gelten, etwa „Licht ins Dunkel" – 1973 vom NÖ Landesintendanten Kurt Bergmann gegründet. Viele Sendungen aus den 1970ern gingen unter der Leitung von Unterhaltungschef Willy Kralik in die Geschichte ein, beispielsweise „Autofahrer unterwegs" oder das „Turnier auf der Schallaburg".
1977 umfasste das regionale Programmangebot nur zwei Stunden pro Tag. Erst nach dem Ende der gemeinsamen Sendefrequenz mit Wien und dem Burgenland 1976/77 begann unter Landesintendant Paul Twaroch die Ausweitung des Angebots von Radio Niederösterreich zum vollständigen Programm von zunächst sieben auf elf Stunden im Jahr 1986 und schließlich auf 17 Stunden täglich in den 1990er-Jahren.
Die Nähe zum Publikum war von Beginn an sehr wichtig. 1983 wurde das „N Mobil", das rollende Radiostudio, vorgestellt, mit dem erstmals Livesendungen aus dem ganzen Land möglich waren, etwa das bis heute beliebte „Radio 4/4". Seit 1991 sendet Radio NÖ in Stereo. 1993 erfolgte die Umstellung vom Spartenradio auf ein modernes Formatradio mit der Einteilung in Sendungen, die täglich zu bestimmten Zeiten zu hören sind und nach genauen Sendeuhren in einer ausgewogenen Mischung aus Musik, Nachrichten und Berichten ablaufen. Heute informieren die Redakteurinnen und Redakteure des ORF Niederösterreich täglich rund 500.000 Hörerinnen und Hörer über aktuelle Ereignisse im gesamten Bundesland. Start ist um 5.00 Uhr morgens mit der Sendung „Guten Morgen NÖ" mit Journalen, Nachrichten und Schlagzeilen zu jeder halben Stunde, Sport und

Unterhaltung. Dazu kommen Zulieferungen für nationale Nachrichtensendungen der Radiozentrale in Wien.
Am 2. Mai 1988 erfolgte der Startschuss zu „NÖ heute", moderiert von Ingrid Thurnher. Die regionale Fernsehsendung war zunächst an fünf Tagen zu sehen. Ab 1999 wurde „NÖ heute" auch am Wochenende ausgestrahlt. Im Laufe der Zeit wurde das Studio regelmäßig technisch angepasst und auch der optische Auftritt modernisiert – zuletzt im Jahr 2020. Das neue, halbkreisförmige Studio ermöglicht eine dynamischere Präsentation. Zwei große LED-Wände sorgen dafür, dass Bilder noch eindrucksvoller präsentiert werden können, und bieten übersichtliche und abwechslungsreiche Möglichkeiten, Grafiken darzustellen. Seit 2014 sendet der ORF Niederösterreich in High Definition. Seit 2017 bietet außerdem „NÖ heute kompakt" von Montag bis Freitag einen kurzen Überblick über die wichtigsten Nachrichten. Etwa 200.000 Menschen sehen täglich um 19.00 Uhr „NÖ heute" und informieren sich schon ab 17.00 Uhr beim Kurzüberblick.
Jährlich werden zusätzlich bis zu 20 Produktionen für das nationale Fernsehprogramm gestaltet, u.a. „Erlebnis Österreich", „Österreich-Bild", Feiertagsdokus oder Aufzeichnungen des NÖ Theaterfests. Ein Fixstarter aus dem Landesstudio Niederösterreich ist das 25-minütige TV-Landwirtschaftsmagazin „Land und Leute". Außerdem gestaltet das Landesstudio regelmäßig die ORF-Frühsendung „Guten Morgen, Österreich" mit. Dazu kommen regelmäßige tagesaktuelle Beiträge, die für die „ZiB"-Formate produziert werden, sowie Informations- und Servicemagazine über aktuelle Ereignisse und Wissenswertes aus Niederösterreich.
Auch online und via Social Media versorgt der ORF Niederösterreich sein Publikum mit aktuellen Informationen. Die Internetseite noe.ORF.at ist seit 1997 online und schafft es mittlerweile auf mehr als 180 Millionen Zugriffe im Jahr. Die Userinnen und User werden hier mit mehr als 4.000 aktuellen Nachrichtenstorys pro Jahr versorgt, mit umfassenden Fotostrecken sowie Audio- und Video-Beiträgen, aber auch Livestream-Angeboten zu den wichtigsten Ereignissen.
Das regionale Informationsangebot sowie die Kultur- und Sportberichterstattung wurden unter der Leitung von Monika Lindner (1998–2001) und Norbert Gollinger (2002–2021) laufend erweitert. Seit Jänner 2022 ist Robert Ziegler Landesdirektor des ORF Niederösterreich. Zahlreiche Aktivitäten – von der „ORF-NÖ-Sommertour" bis zu Radio-NÖ-Livekonzerten – intensivieren den persönlichen Kontakt zum Publikum. Insgesamt erreicht der ORF Niederösterreich mit seinen Programmangeboten heute täglich bis zu eine Million Menschen. Alles bequem auch am Handy – über die ORF-Niederösterreich-App.

BRUCK AN DER LEITHA, MISTELBACH, ALLENTSTEIG

Das Jahr, als der Prager Frühling in einem blutigen Sommer endet

Hunderttausende ČSSR-Bürgerinnen und -Bürger finden in Österreich Zuflucht

Die 68er-Bewegung erreicht immer mehr europäische Länder. Auch in den niederösterreichischen Städten sind allmählich Vorboten einer Aufbruchsstimmung zu erkennen. Rockmusik, lange Haare und die Anti-Babypille werden zum Sinnbild einer Generation, die sich für Bürgerrechte und Freiheit einsetzt. Am 21. August 1968 kommt es in der Tschechoslowakei zu dramatischen Szenen, die jedes Freiheitsgefühl binnen kürzester Zeit zunichtemachen.
Die kommunistische Reformbewegung unter Alexander Dubček, der einen „Sozialismus mit menschlichem Antlitz" proklamiert, wird brutal unterdrückt – in Gestalt von 750.000 Soldaten und 6.000 Panzern aus „Bruderstaaten", die den Reformsozialismus plattwalzen. 100 Menschen sterben, 500 werden verletzt. Österreich schickt Bundesheerverbände an die Grenzen. Eine Sicherungslinie von Bruck an der Leitha über Hainburg, Wolkersdorf, Mistelbach, Hollabrunn, Horn, Allentsteig, Zwettl, Unterweißenbach bis Hellmonsödt und Neufelden im Mühlviertel darf von Zivilpersonen nur mit Genehmigung überschritten werden. Wohl noch unter den Eindrücken der sowjetischen Besatzung, die erst 13 Jahre zuvor zu Ende gegangen ist, kommt in Österreich die Befürchtung auf, in den Konflikt mit Moskau involviert zu werden. Für das Bundesheer führt das zu einer bizarren Situation: Die

1) Sammelstelle für ČSSR-Urlauber in Wien (Wiener Überschwemmungsgebiet), 24. August 1968.

2) Hugo Portisch ist ORF-Chefkommentator und informiert nicht nur die österreichische Bevölkerung über die Vorgänge in der ČSSR.

3) Sowjetische Panzer am 26. August 1968 in Prag.

4) Nach der Niederschlagung der Reformbewegung finden Tausende Menschen Zuflucht in Österreich.

WAS SONST NOCH GESCHAH

- Der frühere NEWAG-NIOGAS-Generaldirektor Viktor Müllner wird wegen Untreue und Amtsmissbrauchs zu vier Jahren Haft und 20 Millionen Schilling Schadenersatz verurteilt.
- Die Republik Österreich schenkt dem Land Niederösterreich das in dessen Besitz befindliche Regierungsgebäude in der Wiener Herrengasse.
- Das Militärkommando Niederösterreich übersiedelt von Wien in die Hesser-Kaserne nach St. Pölten.

zuvor angelegten Gefechtsstände bleiben unbesetzt. Um die Sowjets nicht zu provozieren, sind die Soldaten angehalten, 30 Kilometer hinter der Grenze zu bleiben. Durch die gewalttätigen Vorgänge in der Tschechoslowakei entwickeln sich schnell enorme Flüchtlingsbewegungen. In diese mischen sich heimkehrende Urlauber und Urlauberinnen, die vor ihrer Heimreise in die ČSSR erst einmal in Österreich zuwarten. Der Außenminister und spätere Bundespräsident Kurt Waldheim weist an, nur noch Österreicherinnen und Österreicher einreisen zu lassen. Der Botschafter in Prag und spätere Bundespräsident Rudolf Kirchschläger ignoriert diese Weisung und lässt täglich Tausende Visa an ČSSR-Bürger ausstellen. Bis zum Herbst 1969 kommen etwa 200.000 Menschen über die Grenze. Sie werden in Österreich mit großer Hilfsbereitschaft aufgenommen.

» Im August 1968 beenden 750.000 Soldaten mit 6.000 Panzern Alexander Dubčeks Vision eines »Sozialismus mit menschlichem Antlitz«.

Der ORF mit seinem Korrespondenten Hugo Portisch entwickelt sich zum Umschlagplatz für Informationen aus der Tschechoslowakei, die in alle Welt gehen. Vorübergehend werden aus Wien Nachrichten auch auf Tschechisch ausgestrahlt. Die Parteiführung in Prag wird schließlich verhaftet, alle Reformen des Prager Frühlings wie Reise- und Pressefreiheit werden zurückgenommen, es kehrt der Totalitarismus zurück. Erst als der Eiserne Vorhang mehr als 20 Jahre später endgültig Geschichte ist, wird zumindest ein Teil dessen Realität, was 1968 mit der Forderung nach Freiheit, Demokratie und bürgerlichen Rechten begann.

SÜDSTADT UND ANNABERG

Liese Prokop: Von der Leichtathletik in die Spitzenpolitik

Eine Weltrekordlerin wird Landeshauptmannstellvertreterin

Mit ihren Erfolgen in der Leichtathletik schreibt Liese Prokop österreichische Sportgeschichte. 1969 stellt die Niederösterreicherin im Südstadt-Stadion (Bezirk Mödling) einen Weltrekord im Fünfkampf auf. In diesem Jahr wird Liese Prokop in Athen auch Europameisterin in dieser Disziplin. Schon im Jahr davor erlebt die Leichtathletin eine sportliche Sternstunde. Bei den Olympischen Spielen in Mexiko erringt Liese Prokop olympisches Edelmetall für Österreich. Sie gewinnt die Silbermedaille im Fünfkampf.

„Bravo, Liese!“, titeln die Zeitungen damals. Eine Silbermedaille ist ein Erfolg, mit dem die damals 27-Jährige nicht gerechnet hat. „Ich kann es nicht fassen“, sagt sie nach dem Wettkampf. Dass bei der Siegerehrung irrtümlich die australische Fahne statt der österreichischen aufgezogen wird, kann die Freude nicht schmälern.

In verschiedenen Leichtathletikdisziplinen gewinnt Liese Prokop insgesamt 50 österreichische Meistertitel. Zudem spielt sie in der Südstadt Handball. Hinter einer starken Frau steht auch ein starker Mann – die Leichtathletin ist seit 1965 mit Gunnar Prokop verheiratet, der sie als Trainer zum Spitzensport animiert.

1) Liese Prokop beim Hochsprungtraining während der Leichtathletik-Europameisterschaft in Athen 1969.

2) Olympische Sommerspiele in Mexiko-Stadt 1968: Liese Prokop beim Weitsprung.

3) Angelobung als Landesrätin, 1981.

4) Liese Prokop und Erwin Pröll im Landtag, 1992.

Im Jahr 1969 startet Liese Prokop auch ihre politische Karriere. Sie wird Abgeordnete der ÖVP im Niederösterreichischen Landtag. Prokop zählt damit in Österreich zu den ersten erfolgreichen Quereinsteigerinnen in der Politik. Auch hier führt ihre Karriere steil nach oben. 1981 holt der neue Landeshauptmann Siegfried Ludwig die ehemalige Spitzensportlerin als Landesrätin in die Landesregierung. 1992 wird Liese Prokop von Landeshauptmann Erwin Pröll als erste Frau Österreichs zur Landeshauptmannstellvertreterin berufen. Mehr als 20 Jahre lang ist sie prägend für die Sozial- und Jugendpolitik in Niederösterreich.

» Hilfe, wo es um Hilfe geht, Stopp, wo es um Missbrauch geht, und Strafe, wo es um Kriminalität geht«, so Innenministerin Liese Prokop.

Im Dezember 2004 wechselt Liese Prokop in die Bundespolitik. Sie wird als erste Innenministerin der Republik Österreich angelobt. In ihrer ersten Pressekonferenz kündigt Liese Prokop an, menschliche Politik machen zu wollen, auch im politisch besonders umstrittenen Asylbereich. Prokop betont, „dass wir Hilfe dort geben, wo es um Hilfe geht, dass wir Stopp dort sagen, wo es um Missbrauch geht, und dass wir dort strafen, wo es um Kriminalität geht".

Am Silvesterabend 2006 erleidet Liese Prokop völlig überraschend einen Riss der Aorta. Die dreifache Mutter und mehrfache Großmutter stirbt im Alter von 65 Jahren auf dem Weg ins Krankenhaus. Liese Prokop wird in einem Ehrengrab in ihrer Heimatgemeinde Annaberg (Bezirk Lilienfeld) beigesetzt. In ihrem Andenken wird vom Land Niederösterreich jedes Jahr der Liese-Prokop-Frauenpreis verliehen.

WAS SONST NOCH GESCHAH

- Die britische König Elisabeth II. und ihr Ehemann Philip besichtigen im Zuge ihres Österreichbesuchs Stift Klosterneuburg.
- Die einer Autobahn ähnelnde Schnellstraße Korneuburg–Stockerau wird eröffnet.
- Im Bahnhof St. Pölten wird der landesweit erste öffentlich zugängliche Warte- und Aufenthaltsraum für Schüler eingerichtet.
- Mit der Übertragung des Neujahrskonzerts der Wiener Philharmoniker strahlt der ORF das erste Farbfernsehprogramm aus.

ASPARN AN DER ZAYA

Ein Museum für die Urgeschichte

40.000 Jahre Menschheitsgeschichte in Niederösterreich

Von den Jägern und Sammlern der Altsteinzeit bis zu den Kelten – im Schloss Asparn an der Zaya (Bezirk Mistelbach) werden seit 1970 die wichtigsten archäologischen Funde der urgeschichtlichen Sammlung des Landes Niederösterreich ausgestellt. Das Museum MAMUZ gibt einen Einblick in 40.000 Jahre unserer Menschheitsgeschichte.
Schon die Neandertaler durchstreifen das Gebiet des heutigen Niederösterreichs. In der Altsteinzeit gestaltet der moderne Mensch bereits Steinfiguren, etwa die 1988 bei Stratzing (Bezirk Krems) entdeckte Venus vom Galgenberg oder die 1908 gefundene weltberühmte Venus von Willendorf (Bezirk Krems), die nach aktuellem Forschungsstand eine alte, weise Frau darstellt und etwa 25.000 Jahre alt ist.
Damals wandern die Menschen als Jägergruppen durch das Land. In der Eiszeit sind die Lebensbedingungen hart, es gibt kaum Wald, die Landschaft ist vergleichbar mit der russischen Tundra. Die Menschen jagen unter anderem Mammuts, Wollnashörner und Riesenhirsche. Im MAMUZ ist auch ein altsteinzeitliches Jagdlager rekonstruiert.
Die Jungsteinzeit um etwa 5.000 vor Christus markiert in Mitteleuropa den Beginn von Ackerbau und Viehzucht. „Das ist eine der einschneidendsten Veränderungen in der

1) Blockhausnachbau (Bronzezeit) im MAMUZ in Asparn an der Zaya.
2) Das Bronzedepot von Haslau, Spätbronzezeit, um 1.000 v. Chr.
3) Die sogenannte Venus von Falkenstein, ca. 4.500 v. Chr.
4) Schloss Asparn an der Zaya.

Menschheitsgeschichte", betont Franz Pieler, Wissenschaftlicher Leiter des MAMUZ. „Der Mensch wird sesshaft und baut Dörfer." Grabbeigaben und bemalte Tongefäße dokumentieren im MAMUZ diese Entwicklung. In der Bronzezeit fertigt der Mensch erstmals Werkzeuge aus Metall. Es entstehen spezialisierte Berufe wie Bergleute, Schmiede und Händler – der Beginn moderner Gesellschaften. Aus dieser Zeit sind Waffen und Bronzeschmuck erhalten. In der Eisenzeit, im 1. Jahrtausend vor Christus, beherrschen die Kelten einen großen Teil Europas. Sie bauen Städte und prägen die ersten Münzen. Das MAMUZ zeigt aus dieser Zeit wertvolle Grabbeigaben. Die Kelten werden schließlich im Süden von den Römern und im Norden von den Germanen verdrängt.

» Niederösterreich war in der Urgeschichte ein zentraler Raum der europäischen Zivilisation«, erklärt Franz Pieler, Wissenschaftlicher Leiter des MAMUZ.

„Niederösterreich war in der Urgeschichte ein zentraler Raum der europäischen Zivilisation", sagt Franz Pieler, „vor allem wegen seiner guten Böden für den Ackerbau, seiner günstigen Lage an der Donau und als Kreuzungspunkt internationaler Handelswege wie etwa der Bernsteinstraße."

Das MAMUZ will die Urgeschichte möglichst realitätsnah erlebbar machen, so Franz Pieler. Auf dem Freigelände vor dem Museum sind Gebäude von der Altsteinzeit über die Bronze- und Eisenzeit bis zum Frühmittelalter nachgebaut. Sie zeigen das Leben der Menschen in den vergangenen Jahrtausenden – von der Jagd über das Kochen, das Herstellen von Keramik bis hin zu Begräbnisritualen.

WAS SONST NOCH GESCHAH

- Anna Körner (SPÖ) aus Gmünd ist die erste Frau, die Mitglied der Landesregierung wird. Sie ist zuständig für Gesundheit und Soziales.
- Das Anton-Hanak-Museum in Langenzersdorf, das Österreichische Zinnfigurenmuseum in Pottenbrunn und das Schifffahrtsmuseum in Spitz werden eröffnet.
- Die Naturparks Leiserberge bei Ernstbrunn und Ötscher-Tormäuer bei Gaming werden eröffnet.

WIEN

Als die Bauern die Bundeshauptstadt erobern

Am Josefitag demonstrieren 15.000 Landwirte in Wien

Es ist die größte Bauerndemonstration in der Zweiten Republik. Die Landwirte protestieren gegen die Agrarpolitik des sozialistischen Bundeskanzlers Bruno Kreisky. Schon am Morgen des 19. März stauen sich Tausende Traktoren aus Niederösterreich an den Wiener Stadteinfahrten. Mehr als 15.000 Landwirte folgen dem Aufruf des Niederösterreichischen Bauernbundes gegen die „bauernfeindliche Agrarpolitik der SPÖ-Regierung". Mit fast 7.000 Traktoren und 100 Bussen fahren sie über die Ringstraße zum Ballhausplatz.
Die Bauern protestieren vor dem Bundeskanzleramt einerseits gegen den hohen Dieselpreis und andererseits gegen die niedrigen Erzeugerpreise für Milch. Die Demonstration wird vom niederösterreichischen Landeshauptmann und Bauernbundobmann Andreas Mauer angeführt. In seiner Rede kritisiert er die Politik der SPÖ-Minderheitsregierung scharf, Maurer geißelt die „leeren Versprechungen" Kreiskys und warnt: „Mit der Existenz der Bauern ist der gesamte ländliche Raum gefährdet."
Nachdem die Bundesregierung die Forderungen der Bauern zuvor monatelang ignoriert hat, zeigt der Massenprotest nun Wirkung. Auch die Medien äußern Verständnis für die Bauern und kritisieren die Bundesregierung. „Wenn Kreisky der Ausgleich mit den Bauern

1) 7.000 Traktoren aus Niederösterreich fahren in die Bundeshauptstadt.

2) Kreisky bezeichnet die Traktoren als „Bauernpanzer".

3) Hauptredner bei der Kundgebung ist Bauernbundobmann Andreas Maurer: „Mit der Existenz der Bauern ist der gesamte ländliche Raum gefährdet."

4) Andreas Maurer (2. v. r.) verwahrt sich gegen den Vergleich der Demonstration mit dem Kommunistenputsch 1950.

WAS SONST NOCH GESCHAH

- Die Niederösterreichische Fremdenverkehrswerbung verwendet erstmals den Slogan „Niederösterreich – wo Ferien noch Ferien sind".
- Zum ersten Mal übersteigt die Zahl der Ausländernächtigungen in Niederösterreich die Ein-Millionen-Grenze.
- In Grafenegg finden erstmals Kulturveranstaltungen statt. Beim ersten Schlosskonzert spielt das Gamerith Consort im Gartensaal.
- Ein Drittel der niederösterreichischen Landesstraßen weist noch Schotterfahrbahnen auf.
- Laut Volkszählung leben in Niederösterreich 1.414.161 Menschen, um 40.149 mehr als noch zehn Jahre davor.

nicht gelingt, verlieren er und seine Regierung weiter an Prestige", schreibt etwa die „Kleine Zeitung".
Der Josefitag ist der Tag des Andreas Maurer. Bei einer Aussprache mit Bundeskanzler Bruno Kreisky überreicht er eine Resolution mit den Forderungen des Bauernbundes. Danach wird Maurer von Bauern auf den Schultern vom Ballhausplatz getragen. In der Tageszeitung „Die Presse" heißt es: „Die Agrarpolitik, bisher Stiefkind, ist plötzlich brennheiß geworden. Hat es wirklich erst der Proteste des Bauernbundes bedurft, um jedermann begreiflich zu machen, welche Schwierigkeiten es zu meistern gilt?"

» Mit der Existenz der Bauern ist der gesamte ländliche Raum gefährdet«, warnt Landeshauptmann und Bauernbundobmann Andreas Maurer.

Auf der Website des Niederösterreichischen Bauernbundes kann man über die Ergebnisse dieser Demonstration am 19. März 1971 lesen: „Die Großdemonstration der Bauern [...] verfehlte weder bei der Bevölkerung noch bei der Regierung ihre Wirkung. Hatte Bundeskanzler Kreisky noch einen Tag zuvor erklärt, dass es ‚unter dem Druck der Straße keinen Groschen für die Bauern' geben werde, so fand er sich schließlich doch bereit, einer Milchpreisnachziehung sowie einer Verbesserung der Treibstoffpreisverbilligung seine Zustimmung zu geben."
Im Mai 1971 wird der Milcherzeugerpreis um 25 Groschen angehoben und der Treibstoffpreis für die Landwirtschaft teilweise reduziert.

1) Der Wunsch vieler Menschen ist ein eigenes Wählscheibentelefon.
2) Die Mitarbeiter der Post sind oft in nicht ungefährlichen Situationen.
3) Der Ausbau des Telefonnetzes braucht Zeit.
4) Das „Fräulein vom Amt".

KARLSTEIN AN DER THAYA

Das Telefonnetz ist landesweit vollautomatisiert

Das „Fräulein vom Amt" kann in Pension gehen

Der 14. Dezember 1972 ist ein denkwürdiger Tag in der Geschichte von Karlstein an der Thaya (Bezirk Waidhofen an der Thaya), denn das Waldviertler Dorf wird als letzter Ort Österreichs an das vollautomatische Telefonnetz angeschlossen. Nun haben auch hier die alten, chromverzierten Handkurbelapparate ausgedient, sie werden durch moderne Telefone mit Wählscheibe ersetzt. Mit den neuen Telefonapparaten können nun auch die Gemeindebürgerinnen und -bürger von Karlstein zu allen Orten in Österreich und den westlichen Nachbarstaaten direkt durchwählen.

Damit ist die bundesweite Umstellung von handbetriebenen Telefonzentralen auf eine automatisierte Gesprächsvermittlung vollzogen. Das viel zitierte „Fräulein vom Amt" hat nun ausgedient. Diese Postmitarbeiterinnen – meist waren es nämlich weibliche Beamte – haben bis zur Vollautomatisierung die Telefongespräche per Hand vermittelt. Mit einem Ferngespräch ist das „Fräulein vom Amt" manchmal sogar mehrere Stunden beschäftigt. In kleinen Orten ist die hilfreiche Dame nur während des Tages im Dienst, in der Nacht ist die Vermittlung oft nicht besetzt.

Nun kommen im gesamten Telefonnetz automatische Relais zum Einsatz, und man kann rund um die Uhr telefonieren. Zumindest in der Theorie, denn ganz reibungslos verläuft die

1972

Umstellung auf das vollautomatische Netz nicht. Viele Telefonbenützerinnen und -benützer beklagen, dass Fernleitungen, aber auch Ortsverbindungen, manchmal stundenlang besetzt sind. Allzu oft hört man eine freundliche Tonbandstimme sagen: „Im Augenblick sind alle Leitungen besetzt. Seien Sie bitte nicht ungehalten, wenn Sie sich noch ein wenig gedulden müssen."

> »Im Augenblick sind alle Leitungen besetzt. Seien Sie bitte nicht ungehalten, wenn Sie sich noch ein wenig gedulden müssen.«

Anfang der 1970er-Jahre gibt es noch lange Wartelisten für Neuanschlüsse. Denn der Ausbau des Telefonnetzes und der notwendigen Infrastruktur braucht Zeit. Es fehlt an Wählämtern, Ortsleitungen und leistungsfähigen Fernverbindungen.

„Der Ausbau des österreichischen Netzes liegt derzeit 28 Jahre hinter Schweden und 19 Jahre hinter der Schweiz", wird in einem ORF-Nachrichtenbeitrag aus dem Jahr 1972 kritisiert. In den folgenden Jahren werden die Telefonleitungen nach und nach ausgebaut und modernisiert, um die steigende Nachfrage zu decken. Bis in die 1980er-Jahre haben noch viele Menschen einen sogenannten Viertelanschluss. Dabei teilen sich vier Haushalte einen Telefonanschluss. Wenn in einem davon telefoniert wird, sind die anderen drei nicht erreichbar. Trotzdem ist man damals glücklich, ein Telefon zu besitzen. Nach und nach wird das Telefonnetz digitalisiert, dann beginnt der Siegeszug des Mobiltelefons. Das viel zitierte „Fräulein vom Amt" ist nur noch eine ferne Erinnerung.

WAS SONST NOCH GESCHAH

- Nach der Senkung der Zahl der Gemeinden von 1.571 auf 574 durch die Gemeindereform hat nur Großhofen weniger als 100 Einwohner.
- 96 einklassige Volksschulen – sogenannte Zwergschulen – werden stillgelegt, erstmals gibt es einen Rückgang der Pflichtschülerzahl.
- Der Safaripark Gänserndorf, das Stadtmuseum Krems und der Naturpark Schwarzau im Gebirge werden eröffnet.
- In weiten Teilen des Landes kommt es zu einem Erdbeben. Die größten Sachschäden entstehen in Seebenstein, wo ein Teil der Kirche einstürzt.

1973

TRAISKIRCHEN

Ein Tag Pause für das Auto

Die Ölpreisexplosion schockt Autofahrer und Wirtschaft

Als Folge des Jom-Kippur-Krieges zwischen den arabischen Staaten und Israel steigt ab Oktober 1973 der Preis für Rohöl um rund 70 Prozent. Dies führt nach Jahren des stetig wachsenden Wohlstands zu einer schweren Rezession in den Industrieländern. Drastische Maßnahmen wie autofreie Wochentage und Geschwindigkeitsbegrenzungen auf den Autobahnen sind in Österreich die Folge. Der Wirtschaftseinbruch offenbart die Abhängigkeit westlicher Staaten vom Erdöl aus dem Nahen Osten. Das zeigt sich auch bei vielen Industriebetrieben in Niederösterreich. In Traiskirchen etwa leidet der Reifenhersteller Semperit unter der verringerten Nachfrage und muss die Produktion reduzieren.

„Die Ölpreiskrise ist ein großer Schock, insbesondere für die Autofahrer und die Wirtschaft", sagt Stefan Eminger, Leiter der Abteilung Zeitgeschichte im Niederösterreichischen Landesarchiv. „Vor allem die vielen niederösterreichischen Pendler bekommen die stark steigenden Treibstoffpreise zu spüren. Alle Betriebe leiden unter den hohen Energiekosten, auch für die Haushalte steigen die Kosten, vor allem beim Heizen."

Um den Treibstoffverbrauch zu senken, beschließt die Bundesregierung im November 1973 auf Freilandstraßen ein Tempolimit von 100 km/h. Im Jänner 1974 wird ein autofreier Tag

1) Menschen, die Heizöl kaufen wollen, vor einer Tankstelle in Wien.

2) Das Autopickerl für den wöchentlichen autofreien Tag während der Ölpreiskrise.

3) Volltanken wie hier in Melk wird zum Luxus.

4) Der Reifenhersteller Semperit in Traiskirchen muss die Produktion reduzieren.

pro Woche eingeführt. Die Pkw-Besitzer müssen sich entscheiden, an welchem Wochentag sie auf die Benützung des Autos verzichten. Auf den Windschutzscheiben müssen schwarzweiße Aufkleber mit dem Kürzel dieses Wochentages angebracht werden. Bei Nichtbefolgung drohen hohe Strafen. Es gibt allerdings auch Sondergenehmigungen, sogenannte S-Plaketten.

» Man muss sich eingestehen, dass der Optimismus und die Aufbruchsstimmung der Sechzigerjahre vorbei sind«, analysiert der Historiker Stefan Eminger.

Ein anderer, nur halb ernst gemeinter Vorschlag kommt von Bundeskanzler Bruno Kreisky. Er empfiehlt den Österreichern, sich nicht mehr elektrisch, sondern nur noch nass zu rasieren, um auch damit den Stromverbrauch zu verringern. In den Schulen wird im Februar 1974 eine Woche Sonderferien eingeführt, um Heizöl zu sparen. Während der autofreie Tag nach fünf Wochen wieder abgeschafft wird, bleiben die Sonderferien als Semesterferien erhalten. Ältere Menschen kennen noch den umgangssprachlichen Namen „Energieferien".

Die Folgen des Ölpreisschocks haben langfristige Auswirkungen auf die Wirtschaft und die gesamte Gesellschaft. „Man muss sich eingestehen, dass der Optimismus und die Aufbruchsstimmung der Sechzigerjahre vorbei sind", analysiert Historiker Stefan Eminger. „Der feste Glaube an die Planbarkeit der Zukunft und an ein grenzenloses Wachstum ist massiv erschüttert." Die Ölpreiskrise ist eine Zäsur für die Weltwirtschaft, das Wirtschaftswunder der Nachkriegszeit zu Ende.

WAS SONST NOCH GESCHAH

- Um die grassierende Maul- und Klauenseuche zu bekämpfen, werden auf den Straßen sogenannte Seuchenteppiche ausgelegt. Mehr als 70.000 Tiere müssen geschlachtet werden, 870.000 Tiere werden geimpft.
- Bei einem Terroranschlag von Palästinensern am Bahnhof Marchegg werden aus einem Zug mit jüdischen Emigrantinnen und Emigranten aus der UdSSR vier Menschen als Geiseln genommen.
- St. Pölten ist die erste Stadt in Niederösterreich, in der Politessen in den Dienst gestellt werden. Die sechs Hilfspolizistinnen überwachen den ruhenden Straßenverkehr.

1) Die Schallaburg um 1670, in einer Darstellung von Georg Matthäus Vischer.

2) Der Arkadenhof mit den Laubengängen strahlt italienische Eleganz aus.

3) Die Burg wird 1242 erstmals urkundlich als Feste Schalla erwähnt.

4) Die Schallaburg ist eines der schönsten Renaissanceschlösser nördlich der Alpen.

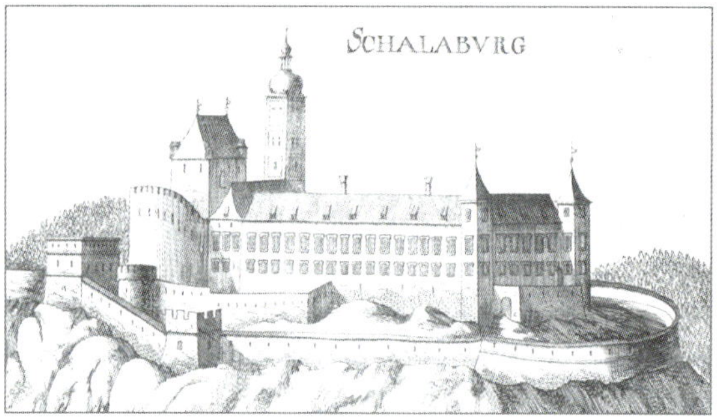

SCHALLABURG

Geschichte und Kultur an einem historischen Ort

Ein Renaissanceschloss wird zu einem internationalen Ausstellungszentrum

Wer auf der Westautobahn fährt, sieht bei Melk zwei Bauwerke, die niemanden unbeeindruckt lassen: auf der einen Seite, in Blickrichtung Donau, das barocke Benediktinerstift, das imposant oberhalb der Stadt liegt, und auf der anderen Seite der A1, Richtung Mostviertel, das Renaissanceschloss Schallaburg. Beide zählen zu den beliebtesten Ausflugszielen im Bundesland, die Schallaburg ist seit 1974 ein wichtiges Ausstellungszentrum des Landes Niederösterreich.

Die ältesten Bauteile der Schallaburg stammen aus dem 11. Jahrhundert. Im 16. Jahrhundert wird die Schallaburg zum Zentrum der Protestanten in Niederösterreich. Von 1540 bis 1600 wird die Burg zu einem Renaissanceschloss umgebaut, mit einer prächtigen Gartenanlage. Besonders sehenswert ist der Arkadenhof mit den zweigeschossigen Laubengängen. Man glaubt, in Italien zu sein: 1.600 Terrakottenfiguren zeigen Fabelwesen ebenso wie Dämonen und Fratzen, römische und griechische Sagen werden dargestellt und auch heimische Legenden.

Doch das Schloss hat schon andere Zeiten erlebt. Von 1945 bis 1955 gehört es zu den USIA-Betrieben der Sowjets, danach wird die Republik Österreich Eigentümerin. Das Schloss ist unbewohnt, es verfällt unbemerkt. 1967 kauft es das Land Niederösterreich, im Jahr darauf beginnen die Restaurierungsarbeiten. Dieses schwierigste und größte denkmalpflegerische

1974

Vorhaben des Landes in der Nachkriegszeit kostet 40 Millionen Schilling und dauert bis 1974. In diesem Jahr wird das revitalisierte Schloss mit der Ausstellung „Renaissance in Österreich" eröffnet. Sie wird von mehr als 320.000 Menschen besucht.

»In bunter und lebendiger Form werden an diesem besonderen Ort historische, zeitgeschichtliche und ethnologische Ausstellungsthemen präsentiert«, erklärt Schallaburg-Geschäftsführer Peter Fritz.

Die Themenpalette der gezeigten Ausstellungen seit 1974 ist breit: Österreichische Geschichte wird ebenso präsentiert wie europäische Kunstgeschichte, Länder und Regionen wie Peru, Jordanien, Flandern und die Bretagne werden vorgestellt, aber man kann sich auch mit den Kreuzrittern und den Wikingern auseinandersetzen, dem Islam und Dschingis Khan.

Von 1976 bis 1999 ist das Schloss auch Schauplatz der Radiosendung „Turnier auf der Schallaburg". Diese Sendung des ORF Niederösterreich wird von Willy Kralik moderiert. Jeden Samstagnachmittag kann man die einstündige Livesendung verfolgen, mit prominenten Gästen wie Udo Jürgens und Wolfgang Ambros, Maria Schell und Hildegard Knef, Klaus Maria Brandauer und Helmut Qualtinger, Freddy Quinn und Hans-Joachim Kulenkampff, Toni Sailer und Karl Schranz.

Heute zählt die Schallaburg zu den erfolgreichsten Ausstellungszentren Österreichs, sagt Geschäftsführer Peter Fritz: „In bunter und lebendiger Form werden an diesem besonderen Ort historische, zeitgeschichtliche und ethnologische Ausstellungsthemen präsentiert, spannende Geschichten in den Mittelpunkt gestellt und somit ein Bogen von der Vergangenheit in die Gegenwart gespannt."

WAS SONST NOCH GESCHAH

- Der Landtag beschließt das Umweltschutz-, Sozialhilfe- und Sportgesetz.
- Der Niederösterreichische Kultursenat, der die Landesregierung in Kulturfragen und -angelegenheiten beraten soll, konstituiert sich.
- Die Niederösterreichischen Tonkünstler geben in St. Pölten ihr 2.500 Konzert in Niederösterreich.

SÜDSTADT UND MARIA ENZERSDORF

Ein Leistungszentrum für den Sport

Modernste Trainingsmöglichkeiten für viele Nachwuchs- und Spitzensportler

Das Bundessport- und Freizeitzentrum BSFZ Südstadt in Maria Enzersdorf (Bezirk Mödling) ist eine eigene Stadt für den Sport. Viele Spitzensportlerinnen und -sportler gehen hier tagtäglich ein und aus, unter ihnen auch zahlreiche Medaillengewinner bei internationalen Veranstaltungen. Sie haben in der Südstadt Trainingsmöglichkeiten auf internationalem Niveau, unter anderem in den Disziplinen Leichtathletik, Schwimmen, Tennis, Fechten, Judo, Radsport, Handball, Triathlon und Behindertensport. „Das Zentrum soll eine wesentliche Keimzelle für den österreichischen Nachwuchsleistungssport sein", sagt die Leiterin des BSFZ Südstadt, Noelle Kliment. „Wir wollen optimale Trainingsstätten bereitstellen, um den Weg zu internationalen sportlichen Erfolgen zu ebnen."
Die Anlage in der Südstadt ist die größte Bundessporteinrichtung Österreichs. Markus Rogan, Österreichs erfolgreichster Schwimmer und zweifacher Olympia-Silbermedaillengewinner, hat hier trainiert, ebenso Tennisstar Jürgen Melzer oder die Weltklasseleichtathletinnen Beate Schrott und Ivona Dadic. Auch der Kurzbahnweltmeister im 400-Meter-Freistilschwimmen Felix Auböck nutzt das moderne Becken in der Südstadt für sein Trainingsprogramm, auf den Tennisplätzen ist öfter Dominic Thiem anzutreffen.

1) Bundessport- und Freizeitzentrum BSFZ Südstadt.

2) Kraftkammer

3) Ivona Dadic beim Leichtathletik-Siebenkampf der Frauen bei den Olympischen Spielen in Tokio 2021.

4) Schwimmhalle

WAS SONST NOCH GESCHAH

- Das Fadental im Mostviertel wird als letztes Gebiet ohne Stromversorgung an das Stromnetz angeschlossen.
- Mit der Eröffnung der Hauptschule Schönbach bei Zwettl ist seit 1949 der 700. Schulneubau in Niederösterreich fertiggestellt.
- Im Schloss Rosenau wird in der wiederentdeckten Freimaurerloge das Österreichische Freimaurermuseum eröffnet.
- Die 1863 in Loosdorf geborene Ordensgründerin Maria Teresia Ledóchowska wird seliggesprochen.

Schon in den 1960er-Jahren entsteht auf dem Gemeindegebiet von Maria Enzersdorf die Südstadt, ein neuer Ortsteil rund um die Firmenzentralen der landeseigenen Elektrizitätsgesellschaft NEWAG und NIOGAS, die aus Wien hierher übersiedelt werden. Das sehr großzügig dimensionierte Betriebssportzentrum der NEWAG übersteigt allerdings die finanziellen Möglichkeiten des Energieversorgers und wird bald von der Bundesverwaltung übernommen. Im Jahr 1975 wird nach einer Umbauphase das Bundessportzentrum Südstadt eröffnet. Hier sollen Spitzensportlerinnen und -sportler umfassend gefördert werden.

» Das Zentrum soll eine wesentliche Keimzelle für den österreichischen Nachwuchsleistungssport sein«, erklärt Noelle Kliment, Leiterin des BSFZ Südstadt.

Auf dem Gelände befindet sich auch die Liese-Prokop-Privatschule, in der ein Oberstufenrealgymnasium und eine Handelsschule zusammengefasst sind, auch ein Internat gehört dazu. Dadurch sollen junge Talente sowohl sportlich gefördert als auch schulisch ausgebildet werden können. Derzeit machen rund 130 Schülerinnen und Schüler von diesem Angebot Gebrauch.

Die Anlage des BSFZ Südstadt verfügt unter anderem über mehrere Fußball- und Tennisplätze, eine Leichtathletikbahn, eine Schwimmhalle, eine Kletterhalle, eine Fechthalle und ein Dojo für den Judosport. Außerdem nutzt der Fußballklub Admira das Bundesstadion Südstadt als Heimspielstätte. Seit 1999 steht das Bundessportzentrum auch Hobbysportlern und -sportlerinnen als Freizeitzentrum zur Verfügung.

1) Einkaufstrubel in der Shopping City Süd am 8. Dezember 2003.

2) Der Kunden-Parkplatz vor der SCS am letzten Einkaufssamstag vor Weihnachten, 2019.

3) Der Magier Uri Geller zelebriert mit neuem Buch und alten Künsten 1987 in der SCS sein Comeback.

4) Die SCS in Vösendorf kurz nach der Eröffnung 1977.

VÖSENDORF

Eine Einkaufsstadt wird eröffnet

Die SCS zählt zu den größten Einkaufszentren Europas

Anfang der 1970er-Jahre beginnt der Unternehmer Hans Dujsik mit der Planung einer Einkaufsstadt im Süden von Wien. Im Gemeindegebiet von Vösendorf (Bezirk Mödling) entsteht auf Grünland und Äckern das erste große Einkaufszentrum Österreichs. Im September 1976 wird die Shopping City Süd eröffnet. Sie zählt mit einer Verkaufsfläche von 100.000 Quadratmetern und 160 Geschäften zu den größten Einkaufszentren Europas. Am Eröffnungstag sind bereits nach kurzer Zeit alle 5.300 Parkplätze besetzt, die SCS wird von den Kundinnen und Kunden förmlich gestürmt.

Während die Geschäfte und Großmärkte in der Shopping City Süd mit Sonderangeboten locken, fürchten die Gewerbetreibenden und Einzelhandelsgeschäfte in den Bezirken Mödling und Baden die übermächtige Konkurrenz ausländischer Konzerne. Für viele Kundinnen und Kunden ist die SCS jedenfalls ein völlig neues Einkaufserlebnis. Die Shopping City rechnet zu Beginn mit einem Jahresumsatz von rund drei Milliarden Schilling.

In den folgenden Jahrzehnten werden in den meisten größeren niederösterreichischen Städten Einkaufszentren errichtet, oft auf der grünen Wiese am Stadtrand. „Der Boom der Einkaufszentren ist Fluch und Segen zugleich", sagt der Experte für Raumordnung und Regionalentwicklung, Thomas Knoll. „Seit dem Ende der 1970er-Jahre haben die Einkaufszentren die

Konsumangebote für die breite Bevölkerung drastisch erhöht. Es ist mit diesen Zentren eine eigene Mischung aus Einkauf, Unterhaltung und Freizeitvergnügen entstanden. Gleichzeitig sind sie ein Beitrag zur Schwächung der Stadtzentren als historisch gewachsene Einkaufs- und Geschäftsstandorte“, meint Knoll.

» Der Boom der Einkaufszentren ist Fluch und Segen zugleich«, ist der Raumordnungsexperte Thomas Knoll überzeugt.

Die Shopping City Süd wird im Laufe der Jahre mehrmals erweitert und modernisiert. Heute umfasst das größte Einkaufszentrum Österreichs eine Verkaufsfläche von fast 200.000 Quadratmetern. Die Westfield Shopping City Süd beherbergt rund 330 Geschäfte, zahlreiche Gastronomiebetriebe und Kinosäle. Sie zählt laut eigenen Angaben etwa 24,5 Millionen Besucherinnen und Besucher pro Jahr und ist circa 5.000 Mitarbeiterinnen und Mitarbeitern einer der größten Arbeitgeber im Land.
In Niederösterreich dürfen mittlerweile auf der grünen Wiese keine neuen Einkaufszentren mehr gebaut werden. Das verbietet das Raumordnungsgesetz, zum einen wegen des hohen Bodenverbrauchs, zum andern, um die Innenstädte nicht weiter zu schwächen.
Doch sowohl die Geschäfte in den Innenstädten als auch in den Einkaufszentren müssen sich bereits einem weiteren Konkurrenten stellen – dem Online-Handel im Internet, dessen Marktanteil in den vergangenen Jahren deutlich gestiegen ist.

WAS SONST NOCH GESCHAH

- Die Landesausstellung im Stift Lilienfeld „1000 Jahre Babenberger in Österreich“ wird von fast 470.000 Menschen besucht.
- Das Land startet die Aktion „Älter werden – jung bleiben“, die das Verständnis zwischen den Altersgruppen fördern soll.
- In Kirchberg am Wechsel findet das erste Wittgenstein-Symposium statt.
- Erstmals werden die „Niederösterreichischen Sportler des Jahres“ gewählt: Elfi Deufl, Wolfgang Tschirk und der SVS Schwechat.
- Als erste Bezirksverwaltungsstelle richtet die Bezirkshauptmannschaft Baden als Bürgerservice eine Beratungs- und Informationsstelle ein.

1) Das Traditionsunternehmen Patria in Heidenreichstein geht 1978 in Konkurs.
2) Knapp 1.000 Beschäftigte verlieren durch die Schließung ihren Arbeitsplatz.
3) Jobs werden in Billiglohnländer ausgelagert.
4) In den 1970er-Jahren sinkt die Beschäftigtenzahl um ein Drittel.

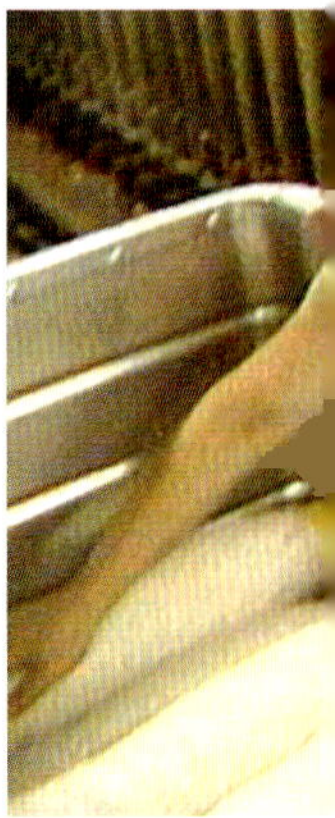

GMÜND UND WAIDHOFEN AN DER THAYA

Die Textilindustrie im Waldviertel schlittert in die Krise

Tausende Jobs gehen verloren, weil Textilfirmen in Billiglohnländer abwandern

Als „Bandlkramerlandl" ist die Region um Waidhofen an der Thaya und Groß-Siegharts (Bezirk Waidhofen an der Thaya) schon im 18. Jahrhundert bekannt. Die im Waldviertel gewebten Bänder werden von „Kramern", also fahrenden Händlern, in ganz Mitteleuropa verkauft. Im 19. Jahrhundert entstehen in den Bezirken Gmünd und Waidhofen die ersten Textilfabriken, vor allem Webereien. Erzeugt werden Kleider- und Möbelstoffe sowie Strick-, Wirk- und Frottierwaren. Bis zu zwei Drittel der Gewerbe- und Industriebeschäftigten arbeiten in den beiden Waldviertler Bezirken im Textilbereich. In den 1960er-Jahren kommt es noch zu einem kurzen Aufschwung der Textil- und Bekleidungsindustrie. Unternehmen gründen Zweigwerke im Waldviertel. Arbeit finden vor allem Frauen.
Ab 1973 führt die Weltwirtschaftskrise auch zu einem Einbruch in der Waldviertler Textilindustrie. „Es ist der Anfang des Niederganges", sagt Andrea Komlosy, Professorin am Institut für Wirtschafts- und Sozialgeschichte der Universität Wien. „Die Krise führt zu einer neuen internationalen Arbeitsteilung, Jobs werden nach und nach in Billiglohnländer ausgelagert, vor allem nach Ostasien und in osteuropäische Länder."
Im Waldviertel müssen in den folgenden Jahren viele Betriebe Konkurs anmelden. Als Beispiel nennt Komlosy das Traditionsunternehmen Patria, das in Heidenreichstein (Bezirk Gmünd)

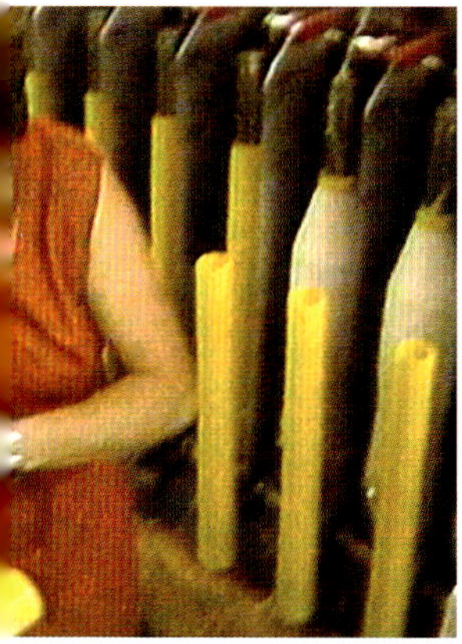

1977

und Waidhofen an der Thaya Textilwaren produziert. Die Firma stellt dort 1974 die Feinstrumpfproduktion ein und verlegt sie nach Rumänien. 1977 verschärfen sich die wirtschaftlichen Probleme der Firma. 1978 geht Patria in Konkurs, fast 1.000 Beschäftigte sind betroffen.

» Anfang des neuen Jahrtausends hat die Textil- und Bekleidungsindustrie stark an Bedeutung verloren. Ihr Niedergang hat im Waldviertel auch zur Abwanderung beigetragen«, so die Wirtschaftshistorikerin Andrea Komlosy.

Generell sinken in den Bezirken Gmünd und Waidhofen an der Thaya die Beschäftigungszahlen in der Textil- und Bekleidungsindustrie dramatisch. 1971 arbeiten in diesem Bereich noch mehr als 6.600 Menschen, 1977 sind es fast um ein Drittel weniger. Auch die Betriebe werden immer weniger. Nach dem Fall des Eisernen Vorhangs verlagern weitere Firmen ihre Produktion in osteuropäische Länder. „Anfang des neuen Jahrtausends hat die Textil- und Bekleidungsindustrie stark an Bedeutung verloren. Ihr Niedergang hat im Waldviertel auch zur Abwanderung beigetragen", so Komlosy.

An die Blütezeit und traditionsreiche Geschichte der Textilindustrie erinnern heute zwei Museen in Groß-Siegharts und Weitra (Bezirk Gmünd) sowie die „Waldviertler Textilstraße". Sie führt zu alten Fabriksgebäuden und Webereien und zeigt neben der wirtschaftlichen auch die soziale und kulturelle Bedeutung der Textilindustrie in den Bezirken Gmünd und Waidhofen an der Thaya.

WAS SONST NOCH GESCHAH

- Auf dem Flughafen Wien-Schwechat wird die zweite Start- und Landebahn in Betrieb genommen.
- In Carnuntum wird ein zweites Militärlager aus der Römerzeit, ein Reiterlager, entdeckt.
- Die erste Ausgabe der niederösterreichischen Kulturzeitschrift „morgen" erscheint.
- Das Weinviertler Dorfmuseum in Niedersulz und das Donaumuseum in Schloss Petronell werden eröffnet.

1978

ZWENTENDORF

„Nein“ zur Atomkraft

Ein Kernkraftwerk, das nie in Betrieb ging

Mit großer Spannung wartet ganz Österreich am frühen Abend des 5. November 1978 auf das Ergebnis der Volksabstimmung über die Inbetriebnahme des Kernkraftwerks Zwentendorf (Bezirk Tulln). Es ist eine denkbar knappe Mehrheit, die die Entscheidung bringt: 50,47 Prozent stimmen mit „Nein“. Das Atomkraftwerk geht folglich nicht in Betrieb und wird zur größten „Investitionsruine“ der Republik Österreich. Die gesamten Bau- und Instandhaltungskosten werden auf bis zu 14 Milliarden Schilling geschätzt.
Im Jahr 1972 beginnt der Bau des Kraftwerks in Zwentendorf. Sowohl die Bundesregierung als auch die Bundesländer sind damals für die friedliche Nutzung der Kernenergie. Es formiert sich aber bald eine Anti-Atomkraft-Bewegung, die sich in den Folgejahren auf gesellschaftlicher, aber auch zunehmend auf politischer Ebene erfolgreich Gehör verschafft. Im Juni 1977 findet in Zwentendorf eine große Demonstration statt. 5.000 Menschen protestieren gegen die Inbetriebnahme des Atomkraftwerks, das damals knapp vor der Fertigstellung steht. Auch prominente Künstler und Intellektuelle beteiligen sich an den Protesten und warnen vor den Risiken der Atomkraft. Der aus St. Pölten stammende Kammerschauspieler Richard Eybner etwa appelliert in einer Rede an die verantwortlichen Politiker: „Denken Sie an die kommenden Generationen! Wir in Österreich mögen doch versuchen, ohne die Atomenergie durch-

1) Demonstration auf der Wiener Ringstraße gegen das Atomkraftwerk Zwentendorf, 1978.

2) Der österreichische Bundeskanzler Bruno Kreisky (2. v. r.) besucht das Atomkraftwerk Zwentendorf, 1978.

3) Das AKW Zwentendorf heute.

4) Der Reaktor im AKW Zwentendorf.

WAS SONST NOCH GESCHAH

- Der Landtag beschließt eine neue Landesverfassung mit mehr Mitsprache- und Einspruchsrechten für die Landesbürgerinnen und -bürger.
- Das NÖ Institut für Landeskunde zur Erforschung und Vermittlung der historischen und aktuellen Entwicklung des Bundeslandes wird gegründet.
- Mit einer Karl-Korab-Ausstellung wird in St. Pölten das Dokumentationszentrum für moderne Kunst eröffnet.

zukommen." Die wachsenden Proteste zeigen Wirkung. Vor der Volksabstimmung werben nicht nur die Anti-Atom-Aktivisten, sondern auch die ÖVP und die FPÖ für ein „Nein", allerdings auch aus parteitaktischen Gründen, um den erfolgsverwöhnten „Sonnenkanzler" Bruno Kreisky (SPÖ) unter Druck zu setzen.

Das Ergebnis der Volksabstimmung ist für Kreisky eine politische Niederlage. Er hat vor der Abstimmung angekündigt, im Fall eines Votums gegen das Atomkraftwerk zurückzutreten. Diese Ankündigung hält er nicht ein, was ihm politisch allerdings nicht schadet – ein Jahr später feiert Kreisky einen Triumph bei der Nationalratswahl.

» Österreichweit waren 1.606.777 Menschen (50,5 %) gegen die Inbetriebnahme, 1.576.709 (49,5 %) dafür. In Niederösterreich votierten 341.831 Personen (50,8 %) für Zwentendorf, 330.323 (49,2 %) dagegen.

Nach der Volksabstimmung wird im Parlament das Atomsperrgesetz beschlossen, das Kernkraftwerk Zwentendorf geht nie in Betrieb. Im Jahr 2005 wird das Kraftwerk schließlich vom niederösterreichischen Energieversorger EVN gekauft, der dort ein Sicherheitstrainingszentrum einrichtet. Das Kernkraftwerk ist auch ein beliebter Drehort für Filme wie zum Beispiel „Restrisiko", „RZ2 – Grand Central" oder „Tag der Wahrheit", 2009 wird auf dem Gelände eine große Photovoltaikanlage errichtet. Das Kraftwerk selbst ist zum größten Teil noch im Originalzustand, es finden dort auch Führungen statt – für die Besucherinnen und Besucher ist es eine Reise in die Welt der späten 1970er-Jahre.

ZWETTL

Ein neues Krankenhaus für das Waldviertel

Der Neubau des Spitals stellt eine moderne medizinische Versorgung sicher

Zwettl ist der älteste Spitalsstandort des Waldviertels. Im Jahr 1564 wird erstmals ein städtisches Siechenhaus erwähnt, das 1872 in eine öffentliche Krankenanstalt umgewandelt wird. Im Laufe der 1960er-Jahre wird klar, dass Zwettl ein modernes, leistungsfähiges Spital braucht. 1973 findet der Spatenstich für den Neubau des Zwettler Krankenhauses auf dem Propsteiberg statt. Nach sechsjähriger Bauzeit wird das Spital im April 1979 eröffnet, der Neubau kostet 250 Millionen Schilling. Anfang Mai erfolgt die Übersiedelung der Patientinnen und Patienten in das neue Haus am Rand der Stadt. Das Krankenhaus verfügt über 215 Betten und hat Abteilungen für Innere Medizin, Chirurgie, Gynäkologie, Geburtshilfe und Kinderheilkunde.
Generell erfolgen in den 1970er-Jahren in Niederösterreich große Investitionen in das Gesundheitswesen. Die meisten öffentlichen Spitäler im Land stammen aus dem späten 19. Jahrhundert. Sie sind veraltet und werden modernen medizinischen Anforderungen nicht mehr gerecht. Schwerpunktkrankenhäuser müssen besser ausgestattet und neue Spezialabteilungen gegründet werden. Viele Spitäler werden nun entweder erweitert und modernisiert oder zur Gänze neu gebaut. Neben Zwettl werden unter anderem in Baden, Krems und Gmünd neue Krankenhäuser errichtet. Es ist das Ziel der Politik, eine wohnortnahe medizinische Versorgung auf modernem Niveau sicherzustellen, auch in den bevölkerungsschwachen ländlichen Regionen.

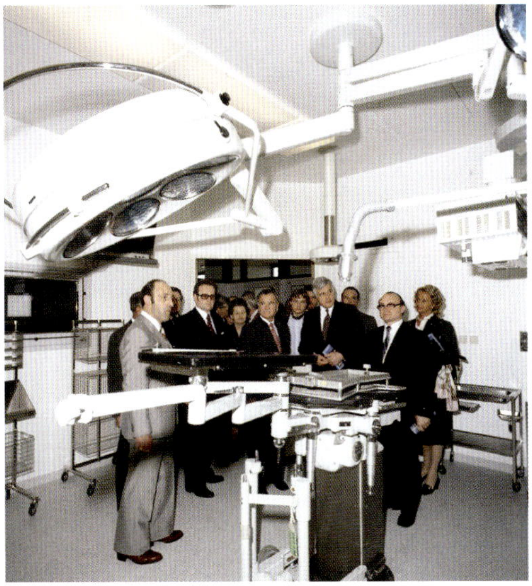

1) Luftansicht des Gebäudekomplexes des Krankenhaus in Zwettl.

2) 1979 wird das Krankenhaus in Zwettl nach sechs Jahren Bauzeit fertiggestellt.

3) Führung durch das neue Krankenhaus in Zwettl.

„In den 1970er-Jahren steigt die Zahl der Untersuchungen und Behandlungen in den Spitälern", sagt Petra Heidler, stellvertretende Leiterin des Departments für Wirtschaft und Gesundheit an der Donau-Universität Krems, „vor allem auch wegen der Einführung des Mutter-Kind-Passes und der kostenlosen Gesundenuntersuchung." Weil Arztpraxen damals oft noch nicht ausreichend ausgestattet sind, werden viele Behandlungen und Folgeuntersuchungen von den Spitälern übernommen.

» In den 1970er-Jahren werden viele Spitäler erweitert und modernisiert oder neu gebaut. Neben Zwettl werden auch in Baden, Krems und Gmünd neue Krankenhäuser errichtet.

In den folgenden Jahrzehnten werden die Spitäler weiter modernisiert und ausgebaut. Das übersteigt die finanziellen Möglichkeiten der vielfach kommunalen Spitalsträger, weshalb die Landesverwaltung diese Krankenhäuser zwischen 2004 und 2008 in die Niederösterreichische Landesklinikenholding übernimmt. Diese ist für die Führung und den Betrieb der Krankenanstalten an 27 Standorten zuständig.
2020 erfolgt die Gründung der Niederösterreichischen Landesgesundheitsagentur. Sie bildet das Dach für alle 27 Landes- und Universitätskliniken sowie 50 Pflege-, Betreuungs- und Förderzentren. Damit sollen die beiden Bereiche Gesundheit und Pflege gemeinsam organisiert werden.

WAS SONST NOCH GESCHAH

- Zwischen Stockerau und Hollabrunn wird der Schnellbahnverkehr aufgenommen.
- Zum ersten Mal gibt es an 345 Volks-, 72 Sonder- und 20 Polytechnischen Schulen die Fünf-Tage-Woche.
- In Klosterneuburg wird die Franz-Kafka-Gesellschaft gegründet. Der erste Preisträger des Franz-Kafka-Preises ist Peter Handke.
- Der Geiger Bijan Khadem-Missagh gründet das Kammermusikfestival Allegro Vivo.
- In St. Pölten wird mit der Restaurierung der ehemaligen Synagoge begonnen.

MOORBAD HARBACH

Ein Moorheilbad als Leitbetrieb für den Gesundheitstourismus

Der Gesundheits- und Wellnesstourismus belebt die niederösterreichischen Regionen

Seit den 1980er-Jahren gewinnt der Gesundheitstourismus in Niederösterreich immer mehr an Bedeutung. Die Bandbreite reicht von Wellness- und Fitnessurlauben in Hotels und Thermen bis hin zu Kur- oder Rehabilitationsaufenthalten. Hintergrund ist das generell steigende Gesundheitsbewusstsein und die Bereitschaft der Menschen, für ihre Gesundheit mehr Zeit und Geld aufzuwenden.

Im nördlichen Waldviertel wird im Jahr 1980 das Moorheilbad Harbach (Bezirk Gmünd) eröffnet. Das Gesundheits- und Rehabilitationszentrum ist auf die Vorbeugung und Behandlung von Beschwerden im Stütz- und Bewegungsapparat spezialisiert. Die Zahl der Patientinnen, Patienten und Gäste steigt von 1.500 im Eröffnungsjahr auf mittlerweile 8.700. Derzeit sind dort rund 450 Mitarbeiterinnen und Mitarbeiter beschäftigt. „Das Moorheilbad Harbach hat wesentlich zur touristischen und wirtschaftlichen Entwicklung im Bezirk Gmünd beigetragen“, sagt Geschäftsführerin Viktoria Magenschab. Man versuche, möglichst viele Produkte aus der Region zu beziehen, und sei damit auch ein wichtiger wirtschaftlicher Motor für das nördliche Waldviertel.

1) Das Moorheilbad Harbach heute.

2) Das Moorheilbad wird 1980 eröffnet.

3) Die Therme Laa wird 2016 erweitert.

4) Moorbad Harbach ist seit 2016 als Wanderdorf mit dem Österreichischen Wandergütesiegel ausgezeichnet.

„Die Nachfrage nach Gesundheits- und Wellnessurlauben steigt in den letzten Jahrzehnten stetig", betont der Geschäftsführer der Niederösterreich-Werbung, Michael Duscher. „Die aktive Gesundheitsvorsorge gewinnt auch bei Urlauberinnen und Urlaubern immer mehr an Bedeutung."

» Die Nachfrage nach Gesundheits- und Wellnessurlauben steigt in den letzten Jahrzehnten stetig«, betont Michael Duscher, der Geschäftsführer der Niederösterreich-Werbung.

Das Angebot in Niederösterreich wird deshalb laufend erweitert. Unter anderem wird im Jahr 2002 die Therme Laa an der Thaya (Bezirk Mistelbach) eröffnet, wenig später entsteht dort auch ein Thermenhotel. Zehn Jahre nach der Eröffnung haben bereits 3,5 Millionen Gäste die Therme besucht, ein Drittel kommt aus dem Ausland, vor allem aus Tschechien und der Slowakei. Die Therme Laa gilt als wichtiges Leitprojekt, das in einer strukturschwachen Region Hunderte Arbeitsplätze sichert. Auch im südlichen Niederösterreich wird eine neue Therme errichtet: 2008 öffnet in Bad Erlach (Bezirk Wiener Neustadt) die Therme Linsberg Asia samt Hotel ihre Pforten, die sich als Therme für Erwachsene positioniert. Bis zum Mai 2022 verzeichnet man dort bereits drei Millionen Besucherinnen und Besucher.

„Insgesamt wird mittlerweile ein Drittel der Gesamtnächtigungen in Niederösterreich dem Gesundheitstourismus zugeschrieben", so Michael Duscher. „Durch den demografischen Wandel und das steigende Gesundheitsbewusstsein in der Gesellschaft gehen wir davon aus, dass der Gesundheitstourismus künftig noch wichtiger werden wird."

WAS SONST NOCH GESCHAH

- Mit der Volks- und Sonderschule Lassee wird der tausendste Bau seit der Schaffung des Schul- und Kindergartenfonds eröffnet.
- Stephanshart bei Ardagger wird zum schönsten Blumendorf Europas gekürt, Krems erhält die Europa-Nostra-Medaille für vorbildliche Altstadtsanierung.
- In Neuhofen an der Ybbs wird die Ostarrichi-Gedenkstätte eröffnet, in Michelstetten das Schulmuseum.
- Die Handelskammer veranstaltet erstmals ein niederösterreichisches Unternehmerinnen-Forum.

1981

MARIA GUGGING

Wie aus einem Krankenhaus ein „Haus der Künstler" wird

Eine weltweit wichtige Ausstellungsplattform für Art Brut

Für die österreichische und die niederösterreichische Kunstszene ist das Jahr 1981 sehr wichtig, doch kaum jemand ist sich zu diesem Zeitpunkt der Bedeutung der getroffenen Entscheidung bewusst: Auf dem Areal des Landeskrankenhauses für Psychiatrie und Neurologie in Gugging wird ein Zentrum für Kunst- und Psychotherapie eröffnet. Seit 1989 heißt der zu Klosterneuburg (Bezirk Tulln) gehörende Ort Maria Gugging, die Landesnervenklinik Ost wird 2007 aufgelöst. Aus dem Zentrum wird 1986 das „Haus der Künstler", das jetzt zum Art Brut Center Gugging gehört. Was als Kunsttherapie begonnen hat, hat heute einen weltweit guten Ruf im Bereich der Art Brut („rohe Kunst"). Initiator und Leiter des Zentrums ist Leo Navratil. Der Psychiater und Neurologe ist seit 1946 in Gugging tätig. Er lässt seine Patienten zu therapeutischen Zwecken malen und zeichnen. Im Jahr 1970 werden die Werke erstmals ausgestellt und erhalten große Aufmerksamkeit. Auch internationale Anerkennung stellt sich für die „Gugginger Künstler" ein. Die Arbeiten Johann Hausers, August Wallas, Johann Fischers, Oswald Tschirtners und Ernst Herbecks werden zu einem Begriff in der Kunstwelt.
1986 wird das noch klinisch orientierte Zentrum für Kunst-Psychotherapie in eine Wohngemeinschaft für Künstler umgewandelt. Leiter des „Hauses für Künstler" wird Navratils Nachfolger, der Psychiater und Bildhauer Johann Feilacher. „Der Patientenstatus wird aufgehoben und den

1) Die Künstlerinnen und Künstler aus Gugging, 2017.

2) Das „Haus der Künstler“, 2014.

3) Oswald Tschirtner (1920–2007) ist einer der ersten Bewohner des„Hauses der Künstler“, 1983.

4) August Walla (1936–2001) gestaltet jahrelang sein Zimmer im „Haus der Künstler“, 2000.

WAS SONST NOCH GESCHAH

- Nach dem Rücktritt von Landeshauptmann Andreas Maurer wird Siegfried Ludwig als dessen Nachfolger gewählt, Landeshauptmann-stellvertreter wird Erwin Pröll.
- Die Ortsbildaktion „Niederösterreich schön erhalten, schöner gestalten“ startet.
- Die Donauufer-Autobahn (A22) Wien–Langenzersdorf–Korneuburg wird eröffnet, mit dem Bau der Schnellstraße Krems–St. Pölten (S33) wird begonnen.
- Das Land Niederösterreich und die Bezirkshauptmannschaften führen Abendsprechstunden ein.
- Die Landesbibliothek erwirbt das älteste in Niederösterreich gedruckte Buch, ein 1501 in Schrattenthal erschienenes lateinisches Marienandachtsbuch.

Menschen wird ihre Würde zurückgegeben“, so Feilacher. Der Mensch werde als Künstler in den Vordergrund gerückt. Dieser neue Blickwinkel entspricht auch dem Trend zur Humanisierung der Psychiatrie und zur Auflösung der Großinstitutionen in diesem Bereich. Im Mittelpunkt steht nun das Talent des Einzelnen, nicht die Krankheit oder die Behinderung, die damit zur Privatsache wird.

> » Das museum gugging zeigt die Werke der Künstlerinnen und Künstler am Ort ihres Entstehens, sie haben damit eine »permanente Bühne«. Es solle aber auch ein Forum für internationale Art Brut sein, so der künstlerische Direktor Johann Feilacher.

Seit dem Jahr 2006 gibt es das museum gugging, gegründet von Johann Feilacher und Nina Katschnig, Leiterin der seit 1994 bestehenden galerie gugging, in der Arbeiten der „Gugginger Künstler“ erworben werden können. Das museum gugging zeigt die Werke der Künstlerinnen und Künstler am Ort ihres Entstehens, sie bekommen damit eine „permanente Bühne“. Es soll aber gleichzeitig auch ein Forum für internationale Art Brut sein. Das museum gugging nimmt nach Auskunft seines künstlerischen Leiters Johann Feilacher eine einzigartige Position in der österreichischen Museumslandschaft ein und gehört international zu den wichtigsten Ausstellungshäusern für Art Brut.

1) 1982 wird festgestellt, dass chlorierte Kohlenwasserstoffe aus der Deponie das Grundwasser der Mitterndorfer Senke kontaminieren.
2) Bei der Räumung der Fischerdeponie in Theresienfeld bei Wiener Neustadt stößt man auf ein Lager mit mehr als 1.000 Giftfässern.
3) Die Deponie wird als bis zum damaligen Zeitpunkt größtes Altlastensanierungsprojekt Europas von 2001 bis 2005 saniert.

THERESIENFELD

Die Fischer-Deponie verseucht das Grundwasser

Giftfässer und gefährliche Abfälle lösen einen Umweltskandal aus

Hunderttausende Tonnen gefährliche Abfälle, darunter Tausende Fässer mit teils hochgiftigen Farb- und Lackrückständen, die ins Erdreich sickern – durch die Fischer-Deponie in Theresienfeld (Bezirk Wiener Neustadt) droht in den 1980er-Jahren eine Umweltkatastrophe. Das Grundwasser in der Mitterndorfer Senke, einem der größten Wasserspeicher Mitteleuropas, ist akut gefährdet. Zahlreiche Gemeinden beziehen aus dem riesigen Grundwassersee ihr Trinkwasser. Erst nach jahrelangen Rechts- und Verwaltungsverfahren kann die Fischer-Deponie mit Millionenaufwand saniert werden.
Im Jahr 1982 wird erstmals festgestellt, dass giftige Chemikalien, vor allem chlorierte Kohlenwasserstoffe, aus der Fischer-Deponie das Grundwasser kontaminieren. Bereits seit den 1970er-Jahren wird in der Deponie Industrie- und Gewerbemüll abgelagert. Die zuständigen Behörden stellen immer wieder Missstände fest. 1985 werden mehr als 500 illegal gelagerte Giftfässer entdeckt, die zum Teil 20 Meter tief in der Erde vergraben sind. Die Bezirkshauptmannschaft Wiener Neustadt lässt als Sofortmaßnahme die Fässer bergen, viele sind allerdings verrostet und undicht, ein Teil des giftigen Inhalts ist bereits ins Erdreich gelangt.

„Die Fischer-Deponie war eine der größten Umweltsünden und eine der größten Gefahren für das Grundwasser in der Geschichte Niederösterreichs", sagt der Umweltanwalt des Landes, Thomas Hansmann, rückblickend.

» Die Fischer-Deponie war eine der größten Umweltsünden und eine der größten Grundwassergefahren«, sagt Niederösterreichs Umweltanwalt Thomas Hansmann.

Erst 1987 wird die Fischer-Deponie endgültig geschlossen. Die aufwändige Räumung und Sanierung der „Altlast N1", wie die Deponie genannt wird, dauert allerdings noch Jahre, es ist damals das größte Altlastensanierungsprojekt Europas. Viele Anrainerinnen und Anrainer sowie Umweltschützerinnen und -schützer kritisieren die lange Dauer der Sanierung. Bei der Räumung der Deponie müssen mehr als 930.000 Tonnen teils giftige Abfälle, vor allem Bauschutt und Gewerbeabfälle, entfernt werden. Anschließend müssen noch weitere knapp 700.000 Tonnen verunreinigtes Erdreich und Schotter entsorgt werden. Die gefährlichen Abfälle werden in moderne Deponien gebracht oder verbrannt. Das ist auch eine gigantische logistische Herausforderung. Drei Jahre lang werden täglich 160 Lkw-Ladungen Deponiematerial abtransportiert.

Erst im Jahr 2005 kann die Sanierung der Fischer-Deponie abgeschlossen werden, die letzte Lkw-Ladung mit verunreinigtem Erdreich verlässt Theresienfeld. Die Gesamtkosten für die Räumung betragen 130 Millionen Euro.

Im Laufe der folgenden Jahre werden in Niederösterreich zahlreiche weitere Altlasten entdeckt, die nach und nach mit Millionenaufwand saniert werden müssen.

WAS SONST NOCH GESCHAH

- Das Teilstück Heiligenkreuz–Alland der Wiener Außenring-Autobahn wird eröffnet, damit gibt es eine Verbindung zwischen West- und Südautobahn.
- In der Landesverwaltung tritt eine neue Dienstanweisung in Kraft: Jede Eingabe ist innerhalb von drei Wochen schriftlich zu beantworten.
- Mit der Eröffnung einer Landwirtschaftlichen Fachschule für Mädchen wird Edelhof bei Zwettl zum größten landwirtschaftlichen Schulzentrum Österreichs.

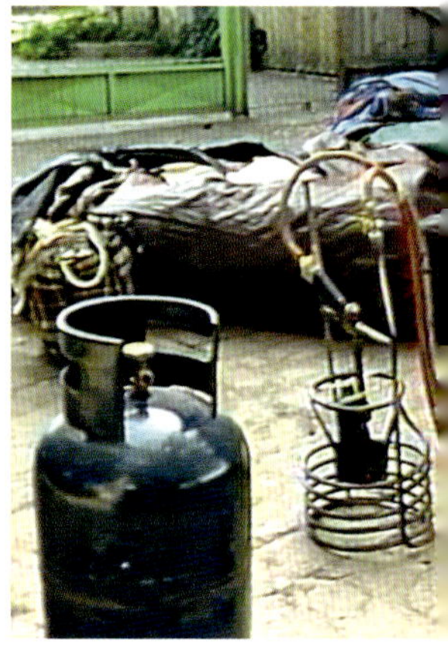

FALKENSTEIN

Mit einem Heißluftballon in die Freiheit

Eine tschechoslowakische Familie flieht über den Eisernen Vorhang

Im September 1983 nimmt einer der spektakulärsten Fluchtversuche über den Eisernen Vorhang einen glücklichen Ausgang: Eine Familie aus der Tschechoslowakei landet mit ihrem aus Regenmänteln gebastelten Heißluftballon bei Falkenstein (Bezirk Mistelbach).
Monatelang arbeitet der Radrennfahrer Róbert Hutyra unter größter Geheimhaltung an seinem Ballon. Die 14-jährige Tochter und der elfjährige Sohn werden erst zwei Tage vor der Flucht eingeweiht. Mit seiner Ehefrau und den Kindern startet Hutyra nach Einbruch der Dunkelheit in der Nähe von Znojmo (Znaim) seinen tollkühnen Flug. Die Familie nimmt nur zwei Taschen und das Rennrad des Vaters mit, das er am Ballonkorb befestigt. „Nach dem Aufstieg überkam mich ein Gefühl der Befreiung, und die ganze Anspannung der letzten Monate der Vorbereitung fiel mit einem Mal von mir ab", schildert Róbert Hutyra später seine Stimmung. Beim Überflug der Staatsgrenze werden die Flüchtenden von tschechoslowakischen Grenzwachen mit Leuchtraketen beschossen, sie können dennoch sicher in einem Weingarten bei Falkenstein landen.
Fluchtversuche sind am Eisernen Vorhang keine Seltenheit. Die 453 Kilometer lange Grenze zwischen Österreich und der Tschechoslowakei ist für viele Menschen aus dem ehemaligen „Ostblock" die letzte Barriere zum Westen. „Die Zahl der Geflüchteten dürfte von den

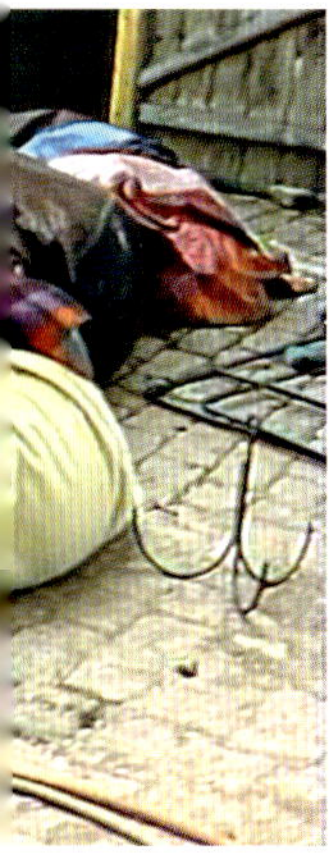

1) Dieser selbst gebaute Hängegleiter, der 1988 zur Flucht aus der Tschechoslowakei verwendet wurde, ist im Haus der Geschichte in St. Pölten zu sehen.
2) 1983 fliegen der Radsportler und seine Familie mit einem selbst gebastelten Heißluftballon über die Staatsgrenze nach Falkenstein.
3) Róbert Hutyra bei der Slowakei-Radrundfahrt 1966.

1950ern bis Ende der 1980er-Jahre bei einigen Tausend liegen", so Sabine Nachbaur, Historikerin am Ludwig Boltzmann Institut für Kriegsfolgenforschung. „Genaue Zahlen liegen bisher wegen der lückenhaften Aktenlage nicht vor." Die Flucht aus der Tschechoslowakei nach Österreich ist jedenfalls ein lebensgefährliches Unterfangen. Zahlreiche Flüchtende werden von Grenzsoldaten getötet. „Nach aktuellem Forschungsstand sind mehr als 140 Menschen bei Fluchtversuchen ums Leben gekommen, die Dunkelziffer dürfte noch höher liegen", meint Nachbaur.

» Nach aktuellem Forschungsstand sind mehr als 140 Menschen bei Fluchtversuchen ums Leben gekommen, die Dunkelziffer dürfte noch höher liegen«, sagt die Zeithistorikerin Sabine Nachbaur.

1986 etwa wird ein 18-jähriger DDR-Bürger kurz vor dem Grenzübergang Berg (Bezirk Bruck an der Leitha) von tschechoslowakischen Soldaten gestellt. Sie hetzen Wachhunde auf den Mann, die diesen zu Tode beißen. „Trotz des hohen Risikos fliehen zahlreiche Menschen vor der kommunistischen Repression, aber auch aufgrund der aussichtslosen allgemeinen wirtschaftlichen und politischen Situation, und suchen die Freiheit im Westen", so die Historikerin Sabine Nachbaur. Ein Großteil der Geflüchteten beantragt Asyl, die meisten wandern später von Österreich in andere Länder aus.
Auch Róbert Hutyra und seine Familie bleiben nach ihrer abenteuerlichen Flucht mit dem selbst gebastelten Heißluftballon nur vorübergehend in Niederösterreich. Sie finden schließlich in den USA ihre neue Heimat.

WAS SONST NOCH GESCHAH

- Als erstes Bundesland führt Niederösterreich den Familienpass ein, der Ermäßigungen bei kulturellen Veranstaltungen und in Museen des Landes bietet.
- Der beim Krankenhaus Krems stationierte ÖAMTC-Rettungshubschrauber Christophorus 2 wird in Dienst gestellt.
- Auf der elektrifizierten Strecke Wolkersdorf–Mistelbach wird der Schnellbahnverkehr aufgenommen.
- Auf der Burg Liechtenstein in Maria Enzersdorf gibt es erstmals Nestroy-Festspiele unter der Leitung von Elfriede Ott und Hans Weigel.

1) Der Nationalpark Donau-Auen heute.
2) Umweltschützer besetzen die Hainburger Au, um die Rodung des Auwaldes für den Bau eines Kraftwerks zu verhindern.
3) Friedensreich Hundertwasser (l.) mit einem von ihm gestalteten Plakat bei der Besetzung der Hainburger Au, 1984.

HAINBURGER AU UND HAINBURG AN DER DONAU

Die Au wird besetzt

Tausende Demonstrierende verhindern den Bau eines neuen Donaukraftwerks

„Rettet die Au" – am 8. Dezember 1984 demonstrieren etwa 8.000 Menschen bei einem von der Österreichischen Hochschülerschaft organisierten Sternmarsch in die Hainburger Au (Bezirke Gänserndorf und Bruck an der Leitha) für deren Rettung. Zuvor haben die Behörden den Bau des Kraftwerks Hainburg in der naturbelassenen Flusslandschaft bewilligt, im Auwald bei Stopfenreuth fahren bereits die Bagger auf. Mehrere Hundert Umweltschützerinnen und Umweltschützer bleiben in der Au, sie errichten dort Camps und schlafen in Zelten. So können sie vorerst die Einstellung der Rodungsarbeiten für den Kraftwerksbau erzwingen. Achim Doppler von der Niederösterreichischen Landesbibliothek ist damals als 17-jähriger Gymnasiast dabei. „Wir haben unsere Rucksäcke gepackt und sind mit Bussen in die Au gefahren, denn wir wollten das Kraftwerk um jeden Preis verhindern. Am Wochenende haben uns die Eltern Lebensmittel und Decken in die Au gebracht."
Trotz der kalten Winternächte harren die Aubesetzer aus. Es ist ein Patt zwischen den Umweltschützern und den Befürwortern des Kraftwerksbaus – neben der Bundesregierung vor allem auch die Gewerkschaft Bau-Holz. Am 15. Dezember sorgen Umweltaktivisten bei der TV-Samstagabendshow „Wetten, dass..?" für Aufsehen bei einem Millionenpublikum.

1984

Bundeskanzler Fred Sinowatz (SPÖ) ist dort Wettpate, die Aktivisten laufen mit einem Transparent „Nicht wetten – Donauauen retten" vor die Kameras. Als sie von Ordnern weggezerrt werden, sagt Moderator Frank Elstner: „In meinem Studio wird keiner rausgeschmissen", und gibt den Aktivisten Gelegenheit für eine kurze Stellungnahme.

» Der Maler und Sänger Arik Brauer ruft zum Widerstand auf: »Jetzt muss man herkommen, jetzt ist es vorbei mit dem Dichten und Singen, jetzt muss man seinen eigenen Kopf hinhalten.«

In der Hainburger Au, die zum Sperrgebiet erklärt worden ist, spitzt sich indessen die Lage zu. 800 Gendarmen und Polizisten stehen einigen Tausend Aubesetzerinnen und Aubesetzern gegenüber. Viele Prominente und Künstler unterstützen den Protest, etwa Arik Brauer, der zum Widerstand aufruft: „Jetzt muss man herkommen, jetzt ist es vorbei mit dem Dichten und Singen, jetzt muss man seinen eigenen Kopf hinhalten!" Am 19. Dezember erfolgt der Befehl, Teile der Au zu räumen. Es kommt zu gewaltsamen Szenen, einige Gendarmen setzen auch Gummiknüppel gegen die Demonstrantinnen und Demonstranten ein, es gibt mehrere Verletzte. Am Abend desselben Tages demonstrieren in Wien 40.000 Menschen gegen das Vorgehen der Regierung und den Kraftwerksbau.

Unter dem Druck der öffentlichen Meinung verhängt die Regierung schließlich einen Rodungsstopp und verkündet einen „Weihnachtsfrieden". Im März 1985 unterzeichnen rund 350.000 Personen das Konrad-Lorenz-Volksbegehren und können damit ein Bauverbot für Großkraftwerke und die Errichtung eines Nationalparks in den Donau-Auen durchsetzen.

WAS SONST NOCH GESCHAH

- Landeshauptmann Siegfried Ludwig stellt die Frage einer eigenen Landeshauptstadt für Niederösterreich zur Diskussion.
- Die restaurierte ehemalige Synagoge in St. Pölten wird mit der Ausstellung „Kult und Kultur des österreichischen Judentums" eröffnet.
- Am Edelhof bei Zwettl wird die WALDVIERTEL AKADEMIE und in Gablitz die Ferdinand-Ebner-Gesellschaft gegründet.
- In Wiener Neustadt wird die erste Luftgütemessstelle in Niederösterreich in Betrieb genommen.

1985

WAGRAM

Skandal um „Glykolwein“

Der Weinskandal erschüttert die Republik, Millionen Flaschen müssen vom Markt genommen werden

Im April 1985 wird bekannt, dass Weine aus Niederösterreich und dem Burgenland mit Diethylenglykol versetzt worden sind. Mit der Chemikalie, die sich üblicherweise in Frostschutzmitteln findet, soll der Wein süßer und vollmundiger schmecken. Ein großer Teil des beanstandeten Weines stammt aus der Region Wagram (Bezirk Tulln). „Der Glykolskandal erschüttert die gesamte heimische Weinwirtschaft“, sagt Josef Pleil, der frühere Präsident des Österreichischen Weinbauverbandes. Er ist damals Kammerrat in der Landwirtschaftskammer Niederösterreich. „Etwa 30 Winzer und Weinhändler haben den Skandal verursacht, indem sie gewöhnlichen Fasswein mit Glykol gepanscht und ihn als teureren Spätlesewein nach Deutschland verkauft haben.“ Gesundheitliche Schäden bei Weinkonsumenten werden nicht bekannt. Der Weinskandal ist wochenlang großes Thema in den österreichischen und deutschen Medien. Millionen Flaschen Wein müssen vom Markt genommen werden, Staatsanwaltschaften ermitteln. „Der gesamte österreichische Weinexport ist zusammengebrochen“, so Josef Pleil, „zahlreiche Großbetriebe haben ihren Markt verloren und sind in Konkurs gegangen, von denen viele gar nicht in den Skandal verwickelt waren.“ So geraten auch viele kleine, unbeteiligte Winzer in wirtschaftliche Schwierigkeiten und müssen aufgeben.

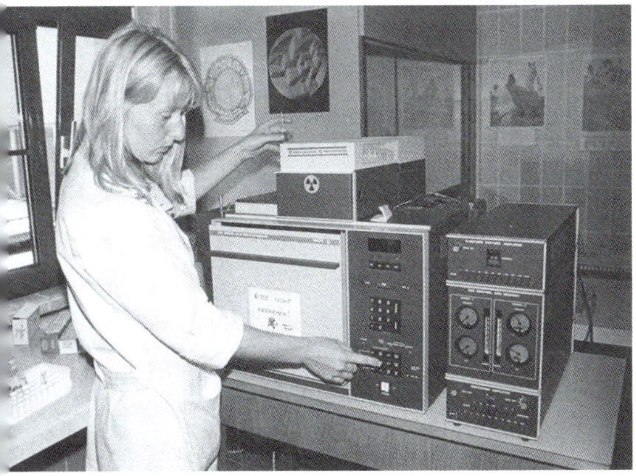

1) In Krefeld werden von den Bürgerinnen und Bürgern Flaschen mit gepanschtem Wein zu einem eigens dafür aufgestellten Container gebracht.
2) In einer Konsum-Filiale in Wien wird mit einem Aushang auf die Folgen des Weinskandals aufmerksam gemacht.
3) Ein Weintest-Laboratorium in Österreich.
4) Die Weinregion Wagram.

WAS SONST NOCH GESCHAH

- Bei einem Terroranschlag auf dem Flughafen Wien-Schwechat werden vier Menschen getötet, mehr als 30 verletzt.
- Auf der Strecke Wien–Tulln wird der Schnellbahnverkehr aufgenommen.
- In Groß-Schweinbarth wird das Museum für Volkskunde eröffnet. Es ist die elfte Außenstelle des Landesmuseums.
- In der Wiener Herrengasse wird die Blau-Gelbe Galerie als Forum für junge und moderne Kunst eröffnet.

Die heimische Weinwirtschaft steht nach dem Skandal vor einem Neuanfang. Noch im selben Jahr verabschiedet das Parlament das, wie es heißt, „strengste Weingesetz der Welt". Nachdem der Ruf des österreichischen Weines ruiniert ist, setzen die Winzer nun auf Qualität und nicht mehr auf Massenproduktion. „Klasse statt Masse", lautet die neue Devise. Deshalb wird eine Hektar-Höchstertragsbeschränkung eingeführt, alle Qualitätsweine brauchen eine obligatorische staatliche Prüfnummer. Es wird ein Gesamtkonzept für die Herkunftsbezeichnung der österreichischen Weine erstellt, das auch die Grundlage für die heutigen DAC-Weine bildet.

» Josef Pleil, ehemaliger Präsident des Österreichischen Weinbauverbandes: »Der gesamte österreichische Weinexport ist zusammengebrochen, zahlreiche Großbetriebe haben ihren Markt verloren.«

Bei den Weinbaubetrieben kommt es zu einer enormen Strukturbereinigung. Ihre Zahl sinkt – bei gleichbleibender Anbaufläche – von 45.000 im Jahr 1986 auf 10.000 im Jahr 2013. Die Winzer modernisieren ihre Betriebe, von der Traubenverarbeitung über die Kellerwirtschaft bis hin zur Abfüllung.
„Rückblickend kann man sagen, dass die heimische Weinwirtschaft schließlich gestärkt aus dieser Zeit hervorgegangen ist. Unser Wein genießt weltweit einen ausgezeichneten Ruf", bilanziert der langjährige Weinbaupräsident Josef Pleil. Derzeit werden rund 30 Prozent des österreichischen Weines exportiert, zwei Drittel davon aus Niederösterreich.

1) Der Landtag beschließt einstimmig, St. Pölten zur Landeshauptstadt zu erheben.

2) „Ein Land ohne Hauptstadt ist wie ein Gulasch ohne Saft" ist der bekannteste Slogan in der Diskussion über eine Landeshauptstadt.

3) Die Volksbefragung in Niederösterreich am 1. und 2. März 1986.

4) Nach dem Landtagsbeschluss herrscht bei den Politikerinnen und Politikern auf dem Balkon des Landhauses große Freude.

ST. PÖLTEN

Ein Land bekommt eine Hauptstadt

Eindeutiges Votum für die Stadt an der Traisen

„Ein Land ohne Hauptstadt ist wie ein Gulasch ohne Saft" – mit diesem Slogan wirbt Landeshauptmann Siegfried Ludwig (ÖVP) bereits 1984 für eine eigene niederösterreichische Landeshauptstadt. Nach der Trennung von Wien im Jahr 1922 ist der Sitz des Niederösterreichischen Landtages und der Landesregierung noch immer das historische Landhaus in der Wiener Herrengasse. Am 1. und 2. März 1986 findet schließlich die Volksbefragung über die Landeshauptstadt statt, mehr als 61 Prozent der Wahlberechtigten nehmen daran teil. Zwei Fragen werden gestellt: Zum einen geht es um die grundsätzliche Entscheidung für oder gegen eine Landeshauptstadt, zum anderen wird die Rangordnung zwischen einzelnen Städten erfragt.

Die Volksbefragung bringt ein überraschend klares Ergebnis – 56 Prozent stimmen für eine eigene Landeshauptstadt, 44 Prozent sind dagegen. Im Wald- und Mostviertel ist die Zustimmung deutlich stärker als im Wein- und Industrieviertel, deren Bevölkerung traditionell nach Wien ausgerichtet ist. Bei der zweiten Frage sprechen sich 45 Prozent für St. Pölten als Hauptstadt aus, gefolgt von Krems mit 29 Prozent, die Städte Baden, Tulln und Wiener Neustadt sind abgeschlagen.

1986

Für Siegfried Ludwig ist das Ergebnis der Volksbefragung auch ein persönlicher Triumph. Die Medien bezeichnen ihn als „Vater der Landeshauptstadt“: Ludwig ist von 1981 bis 1992 Landeshauptmann von Niederösterreich. Er drängt jahrelang darauf, die Landesregierung von Wien nach Niederösterreich zu verlegen, und bezeichnet dieses Projekt als „kühne, aber durchaus realistische Vision“. Mit der Volksbefragung hat Ludwig auch sein weiteres politisches Schicksal verknüpft. Hätten sich die Niederösterreicherinnen und Niederösterreicher gegen eine eigene Landeshauptstadt ausgesprochen, wäre er als Landeshauptmann zurückgetreten.

»Ein Land ohne Hauptstadt ist wie ein Gulasch ohne Saft«: Mit diesem Satz macht Landeshauptmann Siegfried Ludwig Werbung für die Gründung einer Landeshauptstadt.

Den Ausgang der Volksbefragung nennt Siegfried Ludwig nach der Auszählung der Stimmen ein „sensationelles Ergebnis“. Die hohe Beteiligung sei der Beweis, dass die Bürgerinnen und Bürger bei wichtigen Entscheidungen mitreden wollen, betont er.
Nach der Volksbefragung verhandeln ÖVP und SPÖ über ein gemeinsames Vorgehen. Nachdem sich der SPÖ-Landesparteivorsitzende Ernst Höger zuvor gegen eine Landeshauptstadt und stattdessen für ein Regionalkonzept ausgesprochen hat, wird nun ein Kompromiss gefunden. Sowohl die Landeshauptstadt als auch die Regionalförderung sollen umgesetzt werden.
Am 10. Juli 1986 fasst der Landtag von Niederösterreich den einstimmigen Beschluss, St. Pölten zur neuen Landeshauptstadt des Bundeslandes zu erheben.

WAS SONST NOCH GESCHAH

- Der Bau des Marchfeldkanals wird begonnen, mit dem der Grundwasserspiegel im Marchfeld gehoben werden soll.
- Die Ostautobahn (A4) bis Fischamend wird eröffnet.
- In Niederösterreich gibt es 86 Kinos, 634 Postämter und 460.000 Telefonanschlüsse.
- Hans Hermann Groër wird zum Erzbischof von Wien ernannt, Kurt Waldheim zum Bundespräsidenten gewählt.

1) Arbeiten an der 380-KV-Leitung Dürnrohr–Sarasdorf im Jahr 2014.
2) Im Kraftwerk Dürnrohr, aufgenommen anlässlich des „letzten Kohlefeuers" 2019.
3) Eine solarthermische Versuchsanlage der Heliovis AG.
4) Das Kraftwerk Dürnrohr in Zwentendorf an der Donau.

DÜRNROHR

Energiegewinnung aus Kohle und Müll

Das Kraftwerk Dürnrohr produziert jahrzehntelang Strom aus Kohle, aus Klimaschutzgründen wird es geschlossen

Die Frage der Energieversorgung bleibt auch in den 1980er-Jahren eine Herausforderung. Nach der Volksabstimmung über das Atomkraftwerk Zwentendorf ist die Kernenergie keine Option mehr, auch der Ausbau der Wasserkraft stößt aus Umweltschutzgründen an seine Grenzen. In der Nähe des nie in Betrieb genommenen Kernkraftwerks Zwentendorf wird deshalb das Kraftwerk Dürnrohr errichtet, um die entstandene Lücke in der Energieversorgung zu schließen.

In Dürnrohr (Bezirk Tulln) entsteht ein Dampfkraftwerk, das mit Steinkohle betrieben wird, die man aus Polen und der Tschechoslowakei importiert. Im Jahr 1987 wird es von der Verbund AG und dem niederösterreichischen Energieversorger EVN in Betrieb genommen. Das Kraftwerk nahe der Donau verfügt über zwei Blöcke und einen weithin sichtbaren 210 Meter hohen Schornstein, den höchsten Schornstein Österreichs.

„Dürnrohr ist über Jahrzehnte ein wichtiger Eckpfeiler der Versorgungssicherheit für ganz Ostösterreich", sagt der Sprecher der EVN, Stefan Zach. „Bei Volllast kann Dürnrohr Strom für mehr als 1,7 Millionen Haushalte erzeugen." Die bei der Kohleverbrennung entstehenden Rauchgase werden mit Filteranlagen gereinigt.

1987

Die Energiegewinnung aus Steinkohle wird allerdings immer unrentabler und entspricht auch nicht den modernen Klimaschutzkriterien, weil bei der Verbrennung große Mengen von Kohlendioxid freigesetzt werden. Dürnrohr zählt zu den Hauptverursachern von Treibhausgasen in Ostösterreich. 2015 schließt die Verbund AG einen Block des Kraftwerks, 2019 stellt die EVN nach 33 Jahren die Kohleverbrennung im zweiten Block ein. „Der frühzeitige Ausstieg aus der Kohle ist ein wichtiger Schritt für den Klimaschutz, aber eine große Herausforderung für die Versorgungssicherheit. Es vergrößert unsere Abhängigkeit von russischem Erdgas", erklärt EVN-Sprecher Stefan Zach.

» Dürnrohr ist über Jahrzehnte ein wichtiger Eckpfeiler der Versorgungssicherheit für ganz Ostösterreich«, sagt EVN-Sprecher Stefan Zach.

Der Standort Dürnrohr soll auch ohne Kohle ein wichtiger Energieknoten bleiben. 2004 errichtet die EVN neben dem Kraftwerk die größte Müllverbrennungsanlage Österreichs. Bis zu 500.000 Tonnen Haus- und Gewerbemüll werden dort jährlich verbrannt, 170.000 Haushalte können dadurch mit Strom versorgt werden. 2009 wird eine Fernwärmeleitung von Dürnrohr nach St. Pölten gebaut. Sie liefert fast zwei Drittel der Fernwärme für die Landeshauptstadt.

Die EVN setzt in Dürnrohr weiter auf erneuerbare Energien. Derzeit entsteht auf dem Kraftwerksgelände eine Klärschlammverbrennungsanlage. Auf der ehemaligen Kohlenhalde des Kraftwerks soll auch eine große Photovoltaikanlage errichtet werden.

WAS SONST NOCH GESCHAH

- Die Landeshauptstadt-Planungsgesellschaft nimmt ihre Tätigkeit auf.
- Das Land Niederösterreich verkauft das Amtsgebäude in der Wiener Operngasse an die Creditanstalt-Bankverein.
- Die Aktion „Niederösterreichs Schuljugend lernt die Landeshauptstadt kennen" startet.
- In Niederweiden findet die Pflüger-Weltmeisterschaft statt. Karl Altmann aus Schweiggers wird Weltmeister.

KREMS

Das Donaufestival als internationale Kunst-Plattform

Ein Festival, das ein „Labor zur Sondierung der Gegenwart" sein möchte

Wenige Tage, bevor am 10. Juli 1986 der Landtag von Niederösterreich St. Pölten zur Landeshauptstadt erhebt, wird ein Kulturprojekt vorgestellt, das österreichweit für Aufsehen sorgt: Im Jahr 1988 soll in Niederösterreich erstmals das Donaufestival stattfinden. Nach den Wünschen des Landes soll es ein Festival der Sinne, der Fantasie und der Emotion sein, eine Plattform für Musik, bildende Kunst, Theater, Tanz, Film, Video, Literatur und experimentelle Architektur. Ab Mitte Juni 1988 wird Niederösterreich für das erste Donaufestival fünf Wochen lang zu einer einzigen Bühne. In 60 Orten des Landes werden etwa 200 Veranstaltungen angeboten, man präsentiert nationale und internationale Kunst. Zu den Höhepunkten zählt die Uraufführung des Musikdramas „1000 Airplanes On The Roof" des renommierten US-Komponisten Philip Glass im Hangar 3 des Flughafens in Schwechat. 1990, zwei Jahre nach dem ersten Festival, übernimmt der Kulturmanager und Initiator des Wiener Stadtfests, Alf Krauliz, die Intendanz.

Das zweite Niederösterreichische Donaufestival gibt es 1992. Es versteht sich als poetische Entdeckungsreise durch die internationale Kulturszene, das Eröffnungskonzert bestreitet Joe Zawinul. Das Motto lautet „Räume in Bewegung", was vor allem durch das Festivalschiff zum

1) Das Donaufestival im „Zeitalter der Entgrenzung der Künste".

2) „Räume in Bewegung" war eines der Mottos des Donaufestivals.

3) Musik war und ist einer der Schwerpunkte des Festivals.

4) An zwei verlängerten Wochenenden im Spätfrühling wird Krems zur Festivalstadt.

WAS SONST NOCH GESCHAH

- In einigen niederösterreichischen Städten werden gebührenpflichtige Kurzparkzonen eingeführt.
- Auf mehreren Nebenstrecken der ÖBB wird der Personenverkehr eingestellt.
- Die Wissenschaftliche Landesakademie für Niederösterreich mit Sitz in der ehemaligen Tabakfabrik in Krems-Stein wird gegründet.
- Das Institut für Geschichte der Juden wird gegründet, seinen Sitz hat es in der ehemaligen Synagoge in St. Pölten.

Ausdruck kommt, das auf der Donau zur schwimmenden Bühne wird. Krauliz geht es um die Auseinandersetzung mit den unterschiedlichen Ausdrucksformen der Kunst und die Konfrontation von Modernem mit Traditionellem. Er steht bis zum Jahr 2000 an der Spitze des Festivals. Trotz zahlreicher bekannter Künstlerinnen und Künstler, die er zum Donaufestival einlädt, sagt Krauliz zum Abschied: „In all den Jahren habe ich stets bewusst auf heimische junge Talente im internationalen Kontext gesetzt. Das Festival verhalf vielen Choreografen, Autoren, Komponisten und bildenden Künstlern zum Durchbruch."

» Das Festival verhalf vielen Choreografen, Autoren, Komponisten und bildenden Künstlern zum Durchbruch«, sagt Alf Krauliz, Donaufestival-Intendant von 1990 bis 2000.

2005 übernimmt Thomas Zierhofer-Kin von Eva Hosemann und Stephan Bruckmeier die Intendanz, die das Festival zeitlich vom Sommer ins Frühjahr verlegten. Zierhofer-Kin setzt auf eine neue inhaltliche Ausrichtung und Positionierung. Schon bald wird das Donaufestival eine internationale Plattform für neue Performance-Kunst und -Musik mit Krems als einzigem Schauplatz. Seit 2017 heißt der Künstlerische Leiter Thomas Edlinger. Bei seinem Antritt meint er, er wolle beim jährlich stattfindenden Donaufestival an zwei verlängerten Wochenenden im Spätfrühling in Krems „weiterhin intensive Erfahrungen im Zeitalter der Entgrenzung der Künste garantieren. Ich sehe es aber auch als ein Labor zur Sondierung der Gegenwart."

1989

LAA AN DER THAYA UND HAUGSDORF

Der Fall des Eisernen Vorhangs

Außenminister Mock durchschneidet mit seinem tschechoslowakischen Amtskollegen symbolisch den Stacheldraht

Es ist ein Symbol für einen Wendepunkt der Geschichte: Am 17. Dezember 1989 durchtrennen bei Laa an der Thaya (Bezirk Mistelbach) der österreichische Außenminister Alois Mock und der tschechoslowakische Außenminister Jiří Dienstbier den Stacheldrahtzaun zur ČSSR. Mit dem Fall des Eisernen Vorhangs geht für viele Menschen entlang der Grenze zwischen Niederösterreich und der Tschechoslowakei ein lang gehegter Wunsch in Erfüllung. Bei einem „Fest der Begegnung" feiern in Laa an der Thaya und Haugsdorf (Bezirk Hollabrunn) Tausende diese Sternstunde. Nach Jahrzehnten der kommunistischen Diktatur öffnet sich für die Bürgerinnen und Bürger der östlichen Nachbarstaaten der Weg in die Freiheit. Außenminister Alois Mock nennt den Fall des Eisernen Vorhangs den „schönsten Augenblick" seines Berufslebens.

Seit dem Zweiten Weltkrieg trennt der Eiserne Vorhang das kommunistische Osteuropa vom Westen. In den 1980er-Jahren setzt Michail Gorbatschow in der Sowjetunion einen politischen und gesellschaftlichen Erneuerungsprozess in Gang. „Glasnost" („Offenheit")

1) ČSSR-Reisewelle nach Österreich: Grenzübergang bei Bratislava.

2) Der österreichische Außenminister Alois Mock (l.) und sein tschechoslowakischer Amtskollege Jiří Dienstbier (r.) durchtrennen den Eisernen Vorhang am 17. Dezember 1989 nahe Laa an der Thaya.

3) Tschechoslowakische Soldaten entfernen im Dezember 1989 den Eisernen Vorhang an der österreichisch-tschechoslowakischen Grenze.

4) Nach der Öffnung der Grenze kommen viele Menschen aus der ČSSR zum Einkaufen nach Wien.

und „Perestroika" („Umbau") führen zu Reformen und schließlich zum Zusammenbruch des „Ostblocks".

Das Jahr 1989 geht als „annus mirabilis" – als „wunderbares Jahr" – in die Geschichte ein, die Ereignisse überschlagen sich. Zuerst beginnt Ungarn im Mai, die Grenzanlagen des Eisernen Vorhangs schrittweise abzubauen, am 27. Juni durchschneiden Außenminister Alois Mock und sein ungarischer Amtskollege Gyula Horn symbolisch den Grenzzaun. „Die Grenze zwischen Ost und West wird allerdings noch immer bewacht", sagt der Historiker und Leiter der Landessammlungen Niederösterreich, Armin Laussegger. „Im August gelingt beim ‚Paneuropa-Picknick' Hunderten DDR-Bürgerinnen und -Bürgern die Flucht von Ungarn nach Österreich. Im September öffnet die ungarische Regierung für Tausende ausreisewillige DDR-Bürger die Grenze in den Westen."

» Der Kalte Krieg, der Europa in zwei Hälften geteilt und die Menschen voneinander getrennt hat, ist damit überwunden«, so der Historiker Armin Laussegger über den Fall des Eisernen Vorhangs.

Die ČSSR öffnet am 4. Dezember ihre Grenzen, Punkt Mitternacht gehen die Grenzbalken nach oben. Die Freude bei den tschechoslowakischen Nachbarn ist überschwänglich, vor den Grenzübergängen zu Niederösterreich bilden sich kilometerlange Staus. „40 Jahre lang habe ich auf diesen Augenblick gewartet", sagt ein Autofahrer, als er die Grenze überquert.

Der Fall des Eisernen Vorhangs verändert das Antlitz Europas grundlegend. „Der Kalte Krieg, der Europa in zwei Hälften geteilt und die Menschen voneinander getrennt hat, ist damit überwunden", betont Armin Laussegger. Niederösterreich liegt nicht mehr am Rand der freien Welt, sondern im Herzen des neuen Europas.

WAS SONST NOCH GESCHAH

- Mit der Eröffnung der Nordbrücke über die Traisen in St. Pölten ist das erste Bauwerk der Landeshauptstadt fertiggestellt.
- Die Energieversorgung Niederösterreich (EVN) wird durch die Ausgabe von Aktien teilprivatisiert.
- Der Grundstein für die Errichtung des Archäologischen Parks Carnuntum wird gelegt.
- Zum ersten Mal findet in Ybbs an der Donau das Kabarett- und Kleinkunstfestival Ybbsiade statt.

SCHILTERN

Eine Arche für heimische Pflanzen

Der Verein ARCHE NOAH widmet sich dem Erhalt alter Obst- und Gemüsesorten

Die Vielfalt der heimischen Kulturpflanzen zu erhalten – dieses Ziel hat sich der Verein ARCHE NOAH gesteckt. Denn diese Vielfalt der Natur ist bedroht und nimmt in Europa mit alarmierendem Tempo ab. Die Erhaltung alter Obst-, Gemüse-, Getreide- und Kräutersorten ist deshalb besonders wichtig. Im Jahr 1990 wird ARCHE NOAH gegründet, vier Jahre später bezieht der Verein im Barockschloss Schiltern bei Langenlois (Bezirk Krems) Quartier.

„Die Natur ist das einzige Buch, das Blatt für Blatt großen Gehalt bietet", schrieb Johann Wolfgang von Goethe. Dieses „Buch der Natur" lässt sich im Schaugarten von ARCHE NOAH in Schiltern studieren. 500 alte Pflanzensorten sind dort zu besichtigen. Ein Schwerpunkt sind alte Obst- und Gemüsesorten, wie die „Schafnase", eine alte Apfelsorte, oder „Ochsenherzen", das sind besonders große Paradeiser. Besucherinnen und Besucher können bei ARCHE NOAH auch Obstsorten aus ihrem eigenen Garten von Expertinnen und Experten bestimmen lassen und Bio-Saatgut oder seltene Pflanzen kaufen.

Das Herzstück von ARCHE NOAH ist das Samenarchiv. Es ist sozusagen eine Schatzkammer der Natur. Dort werden die Samenkörner und Knollen von 5.500 Pflanzensorten sorgfältig aufbewahrt. Man kann hier die Samen vieler alter Obst- und Gemüsesorten, die nicht – oder nicht

1) Der ARCHE NOAH Schaugarten mit historischer Obstbaumwiese vor dem denkmalgeschützten Pavillon.
2) Bis zu 30.000 Gäste besuchen jährlich den ARCHE NOAH Schaugarten.
3) Diversität der Kulturpflanzen und Sortenraritäten sind wichtig.
4) Saatgutgewinnung in Schiltern.

mehr – im Handel erhältlich sind, finden. Das Archiv enthält unter anderem 800 Bohnen- und 600 Paradeisersorten. Im deutschsprachigen Raum ist diese Sammlung einzigartig. Immer wieder sind deshalb Wissenschafterinnen und Wissenschafter zu Gast in Schiltern. ARCHE NOAH arbeitet mit Partnern auf der ganzen Welt zusammen, die seltene Sorten erhalten, anbauen und verkaufen.

» Die FAO schätzt, dass seit dem Jahr 1900 die Sortenvielfalt der Kulturpflanzen zu 75 Prozent unwiederbringlich verloren gegangen ist«, sagt Volker Plass, Geschäftsführer von ARCHE NOAH.

Der Kampf für die Vielfalt ist schwierig. „Die Welternährungsorganisation FAO schätzt, dass die Sortenvielfalt der Kulturpflanzen seit dem Jahr 1900 zu 75 Prozent unwiederbringlich verloren gegangen ist", sagt ARCHE-NOAH-Geschäftsführer Volker Plass. „Nur etwa 100 Kulturpflanzenarten – von 4.800 – machen 90 Prozent der weltweiten Nahrungsmittelernte aus. Wir kämpfen auch in Brüssel darum, dass das zukünftige EU-Saatgutrecht mehr Vielfalt in der Landwirtschaft erlaubt", betont Plass.
Heute ist der Verein ARCHE NOAH eine der größten Organisationen für die Erhaltung von Kulturpflanzen in Europa und hat rund 17.000 Mitglieder und Förderer. 2014 wird das „Wissen um traditionellen Samenbau und Saatgutgewinnung" von der UNESCO als immaterielles Kulturerbe Österreichs anerkannt.

WAS SONST NOCH GESCHAH

- Ernst Hoffmann gewinnt den Architekturwettbewerb für den Bau des neuen Regierungsviertels in St. Pölten.
- Die Landessportschule in St. Pölten wird fertiggestellt, das erste verwirklichte Hochbauprojekt des Landes seit der Hauptstadtgründung.
- An der Staatsgrenze zur Tschechoslowakei werden aufgrund des verstärkten Reiseverkehrs provisorische Grenzübergänge errichtet.
- In Maria Taferl wird auf Initiative des Landes Niederösterreich die ARGE Donauländer gegründet. Ziel ist die grenzüberschreitende Kooperation der an der Donau liegenden Regionen und Länder.

PERCHTOLDSDORF

Der erste Österreicher fliegt ins All

Franz Viehböck sieht die Erde aus dem Weltraum

Fünf, vier, drei, zwei, eins – am 2. Oktober 1991 um 6.59 MEZ hebt eine Rakete Sojus-TM 13 mit dem Niederösterreicher Franz Viehböck an Bord vom russischen Weltraumbahnhof in Baikonur (Kasachstan) ab. Im Zuge des österreichisch-russischen Weltraumprojekts „Austromir" fliegt der erste – und bisher einzige – Österreicher ins All. Der Start geht problemlos vor sich, trotzdem beschreibt Viehböck diesen Augenblick in einem Interview als „immens aufregenden Moment. Vor allem die Sekunden vor dem Zünden der Triebwerke, wo noch alles relativ ruhig ist, da spürt man das Herz schlagen."
Der Startschuss für diese internationale Zusammenarbeit fällt 1987. Bei einem Besuch in Österreich macht der sowjetische Ministerpräsident Nikolai Ryschkow das Angebot, dass Österreich sich an einem bemannten sowjetischen Raumprojekt samt Flug eines Österreichers zur Raumstation Mir beteilige. Am 5. April 1988 beschließt die Bundesregierung den Flug eines Österreichers zur Mir.
Auf ein Inserat in den Medien melden sich mehr als 220 Bewerber, darunter 20 Frauen, für die historische Mission. 198 Personen erfüllen alle notwendigen Voraussetzungen, wie eine ausgezeichnete Gesundheit, eine naturwissenschaftliche, technische oder medizinische Aus-

1) Franz Viehböck nach der Landung am 10. Oktober 1991 in der Steppe von Kasachstan.

2) Die beiden Austronauten Clemens Lothaller (l.) aus Wien und Franz Viehböck aus Perchtoldsdorf treten ihre Reise von Wien nach Moskau an.

3) Die Sojus-Rakete TM-13, mit der Franz Viehböck im Zuge der Austromir-Mission ins All fliegt.

4) Franz Viehböck mit der Besatzung der Raumstation Mir.

WAS SONST NOCH GESCHAH

- Die Volkszählung 1991 ergibt für Niederösterreich 1,473.813 Einwohnerinnen und Einwohner, die größten Städte sind St. Pölten (50.026), Wiener Neustadt (35.134), Klosterneuburg (24.442), Baden (23.448) und Krems (22.766).
- In Niederösterreich werden kleinere Bezirksgerichte und kleinere Gendarmerieposten geschlossen bzw. zusammengelegt.
- Der Wiener Weihbischof Kurt Krenn wird zum Bischof von St. Pölten ernannt, Christoph Schönborn zum Weihbischof der Erzdiözese Wien.
- Die Kulturabteilung des Landes gründet den Verlag Literaturedition Niederösterreich, mit dem Veröffentlichungen sowie Autorinnen und Autoren gefördert werden.

bildung, ein Idealalter zwischen 30 und 40 Jahren, die Bereitschaft zu einer intensiven 18-monatigen Ausbildung und nach Möglichkeit Kenntnisse der russischen Sprache. Von den zwei ausgebildeten Kandidaten erhält letztlich der 29-jährige Elektrotechniker Franz Viehböck aus Perchtoldsdorf (Bezirk Mödling) gegenüber dem 26-jährigen Wiener Mediziner Clemens Lothaller den Vorzug.

» Der Start sei ein immens aufregender Moment gewesen, so Franz Viehböck: »Vor allem die Sekunden vor dem Zünden der Triebwerke, wo noch alles relativ ruhig ist, da spürt man das Herz schlagen.«

Bei seinem einwöchigen Aufenthalt im All führt Viehböck 15 wissenschaftliche Experimente durch. Nach sieben Tagen und 22 Stunden kehrt er zurück. Am 10. Oktober landet die Kapsel um 5.12 Uhr bei Arkalyk in Kasachstan, etwa 900 Kilometer von Baikonur entfernt. Viehböcks erste Worte: „Mir geht es gut, alles in Ordnung. Es war aber eine harte Landung. Wenn ich dafür nicht so viel trainiert hätte, wäre mir das Herz in die Hose gerutscht." Die Kosten für das Projekt betragen laut Technischem Museum Wien etwa 230 Millionen Schilling, was inflationsbereinigt knapp 29 Millionen Euro entspricht. Im Auftrag der Bundesregierung hält Viehböck während der folgenden zwei Jahre Vorträge und Informationsveranstaltungen über die Mission. Später wird er Technologiebeauftragter des Landes Niederösterreich.

1) Erwin Pröll überreicht Peter Turrini den Kulturpreis des Landes Niederösterreich, 2003.
2) Johanna Mikl-Leitner wird im März 2017 Prölls Nachfolgerin an der Spitze der ÖVP Niederösterreich.
3) Erwin Pröll und Wiens Bürgermeister Michael Häupl, 2001.
4) Die Schlussveranstaltung der ÖVP Niederösterreich im Landtagswahlkampf des Jahres 2013.

ST. PÖLTEN

Erwin Pröll wird Landeshauptmann

Fast 25 Jahre lang prägt er die Politik in Niederösterreich

„Es gibt nichts Schöneres, als Landeshauptmann von Niederösterreich zu sein" – seine Verbundenheit mit Niederösterreich betont Erwin Pröll immer wieder. Er ist fast 25 Jahre lang Landeshauptmann und damit einer der am längsten dienenden Spitzenpolitiker der Republik. Als einer der mächtigsten ÖVP-Politiker hat Erwin Pröll auch großen Einfluss in der Bundespolitik.

Am 22. Oktober 1992 wird Erwin Pröll als Landeshauptmann angelobt, zuvor ist der studierte Agrarökonom aus Radlbrunn (Bezirk Hollabrunn) bereits Landesrat und Landeshauptmann-stellvertreter. Pröll steht vor der Herausforderung, Niederösterreich vom ehemaligen Grenzland am Eisernen Vorhang zu einer modernen Region in der Mitte Europas zu entwickeln. In seine Amtszeit fällt die Übersiedelung der Landesverwaltung nach St. Pölten. Schwerpunkte von Prölls Politik sind die Stärkung des ländlichen Raumes und der Ausbau des Wirtschafts-, Forschungs- und Bildungsstandortes.

„Erwin Pröll ist einerseits ein machtbewusster Politiker mit ausgeprägtem Gestaltungswillen", analysiert der Publizist und ehemalige Senior Editor des Nachrichtenmagazins „News", Hubert Wachter, „andererseits ist Pröll ein volksnaher Politiker, der pausenlos im Land unterwegs ist."

1992

In Krems entsteht in Prölls Amtszeit die Donau-Universität, in Wiener Neustadt das Krebsforschungs- und Behandlungszentrum MedAustron und in Maria Gugging das Institute of Science and Technology Austria. Das Musikfestival in Grafenegg erlangt internationale Bedeutung. Herausforderungen sind Naturkatastrophen wie das Jahrhunderthochwasser 2002. Angesichts der meterhohen Überflutungen verspricht Pröll, Niederösterreich wieder zu einem „Schmuckkasterl" zu machen.

» Erwin Pröll ist einerseits ein machtbewusster Politiker mit ausgeprägtem Gestaltungswillen, andererseits ist er ein volksnaher Politiker, der pausenlos im Land unterwegs ist«, analysiert der Publizist Hubert Wachter.

Bei fünf Landtagswahlen erreicht Erwin Pröll nach anfänglichen Rückschlägen dreimal die absolute Mehrheit. 2008 kommt die ÖVP auf 54,4 Prozent. „Die Volkspartei Niederösterreich ist das Bollwerk der Bundes-ÖVP", so Publizist Hubert Wachter, „Pröll setzt aufgrund seiner politischen Stärke im eigenen Land auch niederösterreichische Interessen auf Bundesebene durch."

Fast legendär ist Prölls enge Zusammenarbeit mit dem Wiener SPÖ-Bürgermeister Michael Häupl. Er betreibt eine aktive Landesaußenpolitik und setzt sich besonders für die Stärkung der Regionen in der EU ein. Immer wieder wird Pröll als Anwärter auf das Amt des Bundespräsidenten gehandelt, 2016 schließt er das aus.

Am 19. April 2017 tritt Erwin Pröll nach fast 25 Jahren als Landeshauptmann von Niederösterreich zurück und übergibt sein Amt an Johanna Mikl-Leitner. Seine Abschiedsrede im Landtag schließt Pröll mit den Worten: „Gebt alles für dieses unser Niederösterreich. Der Herrgott möge euch dabei umsichtig und treu begleiten."

WAS SONST NOCH GESCHAH

- In St. Pölten wird der Spatenstich für das neue Regierungsviertel vorgenommen.
- Die erste Baustufe des Marchfeldkanals wird fertiggestellt, der Kanal bis Deutsch-Wagram geflutet.
- Ein Linzer Möbelhändler gesteht, die sterblichen Überreste von Mary Vetsera aus ihrem Grab auf dem Friedhof von Heiligenkreuz gestohlen zu haben.

1993

POYSDORF

Niederösterreich wird für viele Menschen zur zweiten Heimat

Auf der Flucht vor Krieg und Gewalt

„Mit dem letzten Flugzeug haben wir uns nach Österreich gerettet", erinnert sich die damals elfjährige Merina Thralovic. In ihrer Heimatstadt Prijedor (Bosnien) steht im Frühjahr 1993 der Bürgerkrieg kurz bevor. Der rettende Zufluchtsort: Poysdorf (Bezirk Mistelbach). Ihr Vater ist, so wie zahlreiche andere Bosnier, in den 1970er-Jahren als „Gastarbeiter" nach Österreich gekommen und hat hier einen sicheren Arbeitsplatz. Aufgrund der unsicheren Lage in der Heimat lässt er seine Familie nachkommen.

Mit der raschen Flucht ist die Familie aber nicht allein. „Plötzlich sind 20 Personen am Hauptplatz gestanden", erzählt die Poysdorfer Flüchtlingshelferin Maria Loley Jahre später in einem Interview, „total erschöpft, sie weinten und waren ratlos." Der Großteil hat einen wochenlangen Fußmarsch hinter sich, in der Hand halten manche nur ein Plastiksackerl mit den wichtigsten Habseligkeiten. Innerhalb einer Stunde organisiert Loley etwa 20 Privatquartiere. Einheimische stellen Möbel, Kleider und Lebensmittel zur Verfügung.

Poysdorf steht beispielhaft für viele kleine ländliche Gemeinden, die Flüchtende aus dem Bosnienkrieg aufnehmen und diese oft erfolgreich integrieren können. Im Zuge der Bosnien-

1) In Baden angekommene Bosnien-Flüchtlinge, 1993.

2) Mit Maria Loley als treibender Kraft wird in Poysdorf für jede Familie eine Ansprechperson organisiert.

3) In den Schulen werden die geflüchteten Kinder betreut.

4) Die Flüchtlingshelferin Maria Loley beim Fackelzug für Toleranz und Dialog in Poysdorf im November 1995 anlässlich der Briefbombenserie, bei der Loley schwer verletzt wird.

De-facto-Unterstützungsaktion werden Tausende Menschen, die auf der Flucht vor den Kämpfen des Bosnienkrieges Niederösterreich erreichen, in Privatquartieren, Pfarrhöfen und leer stehenden Pensionen, aber auch in öffentlichen Gebäuden wie Schulen untergebracht. Um der großzügigen Unterstützung eine Struktur zu geben, wird in Poysdorf der Verein „Bewegung Mitmensch" gegründet. Mit Loley als treibender Kraft wird für jede Familie eine Ansprechperson organisiert. 1994 erhält die Flüchtlingshilfe Poysdorf den erstmals vergebenen und mit 100.000 Schilling dotierten Preis des UN-Hochkommissariats für Flüchtlinge.

» Plötzlich sind 20 Personen am Hauptplatz gestanden, total erschöpft, sie weinten und waren ratlos«, so die Poysdorfer Flüchtlingshelferin Maria Loley über das Jahr 1993.

Wegen ihres Engagements für Flüchtlinge wird Maria Loley am 16. Oktober 1995 ein Opfer des Briefbombenattentäters Franz Fuchs. Sie wird schwer verletzt, als sie am Postamt von Poysdorf ein mit einer Sprengladung versehenes, an sie adressiertes Schreiben öffnet.
Von den rund 90.000 Menschen, die von 1992 bis 1995 vor der Gewalt und dem Krieg auf dem Balkan nach Österreich fliehen, finden etwa 60.000 hier eine zweite Heimat. Dies ist ein weitaus größerer Anteil als unter jenen Flüchtenden, die etwa infolge der Besetzung Ungarns durch Staaten des Warschauer Pakts (1956) oder nach dem Prager Frühling (1968) langfristig in Österreich bleiben. Viele der damaligen Flüchtlinge sind bis heute geblieben.

WAS SONST NOCH GESCHAH

- In einigen niederösterreichischen Postämtern werden Briefbomben aufgegeben. Mehrere Personen werden beim Öffnen der Briefe verletzt, so auch der Wiener Bürgermeister Helmut Zilk.
- Die Korneuburger Schiffswerft wird geschlossen.
- In Bruck an der Leitha, Eggenburg, Retz, Waidhofen an der Thaya, Waidhofen an der Ybbs und Wiener Neustadt wird die Stadterneuerungsaktion gestartet.

1) Das Kernstück der neuer Bahnverbindung zwischen Wien und St. Pölten ist der 13 Kilometer lange Wienerwaldtunnel.
2) Die Semmeringbahn ist die erste normalspurige Gebirgsbahn Europas.
3) Die Inbetriebnahme des Semmering-Basistunnels ist für 2030 geplant.

GLOGGNITZ

Die unendliche Geschichte eines Bahntunnels

Es soll durch und nicht mehr über den Semmering gehen

Bereits in den 1950er-Jahren entstehen erste Pläne für ein Tunnelprojekt unter dem Semmering zwischen Gloggnitz (Bezirk Neunkirchen) und Mürzzuschlag (Steiermark). Ziel ist es, die 1854 eröffnete Semmeringbahn zu entlasten und einen reibungslosen Güterverkehr auf der Südbahn zu ermöglichen. 1994 wird von der steirischen Seite aus mit dem Bau eines Sondierstollens begonnen.

Doch das Projekt ist von Beginn an umstritten. Umwelt- und Bürgerinitiativen sehen den Wasserhaushalt der Region gefährdet und protestieren gegen den Semmering-Basistunnel. Auch das Land Niederösterreich sieht sich nicht imstande, einen positiven Naturschutzbescheid für das Projekt auszustellen. Das Höchstgericht hebt die negativen niederösterreichischen Bescheide zwar mehrmals auf, doch eine Einigung ist nicht in Sicht. 2005 wird das Projekt zurückgezogen.

2006 starten Neuplanungen für eine schleifenförmige Verlegung der Tunneltrasse. Die dadurch entstandene Verlängerung des Tunnels bewirkt eine geringere Neigung der Strecke. In Kombination mit dem ebenfalls in Bau befindlichen Koralmtunnel ergibt sich eine erheblich verbesserte Befahrbarkeit der Südbahn für Güterzüge zwischen Wien und Klagenfurt.

1994

Die ÖBB starten mit den Vorarbeiten. In Gloggnitz wird der Bauplatz für das neue Nordportal geräumt, am 25. April erfolgt der Spatenstich.

» Durch den Semmering-Basistunnel soll sich die Fahrzeit zwischen Gloggnitz und Mürzzuschlag für Schnellzüge um etwa 30 Minuten auf circa 15 Minuten verkürzen.

Baustopps und juristisches Tauziehen sorgen für Verzögerungen. Der 27,3 Kilometer lange Tunnel sollte ursprünglich 2025 fertiggestellt sein und im Dezember 2026 den Betrieb aufnehmen. Aufgrund von Wasser- und Gesteinseinbrüchen im Frühjahr 2019 verschiebt sich die Eröffnung auf 2027. 2021 wird eine Verlängerung der Bauarbeiten um ein Jahr bekannt. Als Grund werden die extrem schwierigen geologischen Bedingungen im Berg angegeben.

Im April 2022 wird eine weitere Verzögerung durch geologische Störzonen um zwei Jahre und damit eine Fertigstellung 2030 bekanntgegeben. Das Problem liegt laut ÖBB in einem „extrem komplizierten Gebirgsaufbau" mit völlig unterschiedlichen Gesteinsschichten. Die Kosten werden durch den längeren Bau, aber auch durch die starke Erhöhung der Energiekosten auf 3,9 Milliarden Euro geschätzt.

Die Fahrgeschwindigkeit durch den Semmering-Basistunnel soll 230 km/h betragen, die Reisezeit von Wien nach Klagenfurt soll sich von vier Stunden auf zwei Stunden und 40 Minuten verringern. Seit 2012 sind hingegen die Züge auf der Westbahnstrecke von Wien nach Linz mit bis zu 250 km/h unterwegs. Kernstück ist der mehr als 13 Kilometer lange Wienerwaldtunnel, der die Fahrzeit von Wien nach St. Pölten auf 20 Minuten verkürzt.

WAS SONST NOCH GESCHAH

- Bei der Volksabstimmung über den Beitritt Österreichs zur Europäischen Union entscheiden sich in Niederösterreich 678.988 (67,9 %) Personen für den Beitritt, 320.483 (32,1 %) sind dagegen.
- Niederösterreich eröffnet als erstes Bundesland ein EU-Verbindungsbüro in Brüssel.
- Erstmals wird in St. Pölten ein ATP-Turnier veranstaltet, erster Gewinner dieses Tennisturniers ist Thomas Muster.

1995

KREMS

Niederösterreich bekommt eine Universität

Der Fokus liegt auf universitärer Weiterbildung

In der ehemaligen Tabakfabrik von Krems-Stein wird am 13. September 1995 die Donau-Universität Krems (DUK) eröffnet – als erste Universität Niederösterreichs. Der Studienbetrieb startet schon wenige Wochen nach der Eröffnung mit 93 Teilnehmerinnen und Teilnehmern in drei Studiengängen für Europäische Integration sowie Journalismus. In den Jahren zuvor wurde über die Gründung ausführlich verhandelt, die Wurzeln der Donau-Uni reichen in die frühen 1980er-Jahre zurück.

Mit der Absichtserklärung Landeshauptmann Siegfried Ludwigs, sich für eine eigene niederösterreichische Landeshauptstadt einzusetzen, begannen auch die Planungen einer Universität für Niederösterreich. Diese soll nicht den großen traditionsreichen Universitäten in Wien Konkurrenz machen, sondern eine Innovation darstellen. Die Ideen reichen von einer Umwelt- über eine Dritte-Welt- bis hin zu einer „Friedensuniversität". Am Ende entscheiden das Land Niederösterreich und der Bund aus unterschiedlichen Überlegungen, den Fokus auf universitäre Weiterbildung zu legen.

1987 beginnt die Wissenschaftliche Landesakademie für Niederösterreich in Krems ihre Arbeit, um postgraduale Programme zu entwickeln. Im Frühjahr 1994 beschließt der

WAS SONST NOCH GESCHAH

- Österreich wird Mitglied der Europäischen Union.
- Zum ersten Mal wird das Europa-Forum Wachau abgehalten. Es möchte im Stift Göttweig ein Diskussionsforum für europäische Zukunftsfragen sein.
- Auf dem Semmering finden zwei Damen-Slaloms statt, es gewinnen Pernilla Wiberg und Elfi Eder. Es sind dies die ersten Ski-Weltcuprennen in Niederösterreich.
- Die Stadt Krems feiert ihr 1000-Jahr-Jubiläum.

1) Alt und Neu am Campus Krems.
2) Forschung im Biomedizinischen Labor.
3) City Campus Wiener Neustadt.
4) Campus Krems.

Nationalrat die Errichtung des Universitätszentrums für Weiterbildung mit der Bezeichnung Donau-Universität Krems. 2004 erhält das bisherige Universitätszentrum für Weiterbildung mit der Erhebung zur Universität für Weiterbildung Krems die Anerkennung als 22. öffentliche Universität Österreichs – und damit die Möglichkeit, Professoren und Professorinnen zu berufen und so gezielt die wissenschaftliche Reputation zu stärken.

» Die Universität für Weiterbildung Krems ist laut Website die führende öffentliche Universität für Weiterbildung in Europa, die in Lehre und Forschung an der Bewältigung gesellschaftlicher Herausforderungen arbeitet.

Wo heute gelernt, gelehrt und geforscht wird, wurden früher Virginiazigarren hergestellt: Das historische Hauptgebäude der Universität wurde Anfang des 20. Jahrhunderts als Tabakfabrik errichtet und 1995 zur Bildungsinstitution umfunktioniert. Heute sind etwa 8.000 Studierende aus aller Welt an der Universität für Weiterbildung Krems inskribiert.

Die DUK ist für postgraduale Lehrgänge ausgelegt und erhielt 2014 das Promotionsrecht. Auf dem Areal des Campus Krems ist auch die Karl Landsteiner Privatuniversität für Gesundheitswissenschaften untergebracht. Gemeinsam mit der IMC Fachhochschule Krems betreiben die beiden Universitäten seit 2018 eine „Core Facility" genannte Forschungsinfrastruktur.

In den 1990er-Jahren entstehen auch die Fachhochschulen Wiener Neustadt – mit Standorten in Wieselburg (Bezirk Scheibbs) und Tulln - und St. Pölten.

1) Der Babenberger-Stammbaum in Stift Klosterneuburg, um 1490.
2) Die 50-Schilling-Millenniumsmünze
3) Die Ostarrichi-Urkunde

NEUHOFEN AN DER YBBS UND ST. PÖLTEN

Ein Land feiert (s)einen 1.000. Geburtstag

Jubliäen tragen zur Stärkung des Landes bei

Es ist eine Urkunde aus dem Jahr 996, die Österreich 1.000 Jahre später in Freude versetzt. Denn in diesem Schriftstück, das am 1. November 996 im heutigen Baden-Württemberg ausgestellt wurde, taucht erstmals der Name „Ostarrichi" auf. Kaiser Otto III. schenkt darin dem Bistum Freising einen Hof und etwa 1.000 Hektar Land bei Neuhofen an der Ybbs (Bezirk Amstetten). Aus dem in der Urkunde erwähnten „Ostarrichi" entwickelt sich im Lauf der Zeit das heutige „Österreich".
Dies trägt Neuhofen den Namen „Ostarrichi-Gemeinde" und dem Bezirk das Prädikat „Wiege Österreichs" ein. Für die Niederösterreichische Landesausstellung 1996 wird die Gedenkstätte an der Moststraße in den Ostarrichi-Kulturhof umgebaut. Diese Schau in Neuhofen und St. Pölten ist aber mehr als eine Landesausstellung: Als Länderausstellung geht sie der Bedeutung des Namens „Österreich" in Vergangenheit und Gegenwart nach.
Anhand der drei Themenkreise Menschen, Mythen und Meilensteine machen sich die Besucherinnen und Besucher auf eine „Reise in die Vergangenheit". In Neuhofen wird der Geschichte des Namens „Österreich" nachgespürt. Im Kulturhof ist das Original der Urkunde zu sehen, ein thematischer Schwerpunkt ist der Entstehung und Entwicklung der Bundesländer gewidmet.

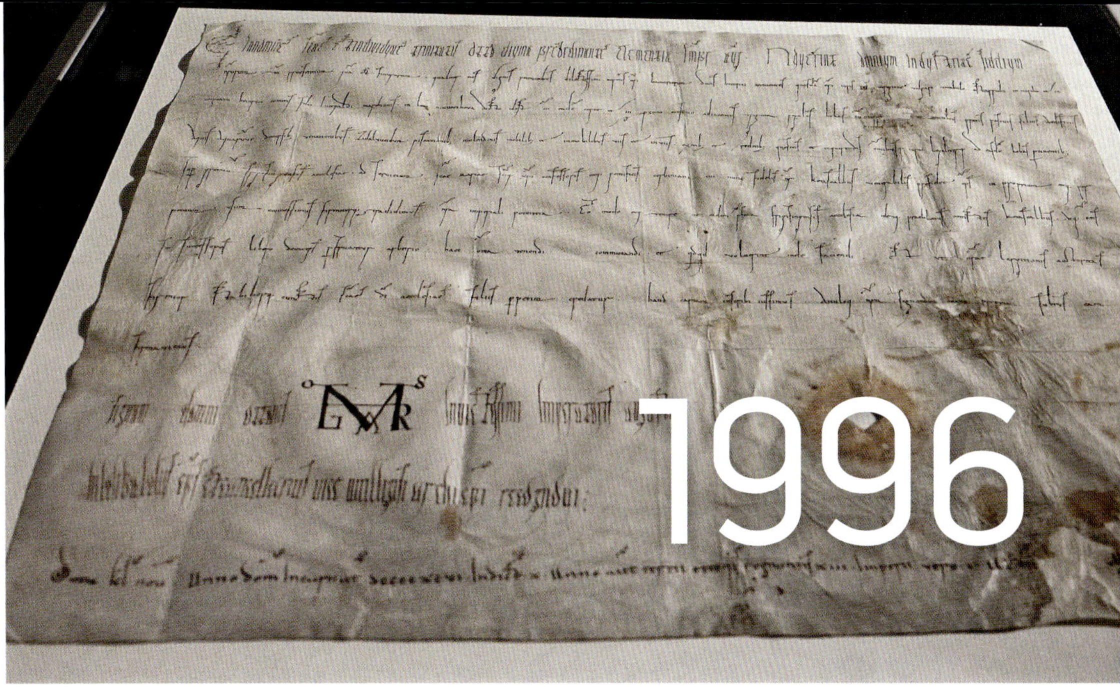

1996

> » Nach Ansicht vieler Historikerinnen und Historiker ist die erste urkundliche Erwähnung des Namens Österreich keineswegs ein »Tauf- oder Geburtsschein«. Wenn, dann könnte man die Urkunde eher als eine Art »Meldezettel« bezeichnen.

In der Landeshauptstadt St. Pölten verfolgt die Landesausstellung Überlegungen zu Symbolen, Klischees, Selbst- und Fremdbildern – eben „Mythen", die mit dem Entstehen Österreichs verbunden sind. In einer „Straße der Symbole" werden die Besucherinnen und Besucher mit Kaiserkrone und Mozartkugel, mit dem „Herrn Karl", „Sisi" und dem Wiener Schnitzel konfrontiert. Auch jene Herrscher und „Helden", die Österreichs Geschichte und Gegenwart bestimmt und geprägt haben, sind zu sehen.

Nach Ansicht vieler Historikerinnen und Historiker ist die erste urkundliche Erwähnung des Namens Österreich aber keineswegs ein „Tauf- oder Geburtsschein". Die in der zweiten Zeile der Urkunde erwähnte Formulierung „vulgari vocabulo Ostarrîchi dicitur" („die in der Volkssprache Ostarrichi genannt wird") macht deutlich, dass das Gebiet bereits vor 996 so bezeichnet wurde. Seit wann, kann man aber seriös nicht beantworten. Die Urkunde ist daher eher eine Art „Meldezettel".

Trotzdem sind die Jubiläen rund um die Urkunde ein wesentlicher Faktor der Identitätsbildung und tragen zur Stärkung des Landesbewusstseins bei. Bundespräsident Thomas Klestil führt deshalb mit Blick auf die Länderausstellung aus: „Eine ‚Nation' bestätigt sich nicht allein durch das Hissen von Fahnen oder durch das Abspielen von Hymnen – ‚Nation' ist vielmehr ein Lebensgefühl der Übereinstimmung, das aus dem Bewusstsein der historischen Schicksalsgemeinschaft erwächst."

WAS SONST NOCH GESCHAH

- Der Archäologische Park Carnuntum, der Kulturpark Eisenstraße und der Kulturpark Kamptal werden eröffnet.
- Die Fachhochschule St. Pölten nimmt ihren Betrieb auf.
- Zum ersten Mal findet der „Weinherbst Niederösterreich" statt.

1) Bei der Eröffnung des Landhauses in St. Pölten.

2) Die Übersiedelung aus der Herrengasse in Wien nach St. Pölten.

3) Das Landtagsgebäude im Regierungsviertel in St. Pölten.

4) Festsitzung des Landtags am 21. Mai 1997.

ST. PÖLTEN

Der Landtag übersiedelt nach St. Pölten

Politik und Verwaltung beziehen das neue Regierungsviertel an der Traisen

Als „historische Stunde" bezeichnet am 21. Mai 1997 Landtagspräsident Franz Romeder (ÖVP) die erste Sitzung des Niederösterreichischen Landtages im neuen Regierungsviertel in St. Pölten. Zahlreiche Ehrengäste sind anwesend, an der Spitze Bundeskanzler Viktor Klima (SPÖ). Die Begrüßung durch den Landtagspräsidenten dauert rekordverdächtige zwanzig Minuten. Ab nun ist die neue Landeshauptstadt auch der Sitz des Landtages.

Knapp einen Monat zuvor, am 24. April, findet die letzte Sitzung im Niederösterreichischen Landhaus in der Wiener Herrengasse statt. Im Sitzungssaal schwingt etwas Wehmut mit. „Wir nehmen Abschied von diesem historisch bedeutenden Saal, wo durch fast 500 Jahre Geschichte für Niederösterreich, man darf ruhig sagen, für Österreich gemacht wurde", so Landtagspräsident Romeder.

Schon vor dem Landtag beginnt die Landesverwaltung mit allen Dienststellen mit der größten Übersiedelungsaktion Niederösterreichs. Etwa 3.000 Beamte verlagern schrittweise ihren Arbeitsplatz von Wien nach St. Pölten. Bei laufendem Betrieb ist das eine logistische Herausforderung: Vom alten Landhaus in Wien werden insgesamt 25.000 Laufmeter Akten in 120.000 Kanzleischachteln in die neuen Büros im St. Pöltner Regierungsviertel transportiert.

1997

Bereits seit 1986 ist St. Pölten nach einem einstimmigen Beschluss des Landtages offiziell Landeshauptstadt von Niederösterreich. Es starten daraufhin jahrelange Planungen für ein neues Landhausviertel an der Traisen. Aus einem internationalen Architektenwettbewerb geht der Wiener Architekt Ernst Hoffmann als Sieger hervor. Im September 1992 kann Landeshauptmann Siegfried Ludwig den feierlichen Spatenstich für den Baubeginn vornehmen.

> 25.000 Laufmeter Akten wurden in 120.000 Kanzleischachteln vom Landhaus in der Wiener Herrengasse in die neuen Büros nach St. Pölten transportiert.

In den nächsten Jahren entsteht der gesamte Komplex, der die Landesregierung beherbergt. Am Ufer der Traisen wird das markante Landtagsgebäude gebaut, das entsprechend seiner Form als „Landtagsschiff" bezeichnet wird. Dahinter erhebt sich der 80 Meter hohe Klangturm. Direkt angeschlossen ist der Kulturbezirk, in dem das Festspielhaus, eine Ausstellungshalle sowie das Landesmuseum untergebracht sind. 1998 eröffnet der ORF Niederösterreich das neue Funkhaus im Regierungsviertel.

St. Pölten profitiert von seiner Rolle als Landeshauptstadt. In den nächsten Jahrzehnten steigt sowohl die Zahl der Einwohner als auch die Zahl der Arbeitsplätze. Bürgermeister Matthias Stadler (SPÖ) nennt seine Stadt „das pulsierende Herz inmitten des Bundeslandes".

Die Jahre der Übersiedelung von Wien nach St. Pölten sieht der damalige Landtagspräsident Franz Romeder rückblickend als „großen historischen Einschnitt für Niederösterreich". Er sei stolz, diese Entwicklung miterlebt zu haben.

WAS SONST NOCH GESCHAH

- In der Landeshauptstadt St. Pölten werden die Landesbibliothek, das Landesarchiv und das Festspielhaus eröffnet.
- In Maria Schutz wird der Spatenstich zum Pilotstollen für den Semmering-Straßentunnel vorgenommen.
- Der Landtag beschließt das Gleichbehandlungsgesetz.
- In Neupölla wird das Museum für Alltagsgeschichte eröffnet, in Fratres das Museum Humanum.

ST. PÖLTEN

Der Papst besucht Niederösterreich

Johannes Paul II. feiert eine Messe im Regierungsviertel

Seine 83. Auslandsreise führt Papst Johannes Paul II. auch in die Landeshauptstadt St. Pölten. Am 20. Juni 1998 fährt der Heilige Vater nach einem kurzen Gebet im St. Pöltner Dom mit dem „Papamobil“ zum Landhaus. Ein dichtes Spalier von Menschen säumt die Straßen. 25.000 Gläubige, unter ihnen auch einige Tausend aus den Nachbarländern, kommen in das Regierungsviertel, um beim ersten Besuch eines Papstes in St. Pölten seit dem Jahr 1782 dabei zu sein. Auch auffallend viele junge Menschen jubeln dem greisen Kirchenoberhaupt zu. Gemeinsam mit den Gläubigen, 40 Bischöfen und Äbten sowie 150 Priestern feiert der Heilige Vater im Landhauspark die Messe.

Johannes Paul II. betont in St. Pölten das Miteinander in der Kirche und ruft angesichts des Priestermangels zum Gebet für mehr Berufungen auf. „Bei aller Anerkennung und Wertschätzung für die kostbaren Dienste der Laien in den Pfarrgemeinden darf man nicht vergessen: Im sakramentalen Bereich kann der Laie nie das ersetzen, was einen Priester auszeichnet.“ Der Papst unterstreicht in seiner Predigt die Bedeutung der Familie und der christlichen Ehe. „Auch eure Lebensform ist Berufung“, sagt Johannes Paul II.

Der Pastoralbesuch des Papstes in Österreich erfolgt in einer für die katholische Kirche schwierigen Zeit. Nach den Missbrauchsvorwürfen gegen Kardinal Hans Hermann Groër und

WAS SONST NOCH GESCHAH

- Die Semmeringbahn wird zum UNESCO-Weltkulturerbe ernannt.
- Der Landtag beschließt die Schaffung eines Landesrechnungshofes.
- Der erste Wachaumarathon wird ausgetragen.
- Die NÖ Volkskultur wird gegründet.

der Kritik von Laienvertretern an der Amtsführung des St. Pöltner Bischofs Kurt Krenn erwarten viele Katholikinnen und Katholiken eine Stellungnahme des Papstes zu den innerkirchlichen Diskussionen. Doch Johannes Paul II. geht auf diese Themen nicht konkret ein.
Neun Jahre später, am 9. September 2007, freut man sich im Stift Heiligenkreuz (Bezirk Baden) über den Besuch von Papst Benedikt XVI. Der Papst kommt auf eigenen Wunsch in die Zisterzienserabtei. Hauptgrund ist die theologische Hochschule im Stift, die kurz davor zur Päpstlichen Hochschule ernannt worden ist und seither den Namen Benedikts XVI. trägt. 15.000 Menschen pilgern nach Heiligenkreuz, um Benedikt im Wienerwald willkommen zu heißen. Für das Stift ist der Besuch ein historisches Ereignis und eine Bestärkung der Linie, die im Kloster und auch an der Hochschule vertreten wird. Nach der Begrüßung durch Abt Gregor Henckel-Donnersmarck unterstreicht der Papst die Bedeutung des Gebets. Benedikt XVI. lobt die Hochschule in Heiligenkreuz als profilierten Studienort, „wo eine vertiefte Verbindung von wissenschaftlicher Theologie und gelebter Spiritualität möglich ist“. Von einem Erker des Stiftes segnet Benedikt die Gläubigen, die nach Heiligenkreuz gekommen sind. Für das Zisterzienserstift ist es einer der größten Tage seiner fast 900-jährigen Geschichte.

» Johannes Paul II. betont in St. Pölten das Miteinander in der Kirche und ruft angesichts des Priestermangels zum Gebet für mehr Berufungen auf.

1) 1998: 25.000 Menschen sind beim ersten Besuch eines Papstes in St. Pölten seit dem Jahr 1782 dabei.
2) Papst Johannes Paul II. bei der Messe in St. Pölten.
3) Papst Johannes Paul II. betont das Miteinander in der Kirche.
4) Papst Benedikt XVI. im Stift Heiligenkreuz, 2007.

HARDEGG

Ein Tal der Vielfalt

Der Nationalpark Thayatal bietet Lebensraum für gefährdete Tiere und Pflanzen

Nahezu unberührt windet sich die Thaya durch die wilde Schluchtenlandschaft des Nationalparks. Das Thayatal ist neben seiner Naturschönheit vor allem wegen seines Artenreichtums von herausragender Bedeutung. Im Flusstal und den angrenzenden Wäldern wachsen zahlreiche seltene Pflanzen, gefährdete Tiere wie Seeadler oder Wildkatzen sind hier beheimatet. Zur Zeit des Eisernen Vorhangs ist die Thaya noch unüberwindliche Grenze zwischen Ost und West. Seit 1991 steht die Flusslandschaft auf tschechischer Seite zwischen Vranov nad Dyjí (Frain) und Znojmo (Znaim) unter Schutz. In Österreich wird 1997 zwischen Bund und Land ein Vertrag über die Errichtung eines Nationalparks abgeschlossen. 1999 nimmt die Nationalpark Thayatal GmbH ihre Arbeit auf, 26 Kilometer des malerischen Flusslaufs werden nun auch auf niederösterreichischer Seite unter besonderen Schutz gestellt. Am 1. Jänner 2000 tritt die Nationalparkverordnung offiziell in Kraft.

Gemeinsam mit dem tschechischen Národní park Podyjí entsteht ein grenzüberschreitendes Naturschutzgebiet. „Ein Nationalpark kann nicht in der Flussmitte aufhören", sagt Christian Übl, Direktor des Nationalparks Thayatal. „Um die Natur bestmöglich zu schützen, arbeiten wir eng mit unseren tschechischen Nachbarn zusammen. Der Nationalpark ist auch

1) Die Thaya bei Hardegg.

2) Zwei Bienenfresser im Nationalpark Donau-Auen.

3) Auge in Auge mit den scheuen Waldbewohnern in der Wildkatzenanlage im Nationalpark Thaytal.

4) Der Nationalpark Donau-Auen umfasst eine der größten weitgehend intakten Aulandschaften Mitteleuropas entlang der Donau.

Erholungsraum und Ort der Begegnung für die Menschen beiderseits der Grenze."

Obwohl der Nationalpark Thayatal der kleinste in Österreich ist, schafft die Thaya Lebensräume und Waldtypen mit einer überraschenden Vielfalt. Sanfte Hänge wechseln mit steilen Felswänden und bieten ideale Bedingungen für unterschiedliche Pflanzen.

» Der Nationalpark ist Erholungsraum und Ort der Begegnung für die Menschen beiderseits der Grenze«, erklärt Christian Übl, Direktor des Nationalparks Thayatal.

Mehr als 40 Prozent aller in Österreich vorkommenden Pflanzenarten sind vertreten, unter anderem botanische Raritäten wie die Bunte Schwertlilie oder das Hohe Perlgras. Der Nationalpark ist auch Lebensraum für seltene Tiere, von Schwarzstörchen über Fischotter bis zu Edelkrebsen. „Besonders stolz sind wir, dass seit 2007 auch wieder die Wildkatze im Thayatal heimisch geworden ist", sagt Direktor Christian Übl. „Sie galt in Österreich zuvor als ausgestorben und ist nun ein Markenzeichen des Nationalparks."

Für Besucher ist das Nationalparkhaus bei Hardegg (Bezirk Hollabrunn) die erste Anlaufstelle. Dort befindet sich auch Österreichs größte Wildkatzenanlage. Rund 100 Kilometer grenzüberschreitende Wander- und Radwege durchziehen den Nationalpark. Auf geführten Touren kann man die Natur hautnah erleben.

Das Thayatal ist einer von zwei Nationalparks in Niederösterreich. Schon im Jahr 1996 wird der Nationalpark Donau-Auen geschaffen, der sich von Wien bis zur Mündung der March an der Staatsgrenze zur Slowakei erstreckt. Er umfasst eine der größten weitgehend intakten Aulandschaften Mitteleuropas entlang der Donau.

WAS SONST NOCH GESCHAH

- Bei einer Gasexplosion in einem Mehrparteienwohnhaus in Wilhelmsburg werden zehn Menschen getötet, nur eine 15-Jährige überlebt.
- In Klosterneuburg wird das Privatmuseum der Sammlung Essl für Kunst der Gegenwart eröffnet.
- Die Aktion „Natur im Garten" wird gegründet.

DÜRNSTEIN, ROSSATZ UND SPITZ

Die Wachau wird Weltkulturerbe

Die UNESCO würdigt die Wachau als historische Kulturlandschaft von weltweiter Bedeutung

Der 30. November 2000 ist ein großer Tag für die Wachau. Die UNESCO, die Kulturorganisation der Vereinten Nationen, ernennt die Wachau offiziell zum Weltkulturerbe. Der 36 Kilometer lange Abschnitt der Donau zwischen Krems und Melk sei „einmalig". Mit der Aufnahme in die Weltkulturerbeliste steht die Wachau in einer Reihe mit den Pyramiden von Gizeh, der Akropolis in Athen oder der Lagune von Venedig.
Die Auszeichnung der Wachau betrifft nicht nur Wahrzeichen wie das Stift Melk oder das historische Dürnstein (Bezirk Krems). Durch die vielfältige Landschaftsstruktur, die bedeutenden Kulturdenkmale und kleinstädtischen Ensembles stelle dieser Abschnitt des Donautals eine historische Kulturlandschaft von herausragendem universellem Wert dar, so die Begründung der UNESCO.
Doch diese einmalige Landschaft ist in den 1970er-Jahren in Gefahr, denn bei Rossatz (Bezirk Krems) wird ein Donaukraftwerk geplant. In der Bevölkerung formiert sich breiter Widerstand, erzählt der Vorsitzende der Welterbegemeinden Wachau und Bürgermeister von Spitz, Andreas Nunzer. „Unter der Führung der beiden Winzer Franz Hirtzberger, damals Bürger-

1) Weltkulturerbe Wachau.

2) Die Wachauer Marille, die später vielleicht zu Strudel, Knödel oder Schnaps verarbeitet wird.

3) Weltkulturerbe Semmeringbahn.

4) Weltkulturerbe Kurstadt Baden.

meister von Spitz, und Josef Jamek werden Zehntausende Unterschriften gegen den Kraftwerksbau gesammelt, Protestveranstaltungen abgehalten und Petitionen an die Bundesregierung gesandt." Der Protest zeigt schließlich Wirkung, das Kraftwerk wird nicht gebaut.

» Die Erhaltung dieser kostbaren Landschaft ist Erbe und Auftrag zugleich«, betont Andreas Nunzer, Bürgermeister von Spitz. »Daher legen wir besonderes Augenmerk auf die Revitalisierung historischer Ortskerne.«

In der Wachau ist man stolz auf eine jahrtausendelange Geschichte. Das günstige Klima macht die Region zu einem der ältesten Siedlungsgebiete Europas und zu einem der ältesten Weinanbaugebiete nördlich der Alpen. Zeugnisse dieser Geschichte sind prähistorische Funde wie die Venus von Willendorf oder Mauerreste des antiken Limes, der Außengrenze des Römischen Reiches. Im Mittelalter prägen Burgen die Landschaft. Die Ruinen Aggstein und Dürnstein sind markante Zeugen dieser Zeit. Im Barock entstehen die prunkvollen Stiftsanlagen in Melk und Göttweig (Bezirk Krems), die über dem Donautal thronen.

Die Landschaft ist vor allem durch den Wein- und Obstbau geprägt. Typisch für die Wachau sind die steilen Weinterrassen mit ihren Trockenmauern.

Die Wachau ist die beliebteste Urlaubs- und Ausflugsregion Niederösterreichs. Mehr als eine Million Menschen aus aller Welt besucht sie pro Jahr. Neben der Wachau sind in Niederösterreich auch die historische Semmeringbahn, die Kurstadt Baden, das Wildnisgebiet Dürrenstein und der Donaulimes UNESCO-Welterbestätten.

WAS SONST NOCH GESCHAH

- In Bruck an der Leitha erfolgt der Spatenstich für Österreichs größten Windpark.
- Die Arbeitsgemeinschaft Weinstraßen Niederösterreich entsteht. Mitglieder sind acht Weinbaugebiete und mehr als 100 Gemeinden.
- Neulengbach wird zur Stadt erhoben, Zwettl erhält den Beinamen „Bierstadt".
- In Krems wird das Unabhängige Literaturhaus Niederösterreich gegründet.

2001

WIENER NEUSTADT

250 Jahre Theresianische Militärakademie

Bis heute ist sie weltweit die älteste Akademie für die Ausbildung von Offizieren

Kaiserin Maria Theresia macht die Burg in Wiener Neustadt von einer Kaiserresidenz zur Offiziersschmiede. Am 14. Dezember 1751 wird die Militärakademie als „adeliges Kadettenhaus" gegründet. Dem ersten Kommandanten, Leopold Joseph Graf von und zu Daun, erteilt die Kaiserin den Auftrag: „Mach er tüchtige Offiziere und rechtschaffene Männer daraus." Die Theresianische Militärakademie ist die älteste aktive, durchgängig der Offiziersausbildung gewidmete Militärakademie der Welt. Auch heute werden dort alle Berufsoffiziere des Bundesheeres ausgebildet.

Gegründet wird die Akademie, um das desolate Militärwesen in der Zeit Maria Theresias von Grund auf zu reformieren. Mit der neu geschaffenen Offiziersausbildung sollen nicht nur die Führungsqualitäten des Offizierskorps erhöht, sondern auch die Loyalität und Bindung zum Herrscherhaus gesteigert werden. Anfänglich ist die Militärakademie für 200 Offizierskadetten, davon 100 Adelige und 100 Söhne verdienter Offiziere, vorgesehen. Im Jahr 1794 gelingt es einem Mädchen, unerkannt in die Akademie aufgenommen zu werden. Die 13-jährige Francesca Scanagatta macht anstelle ihres Bruders die Aufnahmsprüfung. Während der Ausbildung fällt der Schwindel nicht auf, weil sie außerhalb der Akademie wohnt. Sie wird im

WAS SONST NOCH GESCHAH

- Zum ersten Mal findet das Viertelfestival Niederösterreich statt. Diese Serie regionaler Kulturveranstaltungen beginnt mit dem Waldviertel.
- In Krems wird das Karikaturmuseum eröffnet, errichtet nach den Plänen des Architekten und Karikaturisten Gustav Peichl („Ironimus").
- Die Donaubrücke Pöchlarn wird für den Verkehr freigegeben.

1) Die Theresianische Militärakademie wird als „adeliges Kadettenhaus" gegründet.
2) Die dreijährige Ausbildung wird mit der Ausmusterung abgeschlossen.
3) Mit der feierlichen Ausmusterung beginnt der Berufsalltag der Leutnante.
4) Im Jahr 2003 schließen die ersten weiblichen Offiziere die Ausbildung in Wiener Neustadt ab.

Jahr 1800 als Leutnant ausgemustert und bewährt sich bei mehreren Kriegseinsätzen. Scanagatta ist die einzige Absolventin der Theresianischen Militärakademie zwischen deren Gründung und dem Jahr 2003, als erstmals wieder vier weibliche Offiziere ausgemustert werden.

Auch nach dem Ende der Monarchie besteht die Theresianische Militärakademie weiter. Im Zweiten Weltkrieg wird die Burg durch Fliegerbomben, Brände und Plünderungen fast vollkommen zerstört, bis zum Jahr 1959 wird sie in ihrer historischen Form wieder aufgebaut. Nach der Gründung des Bundesheeres der Zweiten Republik im Jahr 1955 wird die Offiziersausbildung vorübergehend nach Enns verlegt, bis die Militärakademie 1958 ihren Betrieb in Wiener Neustadt wieder aufnehmen kann.

» Mach er tüchtige Offiziere und rechtschaffene Männer daraus«, lautete der Auftrag Maria Theresias an Leopold Joseph Graf von und zu Daun, den ersten Akademiekommandanten.

Seither wurden an der Theresianischen Militärakademie (MilAk) fast 5.000 Berufsoffiziere ausgebildet. Im Jahr 2019 wird in Wiener Neustadt auch eine Bundeshandelsakademie für Führung und Sicherheit eröffnet. Den feierlichen Abschluss der dreijährigen Offiziersausbildung an der MilAk bildet die Ausmusterung. Dabei erhalten die Fähnriche den akademischen Grad „Bachelor of Arts in Military Leadership" und werden zum Leutnant befördert. Am Tag darauf, dem traditionellen „Tag der Leutnante", werden sie offiziell in die Truppe übernommen.

1) Eingeschlossen vom Hochwasser, kann manchen Bewohner nur noch der Hubschrauber bergen, wie in Krems.

2) Einsatzkräfte der Feuerwehr und des Bundesheers besprechen in Furth die Bekämpfung des Hochwassers.

3) Bundespräsident Thomas Klestil in Spitz an der Donau.

4) Die Lage in Zöbing im August 2002.

WALD- UND MOSTVIERTEL

Ein Jahrhunderthochwasser überflutet das Land

„Land unter" heißt es in vielen Orten

8. August 2002: Im Kamptal kommt es in der Nacht zu einer Flutwelle. Damit beginnt eine mehrere Tage dauernde Naturkatastrophe, die später nur mehr als „Jahrhunderthochwasser" bezeichnet wird. 15 von 21 Bezirken sind betroffen, davon besonders schwer Amstetten, Melk, Krems, Tulln, Horn, Zwettl und Gmünd. Menschen können ihre Häuser nicht mehr verlassen, knapp 11.000 Personen werden mit Booten oder Hubschraubern in Sicherheit gebracht und in Notquartieren versorgt.

„Land unter" heißt es in vielen Orten: unterbrochene Straßenverbindungen, weggerissene Brücken, zerstörte Wasserversorgungsanlagen. Tiere werden gerettet, lecke Öltanks machen viele Einsätze nötig, Strom und Gas müssen teilweise abgeschaltet werden. Im nordwestlichen Waldviertel fallen von 6. bis 13. August bis zu 400 mm Regen, das sind 400 Liter pro Quadratmeter, was fast der halben Niederschlagsmenge eines Jahres entspricht. Am 14. August befinden sich die Fluten der Donau in Krems nur mehr sechs Zentimeter unterhalb des mit Sandsäcken verstärkten mobilen Hochwasserschutzes.

Für die Einsatzkräfte gibt es tagelang keine Pause. Ab 15. August beginnt das langsame Aufatmen, die Pegelstände fallen. Zurück bleiben Schäden an der Infrastruktur, in der Landwirtschaft, verwüstete Häuser und 20.000 Tonnen Sperrmüll – in der Erinnerung der

Menschen aber auch eine Welle der Hilfsbereitschaft, von tatkräftiger Unterstützung beim Aufräumen bis zu Spendenaktionen und Hilfsgütertransporten.

»Land unter« heißt es in vielen Orten: Menschen müssen in Sicherheit gebracht werden, Straßenverbindungen sind unterbrochen, Brücken weggerissen, Wasserversorgungsanlagen zerstört.

Ende August heißt es in einer Bilanz, dass von den Feuerwehren rund 47.000 Mitglieder im Einsatz waren, bis zu 7.000 gleichzeitig. Das Bundesheer stellte an Spitzentagen bis zu 3.700 Mann und das Rote Kreuz 2.500. Dazu kommen Hunderte Mitarbeiterinnen und Mitarbeiter weiterer Verbände wie Berg- und Wasserrettung sowie eine Vielzahl freiwilliger Helferinnen und Helfer.

Dem Jahrhunderthochwasser 2002, das landesweit Schäden in der Höhe von 950 Millionen Euro anrichtet, folgen weitere Flutkatastrophen, etwa im Jahr 2006 an March und Thaya sowie 2009 und 2013 an der Donau. Seit dem Hochwasser im Jahr 2002 habe es in Niederösterreich Hochwasserschäden in der Höhe von 1,3 Milliarden Euro gegeben, sagt Landeshauptfrau-stellvertreter Stephan Pernkopf (ÖVP), zuständig für Wasserwirtschaft und Katastrophenschutz. Von 2022 bis inklusive 2025 werden Bund, Land und Gemeinden fast eine Milliarde Euro investieren, unter anderem 335 Millionen Euro in den Hochwasserschutz und 235 Millionen in die Wasserversorgung. Im Bereich des Hochwasserschutzes werden jährlich etwa 25 Projekte abgeschlossen und 25 neu gestartet.

WAS SONST NOCH GESCHAH

- Der Euro ist nun offizielles Zahlungsmittel und löst damit den Schilling ab.
- In St. Pölten wird das Niederösterreichische Landesmuseum eröffnet, in der Kunstmeile Krems die Artothek.
- Die Therme Laa an der Thaya wird eröffnet.
- An der dritten „Langen Nacht der Museen" des ORF nehmen neben der Bundeshauptstadt und den Landeshauptstädten erstmals auch Museen aus Niederösterreich teil.

2003

ST. PÖLTEN

Die Causa Diözesanbischof Kurt Krenn

„Er war ein streitbarer Bischof", sagt sein Nachfolger über ihn

Zwölf Jahre ist Kurt Krenn bereits Bischof der Diözese St. Pölten, als eine Affäre die Kirche – nicht zum ersten Mal seit 1991 – in die Schlagzeilen bringt: Im Priesterseminar St. Pölten ermitteln die Behörden wegen des Herunterladens kinderpornografischer Darstellungen, und ferner sind Fotos aufgetaucht, die männliche Lehrende und Studierende des Seminars beim Austausch von Zärtlichkeiten zeigen. Der Regens des Priesterseminars tritt zurück, um eine „Beruhigung der angespannten Lage" zu erreichen, der Bischof bezeichnet das, was er auf den Fotos sieht, als „Buben-Dummheiten". Mit der Affäre um Kinderpornos im Priesterseminar beginnt das Ende der Ära Krenn: Im Juli 2004 wird in der Diözese ein Apostolischer Visitator eingesetzt – Klaus Küng, der dann auch Krenns Nachfolger wird. Zwei Monate später tritt Krenn auf Wunsch des Papstes als Diözesanbischof zurück.
Die Amtszeit von Kurt Krenn ist gekennzeichnet von Kontroversen um seine Person, seinen Stil und viele seiner Aussagen. Krenn wird im März 1987 von Papst Johannes Paul II. zum Wiener Weihbischof ernannt. Am 15. September 1991 übernimmt der 55-jährige gebürtige Mühlviertler von Franz Žak die Leitung der Diözese St. Pölten, die er bis zur Emeritierung am 7. Oktober 2004 innehaben wird.

1) Großkundgebung gegen den Rücktritt des Dompfarrers Johannes Oppolzer und gegen Kurt Krenn auf dem Domplatz von St. Pölten, 1993.

2) Der Vorarlberger Bischof Klaus Küng (l.) und Bischof Kurt Krenn vor Beginn der Bischofskonferenz 2001 in Mariazell.

3) Bischof Kurt Krenn, 2004.

4) 2014: Nach einem Requiem im St. Pöltener Dom wird Krenn in der Bischofsgruft unter dem Presbyterium beigesetzt.

Für Krenn gibt es in seiner 13-jährigen Tätigkeit in St. Pölten mehrere Konfliktfelder. Auf große Ablehnung stößt er bei den Äbten der niederösterreichischen Stifte. Über mehrere Jahre erstreckt sich auch die Auseinandersetzung mit dem Benediktinerpater Udo Fischer, dem Pfarrer von Paudorf (Bezirk Krems). Der Widerstand gegen und die Konflikte mit Krenn gehen weit über St. Pölten hinaus. Auslöser dafür ist in erster Linie der Fall des Wiener Erzbischofs Hans Hermann Groër, gegen den im Frühjahr 1995 Vorwürfe laut werden, er habe in seiner früheren Tätigkeit als Erzieher Buben sexuell missbraucht. Die nie wirklich aufgeklärten Anschuldigungen führen zum Rücktritt Groërs. Die Folge ist die schwerste Krise der katholischen Kirche in Österreich nach 1945. Ein von Laien getragenes Kirchenvolks-Begehren versucht, Reformen anzuregen. Die Kirche reagiert darauf mit dem „Dialog für Österreich". Krenn lehnt beides ab und zeigt sich weiterhin loyal zu Groër.

» Krenn weist Kritik an seiner Person stets zurück. Streitbar zu sein, gehöre für ihn zum »Wesen eines vernünftigen Menschen«, sagte er einmal.

Kritik an seiner Person weist Krenn stets zurück. Streitbar zu sein, gehöre für ihn zum „Wesen eines vernünftigen Menschen", sagt er einmal. Er stirbt nach langer, schwerer Krankheit am 25. Jänner 2014. „Bischof Kurt war ein streitbarer Bischof", erinnert sich Diözesanbischof Klaus Küng in seiner Predigt im St. Pöltener Dom beim Requiem für seinen Vorgänger. „Er hat es weder sich selber noch den anderen leichtgemacht, aber eines ist klar: Sein Leben stand im Dienst der Kirche."

WAS SONST NOCH GESCHAH

- In Niederösterreich befinden sich zwei Drittel aller in Österreich errichteten Windkraftanlagen.
- Werner Schlager wird Tischtennis-Weltmeister im Herren-Einzel, Franz Stocher Bahnrad-Weltmeister im Punktefahren.
- In Maissau wird die Amethyst-Welt eröffnet, in Karlstein an der Thaya das Uhrenmuseum und in Langenlois die Weinerlebniswelt Loisium.

1) Grenzübergang Mitterretzbach im Mai 2004.

2) Bundeskanzler Karl Nehammer beim Europa-Forum Wachau, Juni 2022.

3) Installation des österreichisch-tschechischen Künstlers Abbé Libansky: rund 150 Schaufeln am Grenzübergang Hluboká/Schaditz, 2004.

HOHENAU AN DER MARCH

Als die Nachbarn zur EU kommen

Mit einem „Drei-Länder-Tag" feiert Niederösterreich die EU-Erweiterung

Es ist die größte Erweiterung in der Geschichte der Europäischen Union. Am 1. Mai 2004 nimmt die EU zehn neue Mitgliedsstaaten auf, darunter Niederösterreichs Nachbarländer Tschechien und die Slowakei. Mit einem „Drei-Länder-Tag" in Hohenau an der March (Bezirk Gänserndorf) und damit im Dreiländereck feiert das offizielle Niederösterreich diesen historischen Tag. Im mit 1.000 Besucherinnen und Besuchern bis auf den letzten Platz gefüllten Festzelt spricht Landeshauptmann Erwin Pröll (ÖVP) von einem „Tag des neuen Miteinanders". Magda Vášáryová, ehemalige Botschafterin der Slowakei in Österreich, betont: „Wir waren 50 Jahre getrennt. Sie können sich nicht vorstellen, wie froh wir sind."
Während die Osteuropäer die EU-Erweiterung mehrheitlich optimistisch sehen, ist die Meinung in vielen westeuropäischen Staaten, auch in Österreich, damals deutlich kritischer. Laut einer Umfrage des Meinungsforschungsinstituts IMAS erwarten 46 Prozent der Befragten eher Nachteile als Vorteile. Befürchtet werden ein Zustrom von Billigarbeitskräften und das Absiedeln von Betrieben in die östlichen Nachbarländer. „Rückblickend kann man aber sagen, dass Niederösterreich von der EU-Erweiterung besonders profitiert hat", meint Historiker Stefan Eminger vom Niederösterreichischen Landesarchiv. „Niederösterreich ist

2004

vom geografischen Rand ins Herz der Europäischen Union gerückt. Um den heimischen Arbeitsmarkt zu schützen, wurden mit den mittel- und osteuropäischen Beitrittsländern Übergangsregelungen zur Arbeitnehmerfreizügigkeit vereinbart, die bis 2011 in Kraft waren", so Eminger.

» Niederösterreich ist vom geografischen Rand ins Herz der Europäischen Union gerückt", so der Historiker Stefan Eminger vom Niederösterreichischen Landesarchiv.

Die niederösterreichische Wirtschaft wächst nach der EU-Erweiterung überdurchschnittlich stark, heimische Firmen und vor allem Banken investieren in Osteuropa. Tschechien, Ungarn, Polen und die Slowakei zählen zu den zehn wichtigsten Exportmärkten für niederösterreichische Unternehmen.

Im Dezember 2007 bringt die Erweiterung des Schengen-Raumes das Ende der Grenzkontrollen zu den osteuropäischen Nachbarstaaten. Die Polizei wird im grenznahen Raum fortan lediglich stichprobenartige Kontrollen durchführen. Das stößt auch auf Kritik. Manche warnen vor steigender grenzüberschreitender Kriminalität, vor Schleppern bis zu Einbrecherbanden aus dem Osten. Die Zusammenarbeit mit den Sicherheitskräften der Nachbarstaaten wird deshalb verstärkt. Seit 1995 findet im Stift Göttweig (Bezirk Krems) jedes Jahr das Europa-Forum Wachau statt, bei dem es zu einem intensiven Austausch der Landes- und Bundespolitik mit Spitzenvertreterinnen und -vertretern aus der gesamten EU, vor allem aber aus Ost- und Mitteleuropa kommt. Seit Langem ist hier die Annäherung der Westbalkanstaaten an die EU ein wesentliches Thema.

WAS SONST NOCH GESCHAH

- Das letzte Teilstück der Semmering-Schnellstraße (S6) wird eröffnet.
- In Krems wird das Haus der Regionen eröffnet.
- In Laxenburg nimmt das neue Zentralfilmdepot des Filmarchivs Austria den Betrieb auf.

SCHWECHAT

Der Vienna International Airport als Drehscheibe in die Welt

Der Flughafen ist einer der größten Arbeitgeber in Ostösterreich

Im Herbst 2005 wird der Tower des Vienna City Airports in Schwechat (Bezirk Bruck an der Leitha) in Betrieb genommen. Der 109 Meter hohe Flugsicherungsturm ist der höchste in Europa. Er ist an der Haupteinfahrt zum Flughafen situiert und „fungiert so als städtebauliches Zeichen mit Signalcharakter", so das Wiener Architekturbüro Zechner/Zechner, das ihn geplant hat. Der börsennotierte Flughafen Wien bezeichnet sich auf seiner Website als Airport Zentraleuropas, der im weltweiten Luftverkehr anerkannt wird. „Begünstigt durch die geografische Lage im Zentrum Europas", sei er eine der wichtigsten Drehscheiben „zu den florierenden Destinationen Mittel- und Osteuropas". 2019 knackt der Flughafen erstmals in seiner Geschichte die 31-Millionen-Marke und zählt mit 31.662.189 Passagieren um 17 Prozent mehr Reisende als 2018.

Der Flughafen ist auch einer der größten Arbeitgeber in Ostösterreich. Laut einer Studie aus dem Jahr 2015 generiert die österreichische Luftverkehrswirtschaft in den Bereichen Airlines, Flughäfen und Infrastruktur mehr als 70.000 direkte und indirekte Arbeitsplätze. Der Flughafen Wien und der Standort Schwechat werden immer attraktiver. Das stetig größer werdende Passagieraufkommen erfordert entsprechende organisatorische und bauliche

WAS SONST NOCH GESCHAH

- Bei Tulln wird mit dem Bau des 13 Kilometer langen Wienerwaldtunnels begonnen, der ein Teil des Ausbaus der Westbahn zwischen Wien und St. Pölten ist.
- In Hohenau wird eine neue Brücke über die March eröffnet. Sie ist die einzige Straßenbrücke von Österreich in die Slowakei nördlich der Donau.
- Der Wienerwald wird von der UNESCO als Biosphärenpark anerkannt.

1) Der Vienna International Airport setzt auf Umweltschutz.
2) Der Flughafen ist einer der größten Arbeitgeber.
3) In den letzten Jahren wurde regelmäßig in den Ausbau des Flughafens und der Infrastruktur investiert.
4) Der Tower ist das Wahrzeichen des Flughafens.

Maßnahmen. Für Aufsehen hat jahrelang der Bau einer Erweiterung des Flughafens – der sogenannte Skylink – gesorgt. Bauverzögerungen, Kostensteigerungen und massive Kritik des Rechnungshofes haben die Ablöse des damaligen Vorstandes zur Folge. Seit 2011 führen Julian Jäger und Günther Ofner den Flughafen. Seither ist der Flughafen – bis zur Coronavirus-Pandemie – von starkem Wachstum geprägt.

Das hat auch viele Jahre zu einer Diskussion über die Notwendigkeit einer Dritten Piste geführt. Abgesehen davon geht der Ausbau der Gebäude am Flughafen weiter. Immer mehr Büroflächen werden errichtet, neue Unternehmen und Betriebe siedeln sich an, die Verkehrs- und Hotelinfrastruktur werden ebenso ausgebaut.

» Der Vienna International Airport in Schwechat verfügt über Österreichs größte Photovoltaik-Anlage und einen direkten Fernwärmeanschluss zur OMV-Raffinerie.

Der Flughafen Wien investiert auch in den Umweltschutz. So versorgt die OMV-Raffinerie in Schwechat den Airport über eine acht Kilometer lange Direktleitung mit Fernwärme. Im Frühjahr 2022 wird auf dem Flughafenareal die mit 24 Hektar größte Photovoltaik-Anlage Österreichs in Betrieb genommen.

Die Coronavirus-Pandemie trifft auch den Flughafen schwer. So verzeichnet man 2020 einen Einbruch der Passagierzahlen gegenüber dem Vorkrisenjahr 2019 von 67 Prozent auf 10,4 Millionen Reisende. Doch schon 2021 werden wieder schwarze Zahlen geschrieben: Das Unternehmen erzielt einen Gewinn von 6,1 Millionen Euro – nach einem Verlust von 75,7 Millionen Euro im Jahr 2020.

1) Im Vorgarten finden die ersten „Gehversuche“ auf Skiern statt.
2) Die Siebenjährige besitzt bereits eine stolze Pokalsammlung.
3) Michaela Dorfmeister mit etwa zwölf Jahren bei einem Schülercuprennen.
4) Michaela Dorfmeister gewinnt Gold beim Abfahrtsrennen der Damen bei den Olympischen Winterspielen in Turin 2006.

PERNITZ

Michaela Dorfmeister schreibt Sportgeschichte

Zwei Goldmedaillen bei den Olympischen Winterspielen in Turin

2006 ist das Jahr der Michaela Dorfmeister: Doppel-Olympiasiegerin in Turin, Gewinnerin des Abfahrts- und Super-G-Skiweltcups, als Draufgabe wird sie dann auch noch Österreichs Sportlerin des Jahres. Und doch ist es auch jenes Jahr, in dem Niederösterreichs erfolgreichste Skirennläuferin aller Zeiten ihre sportliche Karriere beendet. Im Alter von 33 Jahren hat sie auf ihrer Habenseite 25 Weltcupsiege, einen Weltcup-Gesamtsieg und fünf kleine Weltcup-Kristallkugeln, zwei Weltmeistertitel sowie sieben WM- und Olympiamedaillen.
2006 ist die Zeit längst vorbei, als Dorfmeister noch der Ruf als oft belächelte „Exotin“ aus dem flachen Niederösterreich begleitete, und vergessen, dass sie sich den Respekt der „g'standenen“ Skirennläuferinnen aus dem Westen Österreichs erst mühsam erarbeiten musste. Als die 1973 in Wien Geborene sechs Jahre alt ist, übersiedeln ihre Eltern mit ihr nach Neusiedl bei Pernitz (Bezirk Wiener Neustadt). Der nahe Unterberg wird für die begeisterte Skiläuferin das zweite Zuhause. Der Weg ist vorgezeichnet: beruflich durch die Ski-Handelsschule Schladming, sportlich kommt 1990 das erste Europacuprennen, ein Jahr später der erste Start im Weltcup.
Bis Michaela Dorfmeister bei einem Weltcuprennen auf dem Podest ganz oben steht, dauert es aber noch: Im Dezember 1995 gewinnt sie die Abfahrt in St. Anton. Bei den Olympischen

2006

Spielen 1998 in Nagano verpasst sie die Goldmedaille im Super-G um eine Hundertstelsekunde.
Dorfmeister wird zur Siegläuferin und gewinnt in der Saison 2001/02 den Gesamt-Weltcup. Sie dominiert in diesen Jahren die Speed-Disziplinen, die interne Konkurrenz durch Renate Götschl und Alexandra Meissnitzer ist jedoch groß. „Es kommt alles irgendwann zurück", sagt ihr Vater Josef öfter. Am 15. Februar 2006 ist das „Nagano-Trauma" endgültig Geschichte: Michaela Dorfmeister gewinnt bei den Olympischen Winterspielen die Goldmedaille in der Abfahrt: „Gold zu gewinnen, war der Traum aller Träume." Dieser Traum ist noch nicht zu Ende, denn fünf Tage später wird sie auch im Super-G Erste: „Der Ski ist gegangen wie die Hölle. Doppel-Olympiasiegerin ist unglaublich!"

» Gold zu gewinnen, war der Traum aller Träume«, sagt Michaela Dorfmeister strahlend nach dem Sieg in der Damen-Abfahrt in Turin.

Die Rennläuferin wird gefeiert und bejubelt. Doch obwohl diese Saison ein Triumphzug ist, ist ihre Entscheidung fix, die Karriere zu beenden. Dem Sport bleibt sie aber treu: Michaela Dorfmeister ist heute Vizepräsidentin des Landesskiverbandes Niederösterreich.

WAS SONST NOCH GESCHAH

- Die 18-jährige Natascha Kampusch kann aus einem Haus in Strasshof fliehen, in dem sie acht Jahre lang gefangen gehalten wurde.
- Die 2003 aus dem Kunsthistorischen Museum Wien gestohlene Saliera wird in einem Wald nahe Brand bei Zwettl entdeckt.
- Durch das Hochwasser der March stehen in Dürnkrut 300 Häuser unter Wasser. Schwer betroffen sind auch Stillfried, Mannersdorf, Angern und Zwerndorf.
- Das Institute of Science and Technology Austria soll in Maria Gugging errichtet werden.
- Die Niederösterreich-Card wird eingeführt.
- Die aus Göstling an der Ybbs stammende Kathrin Zettel gewinnt den Weltcup-Riesenslalom am Semmering.

1) Historisches Foto der Reitschule in Grafenegg.
2) Auditorium im Schloss Grafenegg.
3) Rudolf Buchbinder, Pianist und künstlerischer Leiter des Grafenegg Festivals.
4) Der Wolkenturm im Schlosspark Grafenegg ist 15 Meter hoch, eine „akustische Skulptur".

GRAFENEGG

Ein Festival von Weltruf entsteht

Rudolf Buchbinder: „Man muss dem Publikum das Allerbeste bieten"

Es sei ein „unglaubliches Ambiente" hier, ein wahrer „Garten Eden", schwärmt Rudolf Buchbinder kurz vor der Eröffnungsgala des ersten Grafenegg Festivals. Am 22. Juni 2007 beginnt mit diesem Konzert für den weltweit erfolgreichen Pianisten ein neuer Abschnitt in seiner Karriere. Zwei Jahre zuvor wurde er künstlerischer Leiter des Grafenegg Festivals.

Das im 19. Jahrhundert im Stil des romantischen Historismus erbaute Schloss Grafenegg (Bezirk Krems) soll ein internationales Kulturzentrum werden. Buchbinder sieht das Vorbild für sein Festival in den US-amerikanischen Klassik-Open-Airs. Der idyllische Park soll helfen, Schwellenängste abzubauen: „Mir ist ein Besucher im Smoking genauso wertvoll wie ein junger Mensch in zerrissenen Jeans."

Der Pianist will seine Erfahrung und seine Verbindungen nützen, um dem Grafenegg Festival „allerhöchste internationale Qualität" zu verleihen. Buchbinders Pläne: die Verpflichtung namhafter Solistinnen, Solisten und Orchester, die Förderung von Talenten sowie die jährliche Einladung eines „Composers in Residence". Ein Motto oder ein Thema für das Festival werde es „nie" geben, auch „keine Zwangsjacke für Künstler", so Buchbinder.

Für das Festival werden zwei neue Spielstätten errichtet. 2007, im ersten Jahr des Festivals, finden erstmals im sogenannten Wolkenturm Konzerte statt. Die Open-Air-Bühne im Schloss-

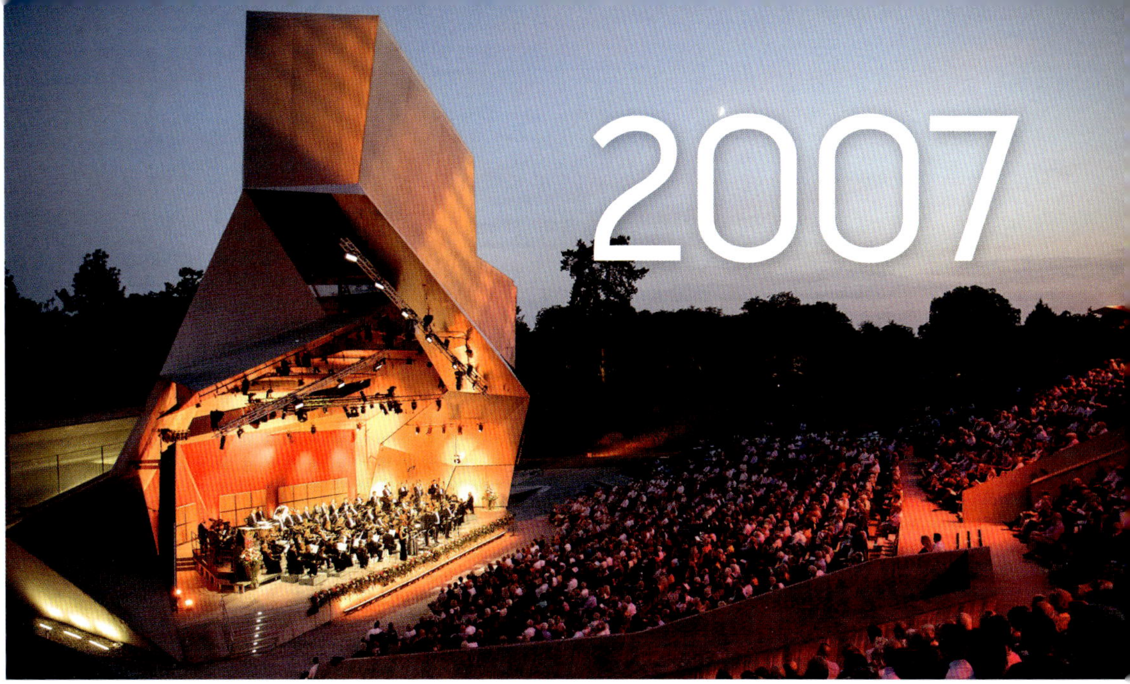

park ist 15 Meter hoch, eine „akustische Skulptur", die über 1.700 Sitzplätze und 400 Rasenplätze verfügt. Ein Jahr später wird die zweite zentrale Spielstätte eröffnet, das Auditorium. Der Konzertsaal bietet Platz für 1.300 Zuhörerinnen und Zuhörer und dient bei Schlechtwetter als Ausweichmöglichkeit zum Wolkenturm.

» Rudolf Buchbinder, künstlerischer Leiter: »Mir ist ein Besucher im Smoking genauso wertvoll wie ein junger Mensch in zerrissenen Jeans.«

Eröffnet wird die Sommersaison in Grafenegg mit einer Sommernachtsgala – eine Tradition, die seit damals besteht. Die Gala wird bis heute vom ORF im Fernsehen übertragen. Neben Rudolf Buchbinder sind beim Eröffnungskonzert 2007 auch Genia Kühmeier, Bryn Terfel, Johan Botha und Julian Rachlin zu hören, es spielt das Niederösterreichische Tonkünstler-Orchester, das Residenzorchester in Grafenegg. Knapp 14.000 Besucherinnen und Besucher werden beim ersten Grafenegg Festival gezählt, das bedeutet eine Auslastung von 96 Prozent.

Grafenegg wird jeden Sommer zum Treffpunkt des Who is Who der internationalen Musikwelt, denn Buchbinders Credo lautet: „Man muss dem Publikum das Allerbeste bieten." So konnte das Festival bereits im Jahr 2014 die 300.000-Gesamtbesucher-Grenze überschreiten. Hochkarätige Klassikkonzerte locken jedes Jahr nicht nur zur Sommernachtsgala, den Sommerkonzerten und dem Grafenegg Festival, sondern das Schloss ist ganzjährig Schauplatz zahlreicher Veranstaltungen, zu denen mehr als 150.000 Menschen kommen.

WAS SONST NOCH GESCHAH

- Durch die Erweiterung des Schengen-Abkommens werden Grenzkontrollen u. a. zu Tschechien, der Slowakei und Ungarn aufgehoben.
- Der Winter 2007 ist der wärmste seit Beginn der Wetteraufzeichnungen 1873. Wegen des Orkans „Kyrill" gibt es im Jänner Katastrophenalarm.
- In Hainburg wird die Kulturfabrik eröffnet, in Mistelbach das Hermann-Nitsch-Museum und in Krems die restaurierte Gozzoburg.
- In Litschau wird das erste Schrammel.Klang.Festival veranstaltet. Ruppersthal feiert den 250. Geburtstag des Komponisten Ignaz Josef Pleyel.

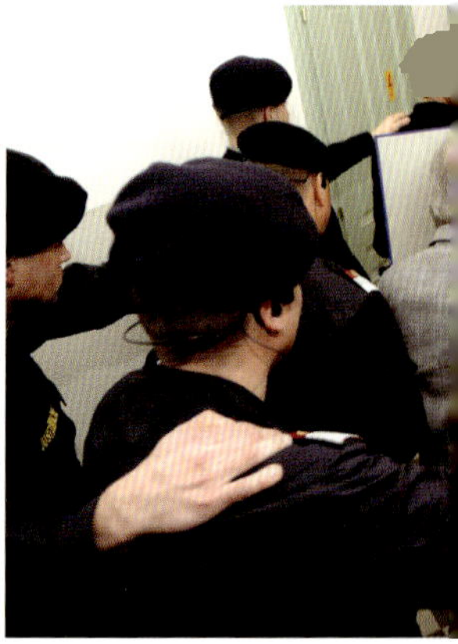

AMSTETTEN

Der Fall Josef F. macht weltweit Schlagzeilen

Die eigene Tochter 24 Jahre im Keller eingesperrt gehalten

Er wird in den Medien als „Kellermonster“ und „Inzestvater“ bezeichnet, sein Bild ist in allen Zeitungen zu finden, und die Geschichte geht rund um die Welt. Auch werden sofort Vergleiche gezogen – denn konnte nicht 2006 in Strasshof (Bezirk Gänserndorf) ein junges Mädchen namens Natascha Kampusch aus einem Kellerverlies fliehen, in dem sie acht Jahre lang gefangen gehalten wurde? Was ist los in Österreich?
Ende April 2008 wird bekannt, dass ein 73-jähriger Mann seine Tochter 24 Jahre im Keller seines Hauses in Amstetten gefangen gehalten, sie vergewaltigt und mit ihr sieben Kinder gezeugt hat. Seit ihrem 18. Lebensjahr wird die Tochter von ihrem Vater eingesperrt. Drei Kinder, die im Verlies zur Welt kommen, holt der Mann aus dem Keller und bezeichnet sie in der Öffentlichkeit als seine Enkel. Er zieht sie gemeinsam mit seiner Ehefrau groß und behauptet, seine Tochter sei möglicherweise bei einer Sekte untergetaucht und habe daher ihre Kinder vor dem Haus abgelegt. Die drei anderen Geschwister wachsen bis zu ihrer Befreiung in der Kellerwohnung auf, ein Bub stirbt kurz nach der Geburt.
Die Tochter ist 42 Jahre alt, als sie und ihre Kinder befreit werden. Ihr Vater hat eine Woche zuvor auf ihr Drängen die gemeinsame 19-jährige, schwer kranke Tochter ins Kranken-

1) Internationaler Medienansturm in Amstetten, 2008.
2) Der Angeklagte vor Prozessbeginn im Landesgericht St. Pölten, März 2009.
3) Rudolf Mayer, der Anwalt des Angeklagten.
4) Solidaritätskundgebung in Amstetten für die Opfer des Angeklagten, Mai 2008.

haus gebracht. Via Medien wird die als vermisst geltende Mutter gesucht. Erste Zweifel kommen auf, die Polizei ermittelt – und deckt einen in seiner Dimension unvorstellbaren Fall auf. Josef F. wird festgenommen. Das internationale Medieninteresse an den Ereignissen in der Mostviertler Bezirksstadt ist riesig. Das als „Horror-Haus" bezeichnete Wohnhaus der Familie wird zum Ziel unzähliger Schaulustiger. Die Familie wird nach Bekanntwerden des Falls abgeschirmt, alle Beteiligten wohnen heute mit neuer Identität an unbekannten Orten.

» Die Gerichtspsychiaterin Adelheid Kastner nennt den Angeklagten einen »emotionalen Analphabeten«.

Im März 2009 kommt es in St. Pölten zur Gerichtsverhandlung gegen Josef F. Am Tag vor dem Urteil legt der Angeklagte ein volles Geständnis ab. Er wird von den Geschworenen in allen Anklagepunkten schuldig gesprochen – Mord durch Unterlassung, Sklavenhandel, Freiheitsentziehung, Vergewaltigung, Blutschande und schwere Nötigung – und zu lebenslanger Haft und der Einweisung in eine Anstalt für geistig abnorme Rechtsbrecher verurteilt. Einer der aufsehenerregendsten Fälle der österreichischen Kriminalgeschichte ist damit zu Ende. Die Gerichtspsychiaterin Adelheid Kastner, die dem Angeklagten eine umfassende schwere Störung attestiert, bezeichnet F. als „emotionalen Analphabeten".

WAS SONST NOCH GESCHAH

- Seit der Öffnung der Grenzen zu den ehemaligen Ostblockstaaten im Jahr 1989 hat sich der Transitverkehr durch Niederösterreich verdoppelt.
- Das Land übernimmt die Spitäler Klosterneuburg, Neunkirchen und Wiener Neustadt. Damit sind alle 27 niederösterreichischen Spitäler Landeskrankenhäuser.
- Der in Klosterneuburg lebende Regisseur Stefan Ruzowitzky erhält für den Film „Die Fälscher" den Oscar für den besten fremdsprachigen Film.

MARIA GUGGING

IST Austria: Spitzenforschung auf Weltniveau

Gesucht werden Antworten auf ungelöste Fragen

Das Institute of Science and Technology Austria (ISTA) in Maria Gugging (Bezirk Tulln) gilt heute als eine der weltweit führenden Institutionen in ihrem Bereich. Es widmet sich der Spitzenforschung in Biologie, Informatik, Mathematik, Neurowissenschaft, Chemie und Physik. Am IST Austria arbeiten knapp 600 Wissenschafterinnen und Wissenschafter daran, Antworten auf ungelöste Fragestellungen in diesen Bereichen zu finden.
Am 2. Juni 2009 wird das IST Austria eröffnet. Das Institut beruht auf einer Idee des Wiener Experimentalphysikers Anton Zeilinger, der 2002 erstmals mit Nachdruck für eine „Flaggschifforganisation" in Österreich im wissenschaftlichen Bereich eintritt. Internationale Expertinnen und Experten unter der Führung des ehemaligen Präsidenten des israelischen Weizmann-Instituts, Haim Harari, erarbeiten ein Konzept für das geplante Institut, das für längere Zeit unter dem Namen „Elite-Uni" firmiert. Was folgt, ist die Suche nach einem geeigneten Standort. Niederösterreich – und hier insbesondere Landeshauptmann Erwin Pröll – schlägt die Errichtung auf dem Areal der ehemaligen Landesnervenklinik in Maria Gugging vor – und bekommt im Jahr 2006 den Zuschlag. Nach Angaben des Wissenschaftsministeriums hätten finanzielle und örtliche Vorteile den Vorzug vor Wien gebracht, denn auch die Bundeshauptstadt wäre gerne zum Zug gekommen. Zwei Jahre später wird

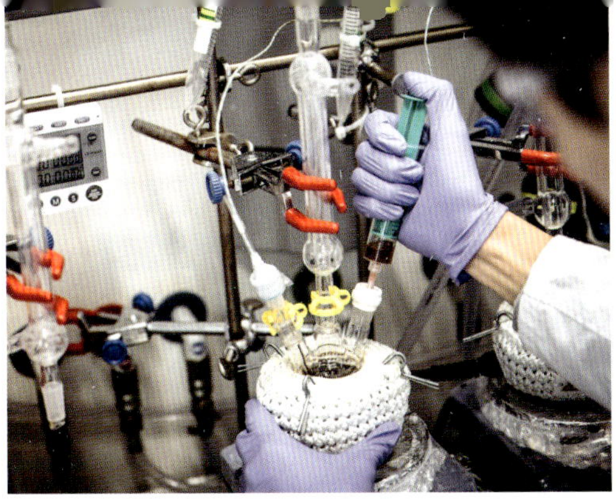

1) Der 2009 eröffnete IST-Austria-Campus in Maria Gugging.

2) In Maria Gugging, das zu Klosterneuburg gehört, wird internationale Spitzenforschung betrieben.

3) Chemie-Laborgebäude des IST Austria.

4) Hauptgebäude des IST Austria.

WAS SONST NOCH GESCHAH

- Intensive Regenfälle verursachen in weiten Teilen des Landes Überflutungen und Murenabgänge.
- In Tulln wird der Grundstein für ein neues Universitäts- und Forschungszentrum gelegt.
- Die erste grenzüberschreitende Landesausstellung, „Österreich. Tschechien. geteilt – getrennt – vereint“, wird in Horn, Raabs/Thaya und Telč gezeigt.
- In Baden wird das Arnulf-Rainer-Museum eröffnet, in Hadersdorf am Kamp die Spoerri-Gebäude und in Schrems das Kunstmuseum Waldviertel.

der österreichische Computerwissenschafter Thomas Henzinger zum Präsidenten des IST Austria bestellt. In Maria Gugging kann man langfristig planen. Bund und Land haben bis zum Jahr 2036 eine finanzielle Unterstützung in der Höhe von 3,3 Milliarden Euro zugesagt. Am IST Austria wird keine akademische Grundausbildung angeboten, sondern ausschließlich ein interdisziplinäres PhD-Programm, also für Postgraduierte.

» Österreich wird in 15 Jahren ein Spitzenforschungsinstitut der absoluten Weltklasse haben«, so Thomas Henzinger, Präsident des IST Austria, im Jahr 2021.

Die etwa 70 Professorinnen und Professoren wurden aus mehr als 13.400 Bewerbungen ausgewählt. Sie leiten Forschungsgruppen mit bis zu zehn Postdoktoranden und PhD-Studierenden. Mit dem zugesagten Geld soll die Zahl der Forschungsgruppen von 60 auf 150 erhöht werden. „Österreich wird in 15 Jahren als eines der wenigen kleinen Länder ein Spitzenforschungsinstitut der absoluten Weltklasse haben“, erklärt Henzinger im Jahr 2021. Es liege nun am IST Austria, diese Vision zu verwirklichen. Als Leitprinzip des Instituts wird auf der Website das aus der Gründungszeit stammende „visionäre Konzept“ angeführt, das bis heute Gültigkeit hat und als Richtlinie für Wachstum und Entwicklung sowie für das Erreichen seiner Kernziele gesehen wird: „Neugier als Antrieb, Internationalität, Multidisziplinarität, Karriereentwicklung, unabhängige Aufsichtsgremien, die Verwertung von Ergebnissen und vielfältige Finanzierung“.

1) St. Pölten, Domplatz. Die Andreaskapelle während der Freilegung.

2) Mehrfachbestattungen werden entdeckt.

3) Interessierte können den Archäologinnen und Archäologen bei der Arbeit zuschauen.

ST. PÖLTEN

Ein Domplatz, der Geheimnisse verborgen hält

Grabungen bringen archäologische Sensationen ans Tageslicht

Nur die wenigsten Menschen in St. Pölten hätten sich Mitte Juli 2010 gedacht, dass die für dieses Jahr geplanten archäologischen Grabungen am Domplatz fast ein Jahrzehnt dauern und zu einer touristischen Attraktion sowie einer wissenschaftlichen Sensation werden würden. Bevor es nämlich an die lang diskutierte Neugestaltung des Domplatzes geht, sind Expertinnen und Experten unter der Aufsicht des Bundesdenkmalamts am Zug.

Schon nach drei Monaten ist es gewiss: Die Grabungen werden länger dauern als angenommen. Mit Freude berichtet die Stadt in einer Aussendung, dass die Reste des spätmittelalterlichen Klosters freigelegt werden konnten, auch eine Latrine wurde entdeckt. Müll und Speisereste geben ein „lebendiges Bild" der Essgewohnheiten im Spätmittelalter wieder. Die 185 gefundenen Skelette werden anthropologisch untersucht. Dabei stellt sich heraus, dass die Männer durchschnittlich 35 Jahre alt und 1,70 Meter groß waren, die Frauen waren durchschnittlich um fünf Jahre jünger und zwölf Zentimeter kleiner.

Die Stadt macht das Beste aus der Situation der Dauergrabung: Für Interessierte gibt es eine Aussichtsplattform, von der aus man bei den Grabungen zusehen kann, und es werden Gratisführungen angeboten. Über das Gefundene zeigt man sich euphorisch: „Sensationell!", sagt

Karl Großschmidt von der Medizinischen Universität Wien. „Knochen lügen nicht", so der Anthropologe, der feststellen kann, unter welchen Krankheiten die Toten litten. Zudem kann er Rückschlüsse auf die Lebensweise und auf Umweltbelastungen ziehen.

» 22.134 freigelegte Bestattungen aus dem 9. bis 18. Jahrhundert: Die Stadt habe das »weltweit umfangreichste ortsgebundene Bioarchiv menschlicher Skelette«, so Stadtarchäologe Ronald Risy.

Im Spätherbst 2019 wird die archäologische Erkundung des Untergrundes nach einem Jahrzehnt und Kosten von circa 7,8 Millionen Euro abgeschlossen. In vielen Bereichen müssten die „Geschichtsbücher neu geschrieben werden", freut sich Bürgermeister Matthias Stadler, selbst graduierter Historiker. Mit insgesamt 22.134 freigelegten Bestattungen aus dem 9. bis ins 18. Jahrhundert habe die Stadt das „weltweit umfangreichste ortsgebundene Bioarchiv menschlicher Skelette", bilanziert Stadtarchäologe Ronald Risy. Aus der späten Römerzeit wurde ein mehrteiliger Gebäudekomplex, bestehend aus einem Badehaus, einem großen Repräsentationssaal sowie einem Verwaltungs- und Wohngebäudetrakt, entdeckt, der dem Sitz des zivilen Statthalters zugeordnet werden kann.
Weiters dokumentierten die Forscher eine der ältesten Kirchen Niederösterreichs. Für das 9. Jahrhundert gelang der Nachweis der zivilen Siedlung Treisma. Im Spätmittelalter gab es dann insgesamt vier große Kirchen im Bereich des Areals. Der heutige Domplatz, mit dessen Umgestaltung im Frühjahr 2022 begonnen wird, war schon damals ein religiöses Zentrum.

WAS SONST NOCH GESCHAH

- Durch eine Gasexplosion stürzt in St. Pölten ein Mehrfamilienhaus ein. Fünf Menschen werden dabei getötet.
- Das Land Niederösterreich übernimmt mehrere Bahnlinien in einer Gesamtlänge von 600 Kilometern, u. a. die Mariazellerbahn und die Schneeberg-Zahnradbahn.
- Andreas Maurer, Landeshauptmann von 1966 bis 1981, stirbt im Alter von 91 Jahren.
- Die 2004 begonnene Renovierung der Basilika Maria Taferl wird zum 350-Jahr-Jubiläum der Gründung der Wallfahrtskirche abgeschlossen.

TULLN

„Die Garten Tulln“: Europas erste ökologische Gartenschau

Anregungen, Ideen und Inspirationen für Garten, Balkon und Terrasse

Im Herbst des Jahres 2011 zieht „Die Garten Tulln“ zufrieden Bilanz: Bereits im vierten Jahr ihres Bestehens wurde die Ein-Millionen-Gäste-Marke überschritten. Seit Beginn der Ausstellung haben 1,080.000 Menschen diese Gartenschau besucht. Nach den ursprünglichen Planungen habe man erst nach etwa zehn Jahren mit einer Gesamtzahl von mehr als einer Million gerechnet, so die Organisatoren.

„Die Garten Tulln“ startet im Jahr 2008 als Niederösterreichische Landesgartenschau. Auf einem etwa 50 Hektar großen Areal an der Donau wird damals ein „Garten-Wohnzimmer“ mit 42 Mustergärten errichtet. Da man diese ökologische Gartenschau aber nicht bereits nach einer Saison schließen will, soll sie mindestens zehn Jahre auf dem Gelände bleiben, denn so könnte sich dieses „Gartenkompetenzzentrum“, wie es genannt wird, auch als Ganztagesausflugsziel bewähren. „Die Garten Tulln“ bezeichnet sich auf ihrer Website als ein weit über die Grenzen Niederösterreichs etabliertes ökologisches Vorzeigeprojekt. Für Gartenfans wird Vielfältiges geboten: In den 70 ökologisch gepflegten Schaugärten bekommen Interessierte praktische Anregungen, Ideen und Inspirationen, wie der eigene Garten, Balkon oder die Terrasse zur „ökologischen Wohlfühloase“ gestaltet werden kann.

1) Der Baumwipfelweg bietet Blicke in die Baumkronen und über die Gärten.
2) Wasserpark in „Die Garten Tulln".
3) Führung durch den Schaugarten.
4) Tulpenpracht im ökologischen Garten.

WAS SONST NOCH GESCHAH

- Die Internationale Anti-Korruptionsakademie mit Sitz in Laxenburg wird gegründet.
- Im Archäologischen Park Carnuntum wird die weltweit größte Gladiatorenschule aus der Römerzeit entdeckt.
- Die nach den Plänen von Wolf D. Prix errichtete neue evangelische Kirche in Hainburg an der Donau wird eingeweiht.
- Der Tennisprofi Jürgen Melzer aus Deutsch-Wagram gewinnt das Mixed-Doppel in Wimbledon (ein Jahr davor das Herren-Doppel) und das Herren-Doppel bei den US-Open.

Die Botschaft, die hinter „Die Garten Tulln" steht: „Ein ökologischer Garten bietet uns Menschen Lebensqualität und ist Heimat für viele Pflanzen und Tiere." Daher möchte man den interessierten Garten-, Balkon- und Terrassenbesitzerinnen und -besitzern auch Gestaltungsideen und Pflegetipps näherbringen. Der gemeinsame Standort mit der Umweltbewegung „Natur im Garten" bildet daher die Grundlage für ein umfassendes Gartenkompetenzzentrum in Tulln. Die erste ökologische Gartenschau Europas ist zu einer Dauereinrichtung geworden, die sich streng an die Kriterien von „Natur im Garten" hält: Man verzichtet auf chemisch-synthetische Pestizide, chemisch-synthetische Düngemittel und Torf. Damit möchte man einen konkreten Beitrag zum Erhalt der Artenvielfalt leisten.

» Ein ökologischer Garten bietet uns Menschen Lebensqualität und ist Heimat für viele Pflanzen und Tiere«, liest man auf www.diegartentulln.at.

Neben blühenden Schaugärten, die alle Sinne erfreuen, erwartet die Besucherinnen und Besucher mit dem 30 Meter hohen Baumwipfelweg, auf dem Vögel und Bäume des Auwaldes vorgestellt werden, ein außerordentliches Erlebnis. Und jede und jeder soll auch wissen, was man am Horizont sieht: Panoramatafeln erklären die Fernsicht mit Blick in die Alpen bis zu Schneeberg und Ötscher. Stolz ist man auch auf den größten Abenteuer- und Naturspielplatz Niederösterreichs für Kinder.

HERZOGENBURG

Ein Stift feiert seinen 900. Geburtstag

Jubiläumsjahre sind oft Anlässe für umfassende Renovierungen

Im Jahr 2012 begeht das Stift Herzogenburg (Bezirk St. Pölten) sein 900-Jahr-Jubiläum. Es wird am 18. August 1112 von Bischof Ulrich I. von Passau in St. Georgen an der Traisen am Zusammenfluss der Traisen mit der Donau gegründet, aber 1244 wegen der häufigen Überschwemmungen zehn Kilometer traisenaufwärts nach Herzogenburg verlegt. Ab 1714 wird das Stift von Jakob Prandtauer, Johann Bernhard Fischer von Erlach und Joseph Munggenast barockisiert.

Ab dem Jahr 2000 beginnen im Hinblick auf die 900-Jahr-Feier die Renovierungsarbeiten. Innerhalb von zwölf Jahren werden etwa zehn Millionen Euro in das Augustiner-Chorherrenstift investiert. Es findet eine umfassende Innen- und Außensanierung statt, von den Fassaden und Gartenanlagen über die Chorkapelle bis zur Bibliothek. Etwa 40 Prozent der Kosten trägt das Stift, rund 30 Prozent finanziert das Land Niederösterreich, 20 Prozent der Bund, der Rest wird von der Stadt und durch Spenden aufgebracht. Mehr als 70.000 Menschen besuchen in diesem Jahr das Stift, dessen Propst Maximilian Fürnsinn „sehr zufrieden und dankbar" Bilanz zieht: „Das Erleben von Stabilität, Großzügigkeit und Festkultur – gerade in Zeiten von Krise und Abbruch – tut dem Glauben gut."

1) Stift Herzogenburg
2) Stift Melk, Bibliothek
3) Stift Klosterneuburg
4) Wallfahrtskirche Maria Taferl

Auch andere niederösterreichische Stifte nehmen Jubiläen zum Anlass, um Restaurierungen durchzuführen. Denn ohne die finanzielle Unterstützung von Land, Bund, Gemeinde, Diözese und privaten Spenden sind solche Investitionen für keine Ordensgemeinschaft mehr möglich. In den vergangenen Jahren und Jahrzehnten wurden in allen zehn niederösterreichischen Stiften aufwendige Renovierungsarbeiten durchgeführt.

» Das Erleben von Stabilität, Großzügigkeit und Festkultur – gerade in Zeiten von Krise und Abbruch – tut dem Glauben gut«, so Maximilian Fürnsinn, Propst des Stifts Herzogenburg.

So werden zum 875-Jahr-Jubiläum des Zisterzienserstifts Zwettl im Jahr 2013 die Stiftskirche mit ihrem Kreuzrippengewölbe, der Hochaltar und 15 Seitenaltäre, Teile des Daches und die berühmte Egedacher Orgel restauriert. Rechtzeitig zur 350-Jahr-Feier der Grundsteinlegung wird 2010 die umfassendste Restaurierung seit Bestehen der Wallfahrtskirche Maria Taferl (Bezirk Melk) beendet.
Das Benediktinerstift Göttweig (Bezirk Krems) hat 2018 nach sechs Jahren Bauzeit um 6,8 Millionen Euro einen neuen Dachstuhl sowie eine halbe Million neue Dachziegel auf einer Dachfläche von 18.000 Quadratmetern bekommen sowie 1.900 Laufmeter neue Dachrinnen. Bis 2026 werden im Stift Klosterneuburg (Bezirk Tulln) sieben Millionen Euro in Restaurierungsarbeiten investiert. 2032 soll unter Abt Georg Wilfinger die Sanierung der Bibliothek des Stifts Melk abgeschlossen sein, und bis zum Jahr 2026 soll die 4,5 Millionen teure Renovierung der Basilika Sonntagberg (Bezirk Amstetten) beendet sein.

WAS SONST NOCH GESCHAH

- In St. Pölten wird das neue Fußballstadion NV Arena eröffnet. Es bietet Platz für 8.000 Personen.
- Die Europaregion Donau – Moldau wird gegründet. Niederösterreich ist eines von sieben Mitgliedern.
- Die Mariazellerbahn erhält neue Zugsgarnituren, die den Namen „Die Himmelstreppe" tragen.

ANNABERG

Der Fall Alois H.

Die Bilanz einer Nacht: drei Polizisten und ein Sanitäter werden erschossen

Es ist die Nacht vom 16. auf den 17. September 2013. Nach mehreren Fällen von Wilderei in den vergangenen Jahren sind mit Beginn der Hirschbrunft verstärkt Polizeistreifen im Bezirk Lilienfeld im Einsatz. Die traurige Bilanz am Morgen des 17. September: drei erschossene Polizisten, ein getöteter Sanitäter des Roten Kreuzes, der Täter, der 55-jährige Alois H., stirbt später durch Suizid. Es ist einer der spektakulärsten Kriminalfälle der vergangenen Jahre und „einer der dunkelsten Tage in der Geschichte der österreichischen Blaulichtorganisationen", so Innenministerin Johanna Mikl-Leitner.

Die Polizei errichtet nahe Annaberg (Bezirk Lilienfeld) Straßensperren und kontrolliert vorbeikommende Pkw-Lenker. Es ist kurz nach Mitternacht: Ein Autofahrer lässt sich nicht aufhalten, durchbricht mit seinem Wagen die Sperre und eröffnet das Feuer auf Beamte des Einsatzkommandos Cobra. Diese schießen ihm nach und verfolgen ihn mit ihrem Streifenwagen. Der Flüchtende kommt mit seinem Auto von der Straße ab und feuert auf die Polizisten. Ein 38-jähriger Beamter stirbt. Ein Rot-Kreuz-Wagen fährt zur Unfallstelle, der Täter erschießt einen 70-jährigen Sanitäter. Auf seiner weiteren Flucht zu Fuß stößt der Mann bei Lassinghof auf eine Polizeistreife. Er erschießt den 51-jähriger Lenker des Dienstwagens,

1) Enthüllung eines Gedenksteines für die Opfer der Bluttat von Annaberg, bei der drei Polizisten und ein Sanitäter ums Leben kommen.

2) Blick auf das Gelände bei Annaberg, auf dem sich der Wilderer Alois H. verschanzt.

3) Kerzen stehen an jener Stelle, wo Alois H. einen Rot-Kreuz-Sanitäter tötet.

4) Markierungen von Einschusslöchern am Wohnhaus von Alois H.

tötet auch den zweiten Polizisten, fährt mit dem Polizeiauto zu seinem Anwesen in Großpriel nahe Melk und verschanzt sich dort.

Spezialeinsatzkräfte der Cobra umstellen den Vierkanthof des Transportunternehmers. Die Anrainerinnen und Anrainer werden aufgefordert, in ihren Häusern zu bleiben. Immer wieder schießt der 55-Jährige aus dem Haus. Drei Panzer des Bundesheeres rücken an, Hubschrauber sind im Einsatz. Stunden später dringt die Polizei in das Gebäude ein. In einem Geheimraum im Keller stößt sie auf die verbrannte Leiche des Täters.

» 108 Straftaten mit einem Schaden von 9,8 Millionen Euro werden Alois H. zugerechnet. In seinem Haus kommen 305 Schusswaffen und knapp 700 Jagdtrophäen zutage.

Der Mann legte Feuer, ehe er sich mit einem Kopfschuss tötet. Die Beamten finden im Keller ein riesiges Waffenarsenal, außerdem unzählige Jagdtrophäen und andere gestohlene Gegenstände: 305 Schusswaffen, Munition, 90 Hirsch-, etwa 500 Reh- sowie 100 weitere Jagdtrophäen. Insgesamt werden Alois H. 108 Straftaten in fünf Bundesländern zugerechnet. Die Taten soll er über 20 Jahre hinweg – bis April 2013 – verübt haben. Bei den Delikten handelt es sich um Wilderei, Einbrüche, Brandstiftungen, Sachbeschädigungen, Motorrad- und Kennzeichendiebstähle. Der Schaden wird mit 9,8 Millionen Euro beziffert.

Am ersten Jahrestag der Tat wird an der Kreuzung B20/B28 in Annaberg ein Gedenkstein für die im Einsatz getöteten drei Polizisten und den Sanitäter enthüllt.

WAS SONST NOCH GESCHAH

- Der Regisseur Michael Haneke, der in Wiener Neustadt aufwuchs und nahe Waidhofen an der Thaya einen Zweitwohnsitz hat, erhält für den Film „Liebe" den Oscar für den besten fremdsprachigen Film.
- Mit 40,5 Grad Celsius gibt es in Bad Deutsch-Altenburg einen Hitzerekord. Es ist dies die höchste Lufttemperatur, die jemals in Niederösterreich gemessen wurde.
- Siegfried Ludwig, von 1981 bis 1992 Landeshauptmann von Niederösterreich, stirbt im Alter von 87 Jahren.

2014

GEROLDING, KLEINFELD, OBERMARKERSDORF UND SPIELFELD

Aus Betroffenen werden Beteiligte

Die Dorf- und Stadterneuerung wird zur größten Bürgerinitiative

Es beginnt 1984 mit vier Orten, in jedem Landesviertel einem: Gerolding (Bezirk Melk), Kleinfeld (Bezirk Baden), Obermarkersdorf (Bezirk Hollabrunn) und Spielfeld (Bezirk Zwettl). In diesen vier Ortschaften im Most-, Industrie-, Wein- und Waldviertel will man im Kleinen versuchen, was im darauffolgenden Jahr im Größeren unter dem Namen Dorferneuerung landesweit bekannt werden wird.
Die Idee der Dorferneuerung habe einen Siegeszug angetreten und daraus sei die größte Bürgerinitiative geworden, die es jemals gegeben habe, sagt Landeshauptmann Erwin Pröll anlässlich der 30-Jahr-Feier der Dorferneuerung Niederösterreich. „Eine Bürgerinitiative für etwas und nicht gegen etwas." Welche Idee steckt hinter der Dorferneuerung? Der Grundgedanke war und ist, Menschen die Möglichkeit zu geben, selbst etwas zu verantworten und selbst die eigene Lebenswelt zu gestalten. Erwin Pröll: „Aus Betroffenen wurden Beteiligte gemacht." Die Dorferneuerung sei ein Instrument, „mit dem man Heimat spüren und fühlen kann".
Dorferneuerung ist mehr als das Renovieren alter Häuser und das Anlegen von Blumenbeeten. Das Leben im Dorf soll attraktiv bleiben, vor allem für jüngere Menschen, um so die Abwanderung niedrig zu halten. Hand in Hand geht das mit der zukünftigen Entwicklung einer

1) Weinlesefest in Retz.

2) Begegnungszone in Zwettl.

3) Erholung im öffentlichen Raum auf der Donau.Auszeit.Wiese in Pöchlarn.

4) Strohballenworkshop in Schweiggers.

WAS SONST NOCH GESCHAH

- Thomas Diethart aus Michelhausen gewinnt die Vierschanzentournee 2013/14 und bei den Olympischen Spielen die Silbermedaille im Teambewerb der Skispringer.
- Der Donau-Universität Krems wird das Promotionsrecht zuerkannt.
- Das Land Niederösterreich vergibt seit 50 Jahren Wissenschaftspreise.
- Der Verein für Landeskunde von Niederösterreich feiert sein 150-Jahr-Jubiläum.
- In Asparn an der Zaya wird das MAMUZ – Das Erlebnis- und Kompetenzzentrum für Urgeschichte, Frühgeschichte und Mittelalterarchäologie eröffnet.

Gemeinde, vor allem in den zentralen Bereichen Arbeit, Wohnen und Freizeit. Diese Überlegungen bleiben nicht auf Dörfer und ländliche Gemeinden beschränkt, daher wird die Dorf- schon bald um die Stadterneuerung erweitert – mit einer Bilanz, die sich sehen lassen kann: Seit 1984 wurden mehr als 7.600 Projekte in 546 niederösterreichischen Gemeinden umgesetzt. Die 900 Dorf- und Stadterneuerungsvereine haben landesweit mehr als 100.000 Mitglieder, und bis zu eine Viertelmillion Menschen ist ehrenamtlich an der Umsetzung von Projekten – vom Thema Mobilität über Soziales Leben bis zur Orts- und Stadtkernbelebung – beteiligt.

» Die Dorferneuerung sei ein Instrument, »mit dem man Heimat spüren und fühlen kann«, so Landeshauptmann Erwin Pröll.

2015 organisiert das Land Niederösterreich die Förderung der Entwicklung der Dörfer und Städte als Lebensraum neu. NÖ.Regional ist nun die Schnittstelle, wenn es um Regional- und Kommunalentwicklung geht, und sie ist die erste Anlaufstelle für Gemeinden bei Beratung, Unterstützung und der Umsetzung von Projekten. „Prozesse werden speziell auf die Bedürfnisse, Anregungen und Wünsche der Gemeinde und der Bürgerinnen und Bürger abgestimmt“, kann man auf der Website lesen. Gesellschafter von NÖ.Regional sind das Land Niederösterreich, fünf Regionalverbände und die Dorf- und Stadterneuerung.

1) Zelte für Geflüchtete im Erstaufnahmezentrum Traiskirchen.

2) Menschen aus dem Lager in Traiskirchen warten vor dem Türkisch-Islamischen Kulturverein auf das Essen, das für die Mahlzeit nach Sonnenuntergang ausgeteilt wird.

3) Luftaufnahme des Asyl-Erstaufnahmezentrums Traiskirchen.

4) „Essen mit Freunden" heißt eine Aktion für die Menschen im Lager in Traiskirchen.

TRAISKIRCHEN

Menschen auf der Suche nach einem Leben in Sicherheit

In einer ehemaligen Kadettenschule beginnt für viele eine neue Zeit

Das Wochenende von 4. bis 6. September 2015 ist voll mit Bildern und Szenen, die sich bei fast allen Österreicherinnen und Österreichern im Gedächtnis verfestigt haben. Ein Wochenende, das nicht nur vieles in Österreich verändert, sondern auch die Europäische Union an ihre Grenzen bringt. Obwohl das Thema Migration davor immer wieder diskutiert wurde, trifft es Österreich und die EU weitgehend unvorbereitet, als Anfang September Tausende von Geflüchteten die ungarisch-österreichische Grenze überqueren. Bereits seit Monaten sind Menschen aus Syrien, Afghanistan, dem Irak und Nordafrika unterwegs Richtung Europa, auf der Suche nach einem besseren Leben in Sicherheit.

Ganz überraschend kommen die Ereignisse nicht: Schon Anfang Juli häufen sich Berichte über massiv gestiegene Ankunftszahlen in Griechenland, Mazedonien und Serbien. Das Erstaufnahmezentrum Traiskirchen (Bezirk Baden) verhängt im Juli einen Aufnahmestopp, bis zu 4.500 Geflüchtete leben in dem Lager, Betten gibt es aber nur für 2.300. Genächtigt wird in Zelten oder unter freiem Himmel. Seit dem Ungarn-Aufstand 1956 ist die ehemalige k.u.k. Kadettenschule eine Unterkunft für Flüchtende. In den Jahren und Jahrzehnten danach

2015

kommen Menschen aus der ČSSR, Polen und den Ländern der Balkankriege, später sind die Herkunftsländer der Schutzsuchenden meist Afghanistan, der Irak und Syrien.

» 15.000 Menschen auf der Flucht überqueren am 5. und 6. September die Grenze zu Österreich, lediglich 90 von ihnen stellen einen Asylantrag.

Der Fund von 71 Leichen in einem Kühllaster auf der Ostautobahn bei Parndorf am 27. August erschüttert das Land und bringt der Flüchtlingsthematik große Aufmerksamkeit. Das Verfahren gegen die Hintermänner dieser Schleppertragödie endet erst vier Jahre später mit lebenslangen Haftstrafen für die vier Haupttäter.
Die europäischen Länder sind im Sommer 2015 mit der Situation überfordert. Die EU-Staaten suchen nach Lösungen zur Bewältigung.
In diesen Wochen bis zum Herbst geht eine große Welle vornehmlich zivilgesellschaftlicher Hilfsbereitschaft durch Österreich. Ob in Bahnhöfen bei der Erstbetreuung der Ankommenden, bei der Versorgung mit Lebensmitteln und Bekleidung oder bei der Suche nach Unterkunft – Private unterstützen ebenso wie zahlreiche Unternehmen, manche Gemeinden helfen genauso wie nichtstaatliche Organisationen und Pfarren.
2015 werden in Österreich etwa 90.000 Asylanträge gestellt, im Jahr davor waren es 28.000. Die größten Flüchtlingsgruppen sind Afghanen und Syrer mit jeweils circa 25.000 Asylanträgen. Das Flüchtlingsthema führt in diesem Jahr zu heftigen innenpolitischen Debatten, auch über Fragen der Integrationsabsichten und -einstellungen der Asylwerber. Das österreichische Asylgesetz wird nach 2015 mehrfach novelliert und verschärft.

WAS SONST NOCH GESCHAH

- In Krems wird der Grundstein für die Karl Landsteiner Privatuniversität für Gesundheitswesen gelegt.
- Im Ambulatorium Sonnenschein in St. Pölten wird das landesweit erste Zentrum für Therapie und Betreuung autistischer Kinder eröffnet.
- Das Land Niederösterreich erwirbt die Kaiserhaussammlung, mit 2.000 Exponaten die weltweit größte Privatsammlung persönlicher Objekte aus dem Besitz der Habsburger.

WIENER NEUSTADT

MedAustron nimmt den Kampf gegen Krebs auf

Jährlich soll 1.000 Krebserkrankten mit der Ionentherapie geholfen werden

Der 14. Dezember 2016 ist für das Krebsbehandlungszentrum MedAustron in Wiener Neustadt ein besonderer Tag: Zum ersten Mal wird eine Patientenbestrahlung durchgeführt. Die initiale Behandlung sei „planmäßig und reibungslos" verlaufen, wird am nächsten Tag in einer Aussendung mitgeteilt. Das Medizinteam unter der Leitung von Eugen B. Hug „hatte alle Details bestens vorbereitet". Das Ziel im Vollbetrieb ab 2020: Bis zu 1.000 Patientinnen und Patienten sollen pro Jahr in Wiener Neustadt behandelt werden.

Die Jahre der Vorbereitung sind nun vorbei. Das Projekt MedAustron wird 2003 der Öffentlichkeit vorgestellt: Mit einer völlig neuen Strahlentherapie wollen österreichische Wissenschafterinnen und Wissenschafter Krebs bekämpfen. In dem geplanten Krebstherapie- und -forschungszentrum MedAustron sollen Tumore mit Ionen – konkret Wasserstoffkernen (Protonen) und Kohlenstoffkernen – bestrahlt und damit zerstört werden. Der Vorteil dieser Therapie im Vergleich mit bisher eingesetzten Behandlungsformen mit Röntgen- und Gammastrahlen bzw. Elektronen liegt auf der Hand: Die Ionen haben eine deutlich höhere biologische Wirksamkeit, die so gesteuert werden kann, dass sie sich fast ausschließlich im Tumor entfaltet. Dadurch wird das umliegende gesunde Gewebe größtmöglich geschont. Mit der Ionentherapie kann also das Tumorgewebe punktgenau bekämpft werden.

1) Das MedAustron Gebäude in Wiener Neustadt

2) Das Modell des MedAustron Zentrums zeigt im Vordergrund den Teilchenbeschleuniger.

3) Bestrahlungsraum

Mehr als zehn Jahre nach der Erstpräsentation ist es im Winter 2016 so weit: MedAustron nimmt in Wiener Neustadt den Therapiebetrieb auf. Herzstück ist die Teilchenbeschleunigeranlage. Sie ist 80 Meter lang, 700 Tonnen schwer und nimmt ein Viertel des MedAustron-Gebäudes ein. Hier werden Protonen oder Kohlenstoffionen auf bis zu zwei Drittel der Lichtgeschwindigkeit beschleunigt, „um danach als dünner Strahl millimetergenau den Tumor im Körper des Patienten zu zerstören", kann man auf der Website lesen. Die Patientinnen und Patienten kommen mehrere Wochen lang für eine ambulante Bestrahlung täglich in das Therapiezentrum. Jedes Jahr erhalten mehr als 9.000 Niederösterreicherinnen und Niederösterreicher die Diagnose Krebs. Zur besseren Behandlung von Krebserkrankungen wird in Wiener Neustadt nun das Forschungs- und Gesundheitsprojekt Zyklotron umgesetzt. Zur Produktion von Radionukliden wird ein Teilchenbeschleuniger errichtet, der Start ist für 2025 geplant. Radionuklide werden unter anderem in der Krebsdiagnostik eingesetzt. Mit Zyklotron könne man eine raschere, bessere und präzisere Behandlung ermöglichen, heißt es seitens MedAustron. Man könne auch schneller feststellen, ob gewisse Therapien erfolgreich sind.

» Ionen werden auf zwei Drittel der Lichtgeschwindigkeit beschleunigt. Mit der Genauigkeit eines halben Millimeters kann die Bestrahlung des Tumors möglichst nebenwirkungsfrei erfolgen.

WAS SONST NOCH GESCHAH

- In Schiltern werden Reste einer 7.000 Jahre alten Kreisgrabenanlage aus der Steinzeit entdeckt.
- Lars Müller-Marienburg wird zum Superintendenten der evangelischen Diözese A. B. Niederösterreich gewählt.
- Der Fußballklub SKN St. Pölten wird Meister der Ersten Liga und steigt erstmals in die Fußball-Bundesliga auf.
- Die 1988 gegründete Niederösterreichische Landesakademie wird aufgelöst.
- Kirchberg an der Pielach gewinnt den Europäischen Dorferneuerungspreis.

1) Johanna Mikl-Leitner besucht eine Kinderferienbetreuungsaktion, 2013.

2) Landtagspräsident Karl Wilfing mit der am 22. März 2018 vom Landtag wiedergewählten Landeshauptfrau Johanna Mikl-Leitner.

3) Innenministerin Mikl-Leitner bei der Angelobung von Polizistinnen und Polizisten, 2011.

4) Bei der Landtagswahl 2018 mit Mikl-Leitner als Spitzenkandidatin erreicht die ÖVP zum vierten Mal in Folge die absolute Mandatsmehrheit.

ST. PÖLTEN

Die erste Landeshauptfrau

Johanna Mikl-Leitner steht als erste Frau an der Spitze des Bundeslandes Niederösterreich

Am 19. April 2017 wird Johanna Mikl-Leitner (ÖVP) vom Landtag mit 52 von 56 Stimmen zur Landeshauptfrau von Niederösterreich gewählt. In ihrer ersten Regierungserklärung unterstreicht sie die Bedeutung des Föderalismus. Mikl-Leitner kündigt an, die regionale Wirtschaft und den ländlichen Raum zu stärken und die Mobilität auszubauen. „Dafür übernehme ich dieses Amt mit Demut und führe Niederösterreich mit Mut in die Zukunft", so die neue Landeshauptfrau.

Johanna Mikl-Leitner trete in große Fußstapfen, analysiert Politikberater Thomas Hofer: „Einfach war es für Mikl-Leitner nach der dominanten Ära von Langzeit-Landeschef Erwin Pröll nicht. Aber sie hat es geschafft, manches Vorurteil gegen eine erste Frau an der Landesspitze auszuräumen."

Johanna Mikl-Leitner verfügt über langjährige politische Erfahrung. Die Weinviertlerin wird 1999 Nationalratsabgeordnete und 2003 Landesrätin. 2011 wechselt sie als Innenministerin in die Bundespolitik, dabei ist sie mit der EU-weiten Flüchtlingskrise und einer sprunghaft steigenden Zahl von Asylwerbern konfrontiert. 2016 kehrt sie als Landeshauptmann-Stellvertreterin nach Niederösterreich zurück. 2017 wird Johanna Mikl-Leitner beim ÖVP-Landes-

2017

parteitag mit dem Rekordergebnis von 98,5 Prozent der Delegiertenstimmen zur Landesparteiobfrau gewählt.
Als Landeshauptfrau betont Mikl-Leitner, auf das „Miteinander" zu setzen. Das ist auch eine zentrale Botschaft im Wahlkampf für die Landtagswahl 2018, bei der sie erstmals ÖVP-Spitzenkandidatin ist. „Bei allen Unterschieden, die es gibt, dürfen wir nie vergessen: Miteinander können wir mehr erreichen", so Johanna Mikl-Leitner. „Das ist der Weg, der unser Land stark macht." Bei der Landtagswahl erreicht die ÖVP 49,6 Prozent der Stimmen, Johanna Mikl-Leitner kann damit – entgegen vielen Umfragen – die absolute Mandatsmehrheit verteidigen. „Einmal abgesehen davon, dass absolute Mehrheiten im 21. Jahrhundert ohnehin schon anachronistisch anmuten: Mit der Verteidigung dieses Status konnte beim ersten Antreten auch trotz schwach aufgestellten Mitbewerbs tatsächlich niemand rechnen", meint Politikberater Thomas Hofer.

> » Bei allen Unterschieden, die es gibt, dürfen wir nie vergessen: Miteinander können wir mehr erreichen. Das ist der Weg, der unser Land stark macht«, so Johanna Mikl-Leitner.

In die Amtszeit Mikl-Leitners fallen unter anderem der weitere Ausbau des Wirtschafts- und Wissenschaftsstandortes Niederösterreich und die Neuorganisation des Gesundheitswesens im Land. 2020 wird als Nachfolgerin der Landesklinikenholding die NÖ Landesgesundheitsagentur gegründet; unter ihrem Dach sind sowohl die Landeskliniken als auch alle Pflege- und Betreuungseinrichtungen Niederösterreichs zusammengefasst.
Im April 2022 stellt sich Johanna Mikl-Leitner der Wiederwahl als Landesparteiobfrau der Volkspartei Niederösterreich. Dabei erreicht sie das neue Rekordergebnis von 99,5 Prozent der Delegiertenstimmen.

WAS SONST NOCH GESCHAH

- Der Bezirk Wien-Umgebung wird aufgelöst. Die betroffenen 21 Gemeinden werden auf die Nachbarbezirke aufgeteilt.
- In St. Pölten wird das Haus der Geschichte Niederösterreich im Museum Niederösterreich eröffnet.
- Die vor mehr als 500 Jahren gegründeten Zwettler Sängerknaben geben ihr Abschiedskonzert.

KLEINWETZDORF

Mit Lipizzanern auf Du und Du

Die berühmten Pferde erhalten im Schmidatal ein neues Zuhause

Wer das Wort Lipizzaner hört, bringt diese berühmte Pferderasse sofort mit der Spanischen Hofreitschule in Wien in Verbindung und natürlich auch mit dem Gestüt Piber in der Steiermark, wo diese Pferde seit 1920 gezüchtet werden. Manche wissen auch, dass der Name dieser ältesten Kulturpferderasse der Welt vom Gestüt Lipica in Slowenien herrührt, das im 16. Jahrhundert von den Habsburgern gegründet wurde.

Doch die Geschichte der Lipizzaner hat auch viel mit Niederösterreich zu tun, zumindest seit dem Jahr 2005. Damals findet auf dem Heldenberg bei Kleinwetzdorf (Bezirk Hollabrunn), der als Gedenkstätte für Feldmarschall Radetzky bekannt ist, die Niederösterreichische Landesausstellung mit dem Titel „Zeitreise Heldenberg" statt.

Bis zum Jahr 2004 verbringen die Lipizzaner ihre Sommerfrische im Lainzer Tiergarten in Wien. Doch der benötigte Platz wird zu klein, daher ist ab 2005 der Heldenberg das neue Sommerquartier für die Pferde. Gefeiert wird der nun neben Wien und Piber dritte Aufenthaltsort für die weltbekannten Hengste mit einer Lipizzaner-Gala, die 2018 bereits zum zehnten Mal stattfindet.

Es dauert fünf Jahre, bis aus dem Heldenberg im Schmidatal mit finanzieller Unterstützung von Land und Bund aus einem reinen Sommerquartier ein ganzjährig genutztes Trainings-

1) Der Heldenberg ist seit 2005 das Sommerquartier für die Lipizzaner.

2) Die Ausbildungszeit für Junghengste beträgt durchschnittlich sechs Jahre.

3) In Kursen wird die Hohe Schule der klassischen Reitkunst vermittelt.

4) Im Trainingszentrum Heldenberg werden ganzjährig Führungen für Interessierte angeboten.

WAS SONST NOCH GESCHAH

- Alois Schwarz, seit 2001 Bischof der Diözese Gurk-Klagenfurt, wird zum Bischof der Diözese St. Pölten ernannt.
- Ein Teil des Nachlasses Johann Loscheks, des Kammerdieners von Kronprinz Rudolf, geht in den Besitz der Landessammlungen Niederösterreich über.
- Bei den Olympischen Winterspielen in Pyeongchang gewinnt Katharina Gallhuber aus Göstling an der Ybbs die Silbermedaille im Alpinen Teambewerb und die Bronzemedaille im Damen-Slalom.

und Ausbildungszentrum wird. Im Frühjahr 2010 geht es in Vollbetrieb. Seither werden hier und in Wien die weißen Junghengste ausgebildet, was durchschnittlich sechs Jahre dauert.

Der Heldenberg ist aber mehr: Alle Lipizzaner, die in der Bundeshauptstadt im Vorführungsbetrieb zum Einsatz kommen, werden zwei- bis dreimal im Jahr für insgesamt sechs Wochen auf den Heldenberg gebracht, um „ihnen eine Abwechslung am Land mit viel frischer Luft und freier Bewegungsmöglichkeit in der Natur zu bieten", heißt es auf der Website. Zudem werden auch Kurse und spezielle Ausbildungen „für die internationale Reiterwelt durchgeführt, um das Wissen um die Hohe Schule der klassischen Reitkunst zu vermitteln".

» Alle Lipizzanerhengste verbringen jedes Jahr sechs Wochen auf dem Heldenberg, um »ihnen freie Bewegungsmöglichkeit in der Natur zu bieten«, so die Spanische Hofreitschule.

Außerdem ist der Heldenberg das Refugium für „pensionierte" Hengste, die dort ihren Lebensabend verbringen. Das Fell der Lipizzanerfohlen ist dunkel und wird erst zwischen dem vierten und neunten Lebensjahr weiß. Das und noch viel mehr über die edlen Pferde und die Geschichte der Hofreitschule erfahren Interessierte das ganze Jahr über bei Führungen im Trainingszentrum Heldenberg. Und natürlich kann man die Hengste in den Pferdeboxen oder im Freigelände auch aus der Nähe betrachten.

1) Junge Besucher beim Grand Opening der Landesgalerie.

2) Das Hauptmerkmal des Gebäudes ist der rotierte Baukörper, in dem sich zwei Bewegungsrichtungen – zum historischen Stadtkern und zur Donau – vereinen.

3) Die Baustelle von innen: Das Museum öffnet sich den Besuchenden mit weiten, lichtdurchfluteten Bögen.

4) Die Landesgalerie Niederösterreich möchte eine Bühne für die Kunstschätze des Landes sein.

KREMS

Die Landesgalerie Niederösterreich setzt neue Maßstäbe

Ein Kunstmuseum für das 21. Jahrhundert

Das Steiner Tor, das Wahrzeichen von Krems, bekommt 2019 Konkurrenz. Die Landesgalerie Niederösterreich ist das neue architektonische Symbol der Kunstmeile Krems. Als „einzigartiges Projekt" bezeichnet Architekt Bernhard Marte dieses neue Haus für Kunst. Gemeinsam mit seinem Bruder Stefan hat er die Aufgabe gelöst, zwischen der Kunsthalle Krems und der Donau sowie vor dem Tor zur mittelalterlichen Stadtlandschaft von Stein und in Nachbarschaft zum Karikaturmuseum ein Museum zu errichten, gegen das es weder Proteste von Denkmalschützern noch Einsprüche der Hüter des UNESCO-Welterbes gab.

Dem Vorarlberger Brüderpaar ist mit der Landesgalerie Niederösterreich eine neue Sehenswürdigkeit gelungen. Ein Bau, der bereits im Jahr der Eröffnung große internationale Aufmerksamkeit auf sich zieht, von den Fachmedien begeistert kommentiert wird und auch Architekturpreise bekommt. Elke Delugan-Meissl, die Juryvorsitzende des Architekturwettbewerbs, bezeichnet das 35 Millionen Euro teure Gebäude, das sich von einer quadratischen Grundfläche von 33 mal 33 Metern als ein fast fensterloser, gedrehter Pyramidenstumpf knapp 22 Meter in die Höhe schraubt, als „tänzerische Skulptur". Die Fassade aus 7.200 silbergrauen Zink-Titan-

Schindeln ist als Reverenz an die mittelalterliche Dachlandschaft von Stein gedacht. Bernhard Marte ist zufrieden mit dem Gebäude, das sich in die Umgebung „durch Form und Materialität einfügt".

»Ein einzigartiges Projekt«, meint Architekt Bernhard Marte über die Landesgalerie Niederösterreich in Krems.

Die Landesgalerie Niederösterreich in Krems wird am 25. Mai 2019 eröffnet. Im ersten Jahr sind auf einer Ausstellungsfläche von 3.000 Quadratmetern fünf Ausstellungen zu sehen. Sie sind den Themen Landschaft und Selbstdarstellung, den Künstlern Renate Bertlmann und Heinz Cibulka sowie dem Kunstsammler Franz Hauer gewidmet und greifen großteils auf die mehr als 100.000 Objekte der Landessammlungen Niederösterreich zurück. Landeshauptfrau Johanna Mikl-Leitner bezeichnet den Museumsneubau bei der Eröffnung als „Ausdruck offen gelebter Kulturpolitik", die immer auch als Gesellschaftspolitik zu verstehen sei. „International, europäisch, grenzenlos" sei das Kunstverständnis in Niederösterreich, so Christian Bauer, Direktor der Landesgalerie.

Die Kunstmeile Krems bietet auf einer Länge von einer Meile (1,6 Kilometern) mit einer Vielzahl an Museen, Galerien, Kunst- und Musikfestivals ein umfangreiches und anspruchsvolles Kulturangebot. 160.000 Besucher pro Jahr werden angestrebt, 70.000 davon in der neuen Landesgalerie Niederösterreich. Und diese Zahl wird im ersten Jahr ihres Bestehens auch gleich erreicht.

WAS SONST NOCH GESCHAH

- In Niederösterreich tritt ein Verbot von Ölheizungen in Neubauten in Kraft.
- Das „Virtuelle Haus der Digitalisierung", Teil der Digitalisierungsstrategie des Landes Niederösterreich, wird eröffnet.
- Zehn Jahre nach ihrer Gründung erhält die Danube Private University in Krems die Akkreditierung für Humanmedizin.
- In St. Pölten nimmt die Bertha-von-Suttner-Privatuniversität ihren Betrieb auf.
- In Bad Erlach wird im Hackerhaus, einem der letzten Zeugnisse jüdischer Kultur in der Region, das Museum für Zeitgeschichte eröffnet.

1) Schulbeginn für Volksschulen im Mai 2020 nach der Corona-Sperre, hier in Brunn am Gebirge.
2) Das Bundesheer unterstützt bei der Durchführung von Corona-Tests wie hier in der Sporthalle Korneuburg im November 2020.
3) Die menschenleere Mödlinger Fußgängerzone im April 2020 während des Lockdowns.
4) Erste Covid-Impfungen im Dezember 2020, hier für eine Bewohnerin des Pflege- und Betreuungszentrums St. Pölten.

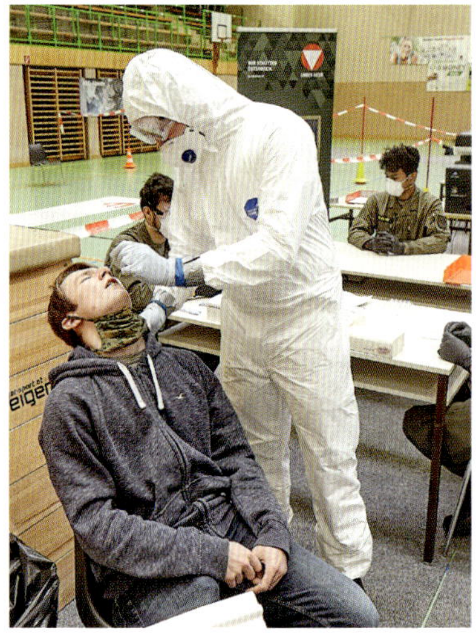

NIEDERÖSTERREICH

Ein Virus legt ein Land lahm

Covid-19 verändert das Leben und das Zusammenleben

Am 25. Februar 2020 werden in Österreich die ersten Covid-19-Fälle bestätigt, drei Tage fällt in Hollabrunn der erste Test in Niederösterreich positiv aus. Es ist der Beginn einer Ausnahmesituation. Die Verbreitung des Coronavirus SARS-CoV-2 führt zu einer Pandemie, die ihren Ursprung Ende 2019 in der chinesischen Stadt Wuhan nahm.
Die durch das neue Virus hervorgerufene Erkrankung wird als Covid-19 bezeichnet. Die Beschwerden betreffen nicht nur die Atemwege, sondern es sind auch Fieber und die Störung des Geruchs- und Geschmackssinnes möglich – und es können schwere Erkrankungen mit tödlichem Verlauf auftreten. Eine ursächliche Behandlung der Krankheit gibt es nicht, auch keine Schutzimpfung. SARS-CoV-2 ist von Mensch zu Mensch übertragbar, die Ansteckung erfolgt vor allem über die Atemwege. Am 12. März wird in Österreich der erste Corona-Todesfall gemeldet.
Weil die Zahl der positiven Fälle ansteigt, gelten ab 16. März strenge Maßnahmen, die es in dieser Ausprägung in Österreich noch nie gegeben hat. Geschäfte, Restaurants und Hotels werden geschlossen, Schulen und Kindergärten gehen in den Notbetrieb, und auch darüber hinaus gelten strenge Maßnahmen, etwa Ausgangsbeschränkungen: Die Menschen dürfen Haus oder Wohnung nur mehr verlassen, wenn sie zur Arbeit gehen, Lebensmittel einkaufen,

2020

anderen Menschen helfen oder spazieren gehen – alles mit einem Mindestabstand von einem Meter.
Rund um den Sommer kehrt dann wieder etwas Normalität zurück, wenngleich das Abstandhalten und sämtliche Hygieneregeln weiter aufrecht bleiben. Um die durch Pandemie und Lockdown hervorgerufene Krise für die Wirtschaft – Stichwort Schließungen und Kurzarbeit – abzufedern, schnüren Bundes- und Landesregierung milliardenschwere Hilfspakete.
Doch nicht nur die Lücke im Landesbudget wird größer, im Herbst gehen auch die Infektions- und Todeszahlen wieder in die Höhe. Ende Oktober leuchtet die Corona-Ampel in Niederösterreich erstmals rot („sehr hohes Risiko"). Appelle an Eigenverantwortung sowie regionale Maßnahmen stoppen die „zweite Welle" nicht. Im November folgt daher ein zweiter „harter" Lockdown, nach kurzen Lockerungen Ende Dezember der dritte, um vor allem die Spitäler vor einer Überlastung zu schützen. In Niederösterreich setzt man auf Massentests, an einem Wochenende werden mehr als 570.000 Schnelltests durchgeführt. Ende Dezember werden die ersten Personen gegen das Coronavirus geimpft. Die Hoffnung ist groß, dass sich damit die Situation entschärft. Sie verändert sich, doch 2020 ist erst das Jahr eins der Pandemie.

» Die Menschen dürfen ihr Haus nur mehr verlassen, wenn sie zur Arbeit gehen, Lebensmittel einkaufen, anderen Menschen helfen oder spazieren gehen.

WAS SONST NOCH GESCHAH

- Die Stadt Klosterneuburg, seit Auflösung des Bezirkes Wien-Umgebung Teil des Bezirkes Tulln, erhält ein eigenes Autokennzeichen: KG.
- Die Theologische Hochschule St. Pölten wird aus wirtschaftlichen Gründen geschlossen.
- Der aus Lichtenwörth stammende Tennisspieler Dominic Thiem gewinnt das US Open und damit sein erstes Grand-Slam-Turnier.

2021

HIRSCHWANG AN DER RAX

Auf der Rax stehen 115 Hektar Wald in Flammen

Erst nach 13 Tagen heißt es: „Brand aus!"

In Hirschwang, einer Katastralgemeinde von Reichenau an der Rax (Bezirk Neunkirchen), entsteht am 25. Oktober auf dem Mittagstein ein Brand, der sich nach Angaben der Einsatzkräfte zum größten Waldbrand entwickelt, den es je in Niederösterreich gab. Erst nach 13 Einsatztagen kann am 6. November „Brand aus" gegeben werden.

Niemand von den 120 Helfern und Helferinnen der 15 Feuerwehren, die am 25. Oktober ausrücken, ahnt, welches Ausmaß dieser Brand haben wird. Im steilen Gelände ist ein Einsatz nur aus der Luft möglich, vier Hubschrauber von Polizei und Bundesheer unterstützen die Feuerwehr. Anfangs brennt es auf einer Fläche von fünf Hektar, doch das Feuer breitet sich extrem rasch aus, innerhalb von zehn Stunden ist eine Fläche von etwa 115 Hektar betroffen. Im felsigen und unwegsamen Gelände kommt es in den folgenden Tagen zu einem der aufwändigsten Löscheinsätze bei einem Waldbrand in den vergangenen Jahrzehnten.

Rund um die Uhr sind die Helferinnen und Helfer im Einsatz, um den Brand unter Kontrolle zu bekommen und das Feuer zu löschen. Die Einsatzbilanz nach fast zwei Wochen: Etwa 9.000 Helferinnen und Helfer, darunter mehr als 7.750 Feuerwehrleute, aber auch Personen aus dem Innenministerium, des Bundesheers, der Bergrettung und der Forstdirektion Wien. Die betroffenen Flächen gehören nämlich der Stadt Wien und dienen teilweise als Quellen-

1) Die Situation am sechsten Tag nach Ausbruch des Feuers.

2) Zwei Löschflugzeuge aus Italien kommen beim Kampf gegen den Waldbrand zum Einsatz.

3) Der Waldbrand im Raxgebiet wütet auf einer Fläche von 115 Hektar.

4) Vor allem der Wind und die teils senkrechten Felswände sind problematisch und führen zu Verletzungen bei manchen Einsatzkräften.

schutzwälder. Bei den Löscharbeiten sind Kräfte aus allen Bundesländern eingebunden. Es gibt auch internationale Hilfe aus Italien, Deutschland und der Slowakei. Die aus diesen Ländern entsandten Löschhubschrauber werfen über dem Rax-Schneeberg-Gebiet etwa fünf Millionen Liter Wasser ab.

»Bestens aufgestellt, hoch motiviert und hervorragend ausgebildet«, so charakterisiert Landesfeuerwehrkommandant Dietmar Fahrafellner die Feuerwehr.

„Wir haben gesehen: Die Kräfte der Natur sind stark, aber auch die Kräfte der Einsatzkräfte sind unglaublich stark", sagt der für den Katastrophenschutz zuständige Landeshauptfraustellvertreter Stephan Pernkopf. Landesfeuerwehrkommandant Dietmar Fahrafellner ergänzt: „Die niederösterreichischen Feuerwehren haben wieder mal bewiesen, dass sie bestens aufgestellt, hoch motiviert und hervorragend ausgebildet sind." Als der Brand gelöscht ist, gibt es seitens der Polizei die ersten Vermutungen über die Brandursache: Man spricht von einer „fremden Zündquelle".

Im Jahr 2021 haben die niederösterreichischen Feuerwehren 75.035 Einsätze bewältigt, um 11.800 mehr als im Jahr davor. Die Einsatzkräfte sind in diesem Jahr enorm gefordert – neben dem Waldbrand in Hirschwang auch durch Hagelschlag, schwere Sturmschäden und Hochwasser. 2021 sind 99.761 Personen Mitglieder bei den niederösterreichischen Freiwilligen Feuerwehren.

WAS SONST NOCH GESCHAH

- Mit dem Spatenstich wird mit der Errichtung des Hauses der Digitalisierung am Campus Tulln begonnen.
- In Lunz am See wird das Haus der Wildnis eröffnet. Es präsentiert vor allem das UNESCO-Weltnaturerbe Wildnisgebiet Dürrenstein-Lassingtal.
- Anna Kiesenhofer holt Olympia-Gold im Rad-Straßenrennen, Felix Auböck wird Kurzbahn-Weltmeister über 400 Meter Kraul und Patrick Konrad gewinnt eine Etappe der Tour de France.

Ortsregister

M

N

O

P

U

V

W

Y

Z

Bildnachweis

U1 oben Robert Herbst/www.pov.at
U1 2. Reihe, 1. v. links Sebastian Philipp
U1 2. Reihe, 2. v. links Votava/Imagno/picturedesk.com
U1 2. Reihe, 3. v. links Walter Skokanitsch
U1 3. Reihe, 1. v. links ORF
U1 3. Reihe, 2. v. links Flughafen Wien AG
U1 3. Reihe, 3. v. links Votava/Imagno/picturedesk.com
U1 4. Reihe, 1. v. links Claudio Scaccini/AP/picturedesk.com
U1 4. Reihe, 2. v. links www.pov.at/Robert Herbst
U1 4. Reihe, 3. v. links Niederösterreich Werbung/Gerald Demolsky
U1 4. Reihe, 4. v. links Helmut Lackinger/picturedesk.com
U1 4. Reihe, 5. v. links NP Thayatal, Claudia Ebner
S. 8 links Freiwillige Feuerwehr Blumau-Neurißhof
S. 8 rechts Roland Skubal
S. 9 links Roland Skubal
S. 9 rechts Roland Skubal
S. 10 links ANNO/Österreichische Nationalbiblitohek. Arbeiter-Zeitung, Nr 339, 12.12.1923, Seite 6
S. 10 rechts Marktgemeinde Spillern
S. 11 links ORF
S. 11 rechts Marktgemeinde Spillern
S. 12 EVN
S. 13 oben ORF
S. 13 unten EVN/Clemens Veith
S. 14 Lenz Moser
S. 15 oben Lenz Moser
S. 15 mitte Lenz Moser
S. 15 unten Lenz Moser
S. 16 links Österreichische Bergbahnen AG
S. 16 rechts Viktor Weixler/ÖNB-Bildarchiv/picturedesk.com
S. 17 links Österreichische Bergbahnen AG
S. 17 rechts Österreichische Bergbahnen AG
S. 18 links Welser
S. 18 rechts Welser
S. 19 links Welser
S. 19 rechts Welser
S. 20 Albert Hilscher/ÖNB-Bildarchiv/picturedesk.com
S. 21 oben OMV
S. 21 mitte Stadtmuseum Zistersdorf
S. 21 unten ANNO/Österreichische Nationalbiblitohek. Der Abend, Nr 204, 04.09.1930, Seite 3
S. 22 links Stadtarchiv Krems, Sammlungen
S. 23 rechts NÖ Landesbibliothek, Topograf. Sammlung
S. 22 Verbund
S. 24 links Museumsverein Korneuburg
S. 24 rechts ANNO/Österreichische Nationalbiblitohek. Wiener Montagblatt, Nr 20, 19.05.1930, Seite 1
S. 25 Museumsverein Korneuburg
S. 26 AGSÖ/Hans Zeisel/Sig. 47/002.001.003
S. 27 oben Karl Gruber/WikiCommons
S. 27 Mitte AGSÖ/Sig. 043_070_Dienstl
S. 27 unten AGSÖ/Sig. 041_08_107_Jahoda
S. 28 links Jürgen Schindler/WikiCommons
S. 28 rechts Stadtarchiv Krems, Sammlungen
S. 29 links Stadtarchiv Krems, Sammlungen
S. 29 rechts Robert Streibel

S. 30 Gemeinde Hirtenberg/Sammlung Strobl
S. 31 oben links Gemeinde Hirtenberg/Sammlung Strobl
S. 31 oben rechts ORF/Stefan Schwarzwald-Sailer
S. 31 mitte ORF/Stefan Schwarzwald-Sailer
S. 31 unten Gemeinde Hirtenberg/Sammlung Strobl
S. 32 links Stadtarchiv St. Pölten
S. 32 rechts Stadtarchiv St. Pölten
S. 33 Stadtarchiv St. Pölten
S. 34 links Stadtarchiv Wiener Neustadt
S. 34 rechts Austrian Archives/brandstaetter images/ picturedesk.com
S. 35 links ORF
S. 35 rechts ÖNB-Bildarchiv/picturedesk.com
S. 36 Gregor Hradetzky
S. 37 oben Gregor Hradetzky
S. 37 mitte Gregor Hradetzky
S. 37 unten Gregor Hradetzky
S. 38 links Österreichische Lichtbildstelle/ÖNB-Bildarchiv/picturedesk.com
S. 38 rechts Austrian Archives/Imagno/picturedesk.com
S. 39 links Austrian Archives (S)/Imagno/picturedesk.com
S. 39 rechts Scherl/SZ-Photo/picturedesk.com
S. 40 links Stadtarchiv St. Pölten
S. 41 oben ANNO/Österreichische Nationalbiblitohek. Erlaftal-Bote, Nr 215, 10.04.1938, Seite 1
S. 41 Mitte Stadtarchiv Amstetten
S. 41 unten Heinrich Hoffman/Ullstein Bild/picturedesk.com
S. 42 rechts Bernhard Lehr
S. 42 links Bernhard Lehr
S. 43 rechts Bernhard Lehr
S. 43 links Bernhard Lehr
S. 44 Stadtgemeinde St. Valentin/Johann Lischka
S. 45 oben Stadtgemeinde St. Valentin/Johann Lischka
S. 45 Mitte Stadtgemeinde St. Valentin/Johann Lischka
S. 45 unten Stadtgemeinde St. Valentin/Johann Lischka
S. 66 gemeinfrei/WikiCommons
S. 67 oben Rupert Pessl
S. 67 mitte Stift Seitenstetten
S. 67 unten Gemeinde Pöggstall/Markus Haslinger
S. 68 ORF
S. 69 links ORF
S. 69 rechts Stadtarchiv Gmünd
S. 70 links EVN Archiv
S. 70 rechts EVN Archiv
S. 71 links EVN Archiv
S. 71 rechts EVN Archiv
S. 72 links ORF/Carina Kainz
S. 72 rechts Magistratisches Bezirksamt XXIII/ÖNB-Bildarchiv/ picturedesk.com
S. 73 links Bwag/WikiCommons
S. 73 rechts ORF
S. 74 ORF
S. 75 oben ORF
S. 75 mitte ORF
S. 75 unten ORF
S. 76 ORF

S. 77 links ORF
S. 77 rechts ORF
S. 78 links SOS Kinderdorf
S. 78 rechts SOS Kinderdorf
S. 79 links SOS Kinderdorf
S. 79 rechts SOS Kinderdorf
S. 80 OMV Aktiengesellschaft
S. 81 oben OMV Aktiengesellschaft
S. 81 mitte OMV Aktiengesellschaft
S. 81 unten OMV Aktiengesellschaft
S. 82 links Verbund
S. 82 rechts Verbund
S. 83 links Verbund
S. 83 rechts Verbund
S. 84 links Harry Weber/ÖNB-Bildarchiv/picturedesk.com
S. 84 rechts Votava/Imagno/picturedesk.com
S. 85 ORF/Schwarzwald-Sailer
S. 86 photo graphic art
S. 87 oben Wachau Kultur Melk GmbH
S. 87 Mitte Wachau Kultur Melk GmbH
S. 87 unten Hans Punz/picturedesk.com
S. 88 links United States Information Service/ÖNB-Bildarchiv/picturedesk.com
S. 88 rechts United States Information Service/ÖNB-Bildarchiv/picturedesk.com
S. 89 links United States Information Service/ÖNB-Bildarchiv/picturedesk.com
S. 89 rechts United States Information Service/ÖNB-Bildarchiv/picturedesk.com
S. 90 links ORF
S. 90 rechts AleXXw/WikiCommons
S. 91 links Johannes G. Hauer/WikiCommons
S. 91 rechts Josef Vorlaufer
S. 92 links ORF
S. 92 rechts ORF/Fırat
S. 93 links Votava/brandstaetter images/picturedesk.com
S. 93 rechts Votava/brandstaetter images/picturedesk.com
S. 94 ORF
S. 95 oben ORF
S. 95 mitte EXPA/picturedesk.com
S. 95 unten Andreas Buder
S. 96 links NLK
S. 96 rechts NLK
S. 97 links ORF
S. 97 rechts NLK
S. 98 ORF
S. 99 links ORF
S. 99 rechts ORF
S. 100 links ORF
S. 101 rechts ORF/Hans Leitner
S. 101 links ORF/Christian Hofer
S. 101 rechts ORF
S. 102 Votava/brandstaetter images/picturedesk.com
S. 102 oben ORF
S. 103 mitte Friedrich/Interfoto/picturedesk.com

S. 103 unten ORF
S. 104 links Sven Simon/Ullstein Bild/picturedesk.com
S. 104 rechts Votava/brandstaetter images/picturedesk.com
S. 105 links NLK/Bernhart
S. 105 rechts NLK/Boltz
S. 106 links Atelier Olschinsky
S. 106 rechts Landessammlungen Niederösterreich
S. 107 links Landessammlungen Niederösterreich
S. 107 rechts Netta Mea
S. 108 ORF
S. 109 oben ORF
S. 109 mitte ORF
S. 109 unten ORF
S. 110 links ORF
S. 110 rechts ORF
S. 111 links ORF
S. 111 rechts ORF
S. 112 links Votava/brandstaetter images/picturedesk.com
S. 112 rechts Austrian Archives/brandstaetter images/picturedesk.com
S. 113 links NLK
S. 113 rechts NLK
S. 114 links gemeinfrei/WikiCommons
S. 114 rechts Daniela Matejschek
S. 115 links Clemens Fabry/Die Presse/picturedesk.com
S. 115 rechts Alexander Kaufmann
S. 116 BSFZ Südstadt
S. 117 oben BSFZ Südstadt
S. 117 mitte Georg Hochmuth/picturedesk.com
S. 117 unten BSFZ Südstadt
S. 118 links Herbert Pfarrhofer/picturedesk.com
S. 118 rechts Herbert Pfarrhofer/picturedesk.com
S. 119 links Klaus Titzer/picturedesk.com
S. 119 rechts Nora Schuster/brandstaetter images/picturedesk.com
S. 120 links ORF
S. 120 rechts ORF
S. 121 links ORF
S. 121 rechts ORF
S. 122 Votava/brandstaetter images/picturedesk.com
S. 123 oben Votava/brandstaetter images/picturedesk.com
S. 123 mitte Joe Klamar/AFP/picturedesk.com
S. 123 unten Franz Neumayr/picturedesk.com
S. 124 links ohne Angabe
S. 124 rechts NLK/Mayer
S. 125 NLK/Mayer
S. 126 links Moorheilbad Harbach
S. 126 rechts Moorheilbad Harbach
S. 127 links Therme Laa Hotel Silent Spa
S. 127 rechts Bernhard Baumgartner
S. 128 Johann Feilacher
S. 129 oben Johann Feilacher
S. 129 unten Johann Feilacher
S. 129 mitte Johann Feilacher
S. 130 ORF
S. 131 links ORF
S. 131 rechts ORF

S. 132 links ORF
S. 132 rechts TASR Archiv
S. 133 ORF
S. 134 Kern
S. 135 links Erwin Schuh/picturedesk.com
S. 135 rechts Hubert Kluger/Kurier/picturedesk.com
S. 136 Roland Scheidemann/dpa/picturedesk.com
S. 137 oben Votava/brandstaetter images/picturedesk.com
S. 137 mitte Votava/brandstaetter images/picturedesk.com
S. 137 unten ÖWM/WSNA
S. 138 links NLK/Boltz
S. 138 rechts NLK/Boltz
S. 139 links NLK/Boltz
S. 139 rechts NLK/Boltz
S. 140 links Johann Groder/EXPA/picturedesk.com
S. 140 rechts Herbert Pfarrhofer/picturedesk.com
S. 141 links Jindrich Foltin/WirtschaftsBlatt/picturedesk.com
S. 141 rechts Hans Blossey/imageBROKER/picturedesk.com
S. 142 David Višnjić/donaufestival
S. 143 oben Helmut Lackinger/donaufestival
S. 143 mitte Florian Schulte/donaufestival
S. 143 unten David Višnjić/donaufestival
S. 144 links Votava/brandstaetter images/picturedesk.com
S. 144 rechts APA/picturedesk.com
S. 145 links Votava/brandstaetter images/picturedesk.com
S. 145 rechts Votava/brandstaetter images/picturedesk.com
S. 146 links ARCHE NOAH
S. 146 rechts ARCHE NOAH
S. 147 links ARCHE NOAH
S. 147 rechts ARCHE NOAH/Rupert Pessl
S. 148 Wolfgang Wagner/picturedesk.com
S. 149 oben Robert Jäger/picturedesk.com
S. 149 mitte Robert Jäger/picturedesk.com
S. 149 unten First Look/picturedesk.com
S. 150 links NLK Reinberger
S. 150 rechts Michael Gruber/EXPA/picturedesk.com
S. 151 links Robert Jäger/picturedesk.com
S. 151 rechts Helmut Fohringer/picturedesk.com
S. 152 links ORF/Stefan Schwarzwald-Sailer
S. 152 rechts ORF/Stefan Schwarzwald-Sailer
S. 153 links ORF/Stefan Schwarzwald-Sailer
S. 153 rechts Kelly Schoebitz/picturedesk.com
S. 154 Vogel Audivision/Günther Haslinger
S. 155 links Markus Haslinger/picturedesk.com
S. 155 rechts APA/ÖBB/Ebner
S. 156 Walter Skokanitsch
S. 157 oben Walter Skokanitsch
S. 157 mitte PatWel/WikiCommons
S. 157 unten Walter Skokanitsch
S. 158 links Toni Schneiders/Interfoto/picturedesk.com
S. 158 rechts Perseus1984/WikiCommons
S. 159 Hans Punz/picturedesk.com
S. 160 links NLK Boltz/Isensee
S. 160 rechts NLK Boltz
S. 161 links Herbert Pfarrhofer/picturedesk.com
S. 161 rechts NLK/Bernhart/Boltz

S. 162 NLK/Boltz/Schleich
S. 163 oben NLK/Boltz/Schleich
S. 163 mitte NLK/Boltz/Schleich
S. 163 unten Robert Jäger/picturedesk.com
S. 164 links NP Thayatal/Rainer Mirau
S. 164 rechts makamukio/Pixabay
S. 165 links NP Thayatal
S. 165 rechts Stefan Leitner
S. 166 links ÖWM/Robert Herbst
S. 166 rechts alizodelmonte/Pixabay
S. 167 links Bwag/WikiCommons
S. 167 rechts Rainer Mirau/picturedesk.com
S. 168 Bundesministerium für Landesverteidigung
S. 168 oben Bundesministerium für Landesverteidigung
S. 169 mitte Bundesministerium für Landesverteidigung
S. 169 unten Bundesministerium für Landesverteidigung
S. 170 links Roland Schlager/picturedesk.com
S. 170 rechts Guenter R. Artinger/picturedesk.com
S. 171 links Herbert Pfarrhofer/picturedesk.com
S. 171 rechts Herbert Pfarrhofer/picturedesk.com
S. 172 links Ulrich Schnarr/picturedesk.com
S. 172 rechts Robert Jäger/picturedesk.com
S. 173 links Petra Spiola/Contrast/picturedesk.com
S. 173 rechts Herbert Neubauer/picturedesk.com
S. 174 Herbert Pfarrhofer/picturedesk.com
S. 175 Christopher Dunker/picturedesk.com
S. 175 rechts Adrian Bobok/EPA/picturedesk.com
S. 176 Flughafen Wien AG
S. 177 oben Flughafen Wien AG
S. 177 mitte Flughafen Wien AG
S. 177 unten links Flughafen Wien AG/Roman Bönsch
S. 177 unten rechts Flughafen Wien AG
S. 178 links Michaela Dorfmeister
S. 178 rechts Michaela Dorfmeister
S. 179 links Michaela Dorfmeister
S. 179 rechts Ettore Ferrari/EPA/picturedesk.com
S. 180 links Grafenegg Kulturbetriebsgesellschaft m.b.H.
S. 180 rechts Alexander Koller
S. 181 links Office Rudolf Buchbinder/Marco Borggreve
S. 181 rechts Sebastian Philipp
S. 182 links CON 541453/picturedesk.com
S. 182 rechts Robert Jäger/APA/picturedesk.com
S. 183 links Stringer/Reuters/picturedesk.com
S. 183 rechts Dieter Nagl/AFP/picturedesk.com
S. 184 ISTA
S. 185 oben Nadine Poncioni/ISTA
S. 185 mitte Magic Lemur Productions/ISTA
S. 185 unten ISTA
S. 186 Stadtmuseum St. Pölten
S. 187 links Stadtmuseum St. Pölten
S. 187 rechts Stadtmuseum St. Pölten
S. 188 DIE GARTEN TULLN
S. 189 oben DIE GARTEN TULLN
S. 189 Mitte DIE GARTEN TULLN
S. 189 unten DIE GARTEN TULLN
S. 190 links Foto Kraus

S. 190 rechts Jorge Royan/WikiCommons
S. 191 links Stift Klosterneuburg/Jürgen Skarwan
S. 191 rechts Donau Niederösterreich/Robert Herbst
S. 192 links Ernst Weiss/picturedesk.com
S. 192 rechts Paul Plutsch/picturedesk.com
S. 193 links Roland Schlager/picturedesk.com
S. 193 rechts Roland Schlager/picturedesk.com
S. 194 NÖ.Regional.GmbH
S. 195 oben NÖ.Regional.GmbH
S. 195 mitte NÖ.Regional.GmbH
S. 195 unten NÖ.Regional.GmbH
S. 196 links Hans Klaus Techt/picturedesk.com
S. 196 rechts Robert Newald/picturedesk.com
S. 197 links Michael Gruber/EXPA/picturedesk.com
S. 197 rechts Herbert Neubauer/picturedesk.com
S. 198 links MedAustron
S. 198 rechts MedAustron
S. 199 NLK/Pfeiffer
S. 200 links NLK/Isensee
S. 200 rechts NLK
S. 201 links Roman Zach-Kiesling/Verlagsgruppe News/picturedesk.com
S. 201 rechts Helmut Fohringer/picturedesk.com
S. 202 SRS/AMI
S. 203 oben Petra Kerschbaum
S. 203 mitte Petra Kerschbaum
S. 203 unten SRS/René van Bakel
S. 204 links Lukas Beck
S. 204 rechts Raffael F. Lehner
S. 205 links Faruk Pinjo
S. 205 rechts Raffael F. Lehner
S. 206 links Herbert P. Oczeret/picturedesk.com
S. 206 rechts Georges Schneider/picturedesk.com
S. 207 links Johann Schwarz/SEPA.Media/picturedesk.com
S. 207 rechts Hans Punz/picturedesk.com
S. 208 links Alexander Fechter/picturedesk.com
S. 208 rechts Einsatzdoku.at/picturedesk.com
S. 209 links Einsatzdoku.at/picturedesk.com
S. 209 rechts Einsatzdoku.at/picturedesk.com
S. 222 ORF
S. 222 Florian Simon
S. 223 ORF
S. 223 ORF

Autoren

Veronika Berger ist seit 2018 im ORF-Landesstudio Niederösterreich tätig. Sie ist stellvertretende Leiterin der Kulturredaktion, arbeitet als Redakteurin für verschiedene Themen in Fernsehen, Radio und Internet und ist in Radio Niederösterreich als Nachrichtenmoderatorin zu hören.

Veronika Berger schrieb die Texte über die Jahre 1950 bis 1954 und 1960 bis 1968.

Reinhard Linke, geboren 1959 in Salzburg. Nach dem Theaterwissenschaftsstudium als Redakteur im ORF-Landesstudio Niederösterreich seit Ende der 1980er-Jahre in vielen Bereichen und Aufgaben für Radio, Fernsehen und Internet tätig, früher u.a. für Wissenschaft und später für Online zuständig, jetzt Leiter der Kulturredaktion.

Reinhard Linke verfasste die Texte über die Jahre 1974, 1981, 1988, 2002, 2003, 2005 bis 2016, 2018 bis 2021 sowie „Was sonst noch geschah“ (1922 bis 2021) und „Niederösterreich und Wien gehen getrennte Wege“.

Christian Postl, geboren 1972 in Sigmundsherberg. Nach der Matura und einigen Studienjahren in Wien arbeitet er seit 1998 im ORF-Landesstudio Niederösterreich. Er ist Redakteur, Nachrichtenmoderator in Radio Niederösterreich und Chef vom Dienst der Fernsehsendung „Niederösterreich heute".

Christian Postl schrieb über die Jahre 1955 bis 1959, 1969 bis 1973, 1975 bis 1980, 1982 bis 1987, 1989, 1990, 1992, 1997 bis 2001 sowie 2004 und 2017.

Stefan Schwarzwald-Sailer ist seit 2016 Redakteur im ORF-Landesstudio Niederösterreich. Er studierte an der Universität Wien Publizistik- und Kommunikationswissenschaften, nebenbei schrieb er für die „NÖN" und den „Kurier". Als Journalist beschäftigt er sich vor allem mit Themen aus Politik, Wirtschaft und Chronik.

Stefan Schwarzwald-Sailer verfasste die Texte über die Jahre 1922 bis 1949, 1991 sowie 1993 bis 1996.